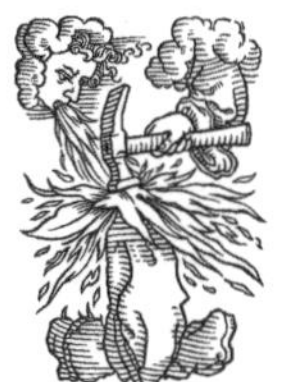

Deutsche Übersetzung zum Bildband
«Jerusalem: Faces of a City»,
ISBN 978-3-7965-4909-0, Basel 2024

Lukas Landmann

Jerusalem : Gesichter einer Stadt

Schwabe Verlag

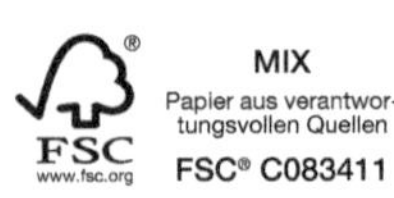

Bibliografische Information der Deutschen Nationalbibliothek
Die Deutsche Nationalbibliothek verzeichnet diese Publikation in der Deutschen Nationalbibliografie; detaillierte bibliografische Daten sind im Internet über http://dnb.dnb.de abrufbar.

Abbildungen Umschlag: Lukas Landmann
Übersetzung aus dem Englischen: Lukas Landmann, Basel
Lektorat: Anna Ertel, Göttingen
Gestaltungskonzept: icona basel gmbh, Basel
Cover: Kathrin Strohschnieder, STROH Design, Oldenburg
Satz: 3w+p, Rimpar
Druck: CPI books GmbH, Leck
Printed in Germany
ISBN Printausgabe 978-3-7965-5247-2
ISBN eBook (PDF) 978-3-7965-5256-4
DOI 10.24894/978-3-7965-5256-4
Das eBook ist seitenidentisch mit der gedruckten Ausgabe und erlaubt Volltextsuche.
Zudem sind Inhaltsverzeichnis und Überschriften verlinkt.

rights@schwabe.ch
www.schwabe.ch

Alle Seitenzahlen verweisen auf den Bildband «Jerusalem: Faces of a City».

S. 4

Die Publikation dieses Buches wurde ermöglicht durch die großzügige Gabe eines anonymen Mäzens.

Verlag und Autor danken einer anonymen Stiftung, Zusanne und Niklaus Friederich, der Stiftung Irene Bollag-Herzheimer, der Dr. Georg und Josi Guggenheim-Stiftung, der Saly Frommer Foundation und der Eva und Herbert Wohlmann-Bloch Stiftung für ihre Unterstützung.

S. 5

Für Varda, für ihre Anteilnahme und Verbundenheit

S. 6–7, Inhalt

S. 8–11, Einleitung

Zehn Maße Schönheit kamen in die Welt herab – neun erhielt Jerusalem.
Talmud, Kidduschin 49b

Gott der Allmächtige und Glorreiche sagte zu Jerusalem: «Du bist mein Paradies und mein Heiligtum und der auserwählte Teil meiner Länder.»
Ibn al-Jawzi (1126–1200), «Fada'il al-Quds» («Die Vorzüge Jerusalems»), Kapitel IX

Und ich sah die heilige Stadt, das neue Jerusalem, von Gott aus dem Himmel herabkommen, bereitet wie eine geschmückte Braut für ihren Bräutigam.
Offb 21,2

Keine andere Stadt ist wie Jerusalem, das im Mittelpunkt dreier großer Weltreligionen steht: Judentum, Christentum und Islam. Für Juden ist es der Ort des Salomonischen Tempels, von dem nur die Westmauer übrig geblieben ist. Christen erinnert die Grabeskirche an die Kreuzigung, das Begräbnis und die Auferstehung Christi. Für Muslime stellt der Haram al-Sharif auf dem Berg Moriah mit dem Felsendom und der Al-Aksa-Moschee die drittheiligste Stätte des Islams dar: Hier verband sich Gott durch Mohammeds mystische Nachtreise und Himmelfahrt mit den Menschen. Es überrascht deshalb nicht, dass sich unzählige Legenden und Überzeugungen um Jerusalem ranken und dass die Stadt mystisch aufgeladen und zu einer himmlischen Erscheinung erhoben worden ist.

In diesem Buch geht es jedoch nicht um Religion. Ebenso wenig bezieht sich der Titel «Gesichter einer Stadt» auf menschliche Gesichtszüge. Die Erscheinung einer Stadt wird vielmehr bestimmt durch ihre Gebäude und die physischen Spuren dessen, was Menschen über Jahrhunderte und Jahrtausende geschaffen haben. Jede der drei Religionen hat mit ihren verschiedenen Herrschern einen Abdruck hinterlassen, das Gesicht der Stadt geformt und zum gemeinsamen Erbe beigetragen. Innerhalb der Altstadt gibt es ca. 250 Kirchen, 150 Moscheen und 100 Synagogen, die diesen Quadratkilometer zum Ort mit der weltweit höchsten Dichte an Sakralbauten machen. Die Stadt hat sich mit fast allen jüdischen, christlichen und islamischen Traditionen auseinandersetzen müssen und war westlichen wie östlichen Einflüssen ausgesetzt. Und alle haben ihre Spuren hinterlassen. In allen drei monotheistischen Glaubensbekenntnissen ist Jerusalem der Ort, der Gefühle einer höheren Spiritualität weckt; der Ort, an dem Himmel und Erde sich berühren. Die turbulente Geschichte der Stadt zeigt, dass der Streit um die Vorherrschaft und die imperialen Ansprüche äußerer Mächte über Jahrhunderte eine historische Konstante waren. Historiker lehren uns, dass Jerusalem mindestens 34 Mal erobert wurde.

Jerusalem war 1000 Jahre lang ausschließlich jüdisch, 400 Jahre lang christlich und 1300 Jahre lang islamisch. Keine dieser drei Glaubensrichtungen hat die Stadt ohne Schwert, Armbrust oder Haubitze erobert. Die jeweiligen nationalreligiösen Überlieferungen erzählen eine Geschichte von unvermeidlichen Triumphen und Katastrophen als Gottes Wille. Historiker hingegen sind der Überzeugung, dass nichts unvermeidlich ist. Dies gilt heute ebenso wie für frühere Zeiten, in denen die Lage genauso kompliziert und verworren war, wie sie sich uns heute darstellt. Alle Zivilisationen haben eine Tendenz, ihre eigenen Beiträge zur Geschichte hervorzuheben und die Anteile anderer zu übersehen. Dieses Verhaltensmuster verstärkt die Neigung aller Herrscher, das historische Narrativ zugunsten ihrer eigenen Ideologie, ihrer eigenen Ziele und ihres eigenen Verständnisses der Vergangenheit zu verzerren. Eine Zivilisation, Nation oder Stadt findet jedoch nur zu ihrer eigenen Identität, wenn sie die Gesamtheit ihrer Geschichte annimmt, ihr gemeinsames Erbe anerkennt und zulässt, dass auch andere einen Anteil daran haben.

Heute machen sich zwei Nationen gegenseitig das kleine Stück Land streitig. Der Staat Israel behauptet, dass die ungeteilte Stadt seine Hauptstadt sei, während die Vertreter des palästinensischen Volkes sie als Regierungssitz ihres eigenen Staates beanspruchen. Religiöse und politische Positionen sind derart vermischt, dass bis heute jeder Versuch, den Konflikt zu lösen, gescheitert ist. Ein scharfer Gegensatz besteht dabei zwischen der offiziellen Rhetorik einer «für ewig wiedervereinigten Stadt unter israelischer Souveränität» und dem Verhalten der beiden Bevölkerungsgruppen, die sich gegenseitig mit Misstrauen und Furcht begegnen. Terrorismus, Intifada, Racheakte, erdrückende Sicherheitsmaßnahmen und das Misslingen von Friedensinitiativen haben auf beiden Seiten zu einer politischen Radikalisierung geführt. Jeder aufmerksame Beobachter fühlt die Spannung zwischen Ost- und Westjerusalem. Im täglichen Leben schließt dies allerdings weder Koexistenz oder sogar Zusammenarbeit zwischen Bürgern verschiedener Religionen noch erfolgreiche Initiativen zur Versöhnung der zwei gegensätzlichen Seiten aus.

Jerusalem steht im Zentrum des israelisch-palästinensischen Konflikts, der die Stadt auf allen Ebenen durchzieht. Und doch wirkt die Stadt wie eine alte Dame, die an die Streitereien ihrer Enkelkinder gewöhnt ist. Sie hat manch einen Eroberer gesehen, der von ihrer mythischen Geschichte und ihrer Schönheit angezogen worden ist. Jeder Eroberer hisste seine eigene Fahne, versuchte, die Geschichte in seinem Sinne zu verbiegen, und baute seinen eigenen Turm. Und die Gesamtheit dieser Türme stellt das kulturelle Erbe Jerusalems dar. Aber die Dame ist zu alt und zu weise, um sich in eine einzige Geschichte einzufügen. Weder ist es Salomon gelungen, Jerusalems kanaanitische Vergangenheit auszulöschen, noch glückte es Nebukadnezar oder Titus, die rebellische judäische Stadt zu vernichten. Kaiserin Helena konnte ihre heidnische Vergangenheit nicht beseitigen und der Islam scheiterte gleich zweimal daran, ihre christliche Tradition auszurotten. Ebenso treffen heute Israels Bemühungen, Jerusalem zur Hauptstadt des jüdischen Staates zu machen, auf erbitterten palästinensischen Widerstand. Die gegenwärtige gewaltige Bautätigkeit ist nichts anderes als ein weiterer Turm eines weiteren Eroberers. Die Vergangenheit wird – unabhängig davon, wer gerade im Besitz dieses Ortes ist – unausweichlich wieder auftauchen und jede Geschichte, die nach einer einseitigen religiösen oder politischen Agenda geschneidert ist, infrage stellen. Die alte Dame ist stärker als all jene, die versucht haben, sie zu beherrschen. Denn niemand kann ihre Vergangenheit zerstören.

Keine andere Stadt gleicht Jerusalem. Keine andere Stadt hat ihre Vergangenheit, Schicht über Schicht, so gut bewahrt. Das so viel überdauert hat, ist umso bemerkenswerter, wenn man bedenkt, was Jerusalem über die Jahrhunderte alles zu erdulden hatte: Erdbeben, Feuer, Seuchen und vor allem Plünderungen durch feindliche Armeen. Keine andere Stadt dieser Welt zeigt ihren Besuchern so viele verschiedene Gesichter und Aspekte. Und genau diese große Vielfalt an Facetten und unterschiedlichen Traditionen macht diese Stadt so besonders. Sie ist wie ein Mosaik, das aus vielen verschiedenen winzigen Steinchen zusammengesetzt ist – Steinchen, die nur in ihrer Gesamtheit ein umfassendes Bild ergeben.

Zu diesem Buch

Anliegen dieses Buches ist es, eine Auswahl von Jerusalems Facetten zu präsentieren und dabei der historischen Entwicklung der Stadt zu folgen. Innerhalb der einzelnen Kapitel sind die Gegenstände – soweit sinnvoll – chronologisch angeordnet. Zweifellos kann der Vorwurf erhoben werden, dass diese Auswahl willkürlich sei. Das ist sie auch, umso mehr, als diese einzigartige Stadt durch die Augen eines Außenstehenden gesehen wird. Ob diese Perspektive nun vorurteilsbeladener und damit verzerrter und verfälschter ist als der Blick eines Einwohners und im gegenwärtigen Konflikt Beteiligten, möge der Leser entscheiden.

Dieses Buch ist das Resultat vieler Reisen nach Jerusalem und längerer Aufenthalte dort. Hier zu fotografieren, war eine großartige Erfahrung, die es mir erlaubte, mich der Seele der Stadt zu nähern; und auch das Schreiben der Texte führte zu mancher Entdeckung. Die Entscheidung, alle Texte auf Hebräisch, Arabisch und Englisch wiederzugeben, spiegelt den Wunsch, allen Religionen und Zivilisationen, die das Gesicht der Stadt geformt haben, Ehre zu erweisen.

Autor und Verlag entschuldigen sich bei ihren hebräischen und arabischen Lesern für gleich mehrere Unannehmlichkeiten, die bei der Lektüre zu ertragen sind. Erstens erwarten wir von ihnen, von links nach rechts zu lesen und die Seiten verkehrt herum umzublättern. Dies war keine leichte Entscheidung. Sie wurde im Glauben getroffen, dass Leser semitischer Sprachen vertrauter mit dem Lesen englischer Bücher sind, als es Europäer mit dem Lesen von rechts nach links sind. Zweitens berücksichtigen wir weder den hebräischen noch den islamischen Kalender, sondern geben Daten nur im westlichen Format an. Da weder das jüdische noch das muslimische Jahr mit dem westlichen Kalender übereinstimmen, können leichte Ungenauigkeiten in der Datierung entstehen. Diese Entscheidung wurde aus Platzgründen getroffen, obwohl wir uns der Gefahr bewusst sind, als «Neo-Orientalisten» gebrandmarkt zu werden. Wir vertrauen wiederum auf die Fähigkeit der hebräischen und arabischen Leser, sich der westlichen Schreibweise anzupassen. Und drittens benutzen wir für Orte und Zeitperioden die im Deutschen üblichen Bezeichnungen, obwohl sie häufig von der hebräischen oder arabischen Praxis abweichen. Um der Lesbarkeit und der Platzersparnis willen verzichten wir außerdem weitgehend darauf, alle Synonyme aufzuführen.

Danksagung

Mein herzlicher Dank gilt all denen, die mir bei der Realisierung dieses Buchs geholfen haben; ohne sie hätte ich es nie zu Ende gebracht. Ihre große Zahl macht es unmöglich, alle einzeln aufzuführen. Aber einige davon haben sich besonders großen Anstrengungen unterworfen und dieses Projekt unermüdlich unterstützt. Ein spezieller Dank geht an folgende Menschen:

An die Familie meines verstorbenen Freundes Yaacov Steiner, speziell an seine Frau Ziona und seine Tochter Naomi, für ihre unerschütterliche Freundschaft und Unterstützung – auch dann, wenn ich sie mit meiner Nörgelei genervt habe. An Benjamin Kedar für seine gescheiten Vorschläge und für seine Geduld beim Beantworten der vielen dummen Fragen eines Nichthistorikers. An Eyal Meron für seinen ausgeprägten Sinn für wissenschaftliche Redlichkeit und für sein gnadenloses Niederreißen meiner vorgefassten Ansichten und Ideen. An Vater Koryoun und Vater Parsengh Kalemderian und an Levon Kalydjan, die mir Zugang zum armenischen Viertel verschafft und mich in die alte und reiche armenische Überlieferung eingeführt haben. An Ali Qleibo und die Familien von Ameer Sabri und Ghassan Abdullah, die mir alle eine Tür in eine palästinensische Wohnung und Küche geöffnet haben. An Bilham Rechtman und die Pröpste Schmidt, Stuhlmann und Lenz von der Erlöserkirche sowie an Pastor Zander von der Auguste-Viktoria-Kirche, die mir zu jeder Tages- und Nachtzeit Zugang zu ihren Türmen gewährt haben. An Ralf Rothenbusch vom Paulushaus für seine immerwährende Unterstützung in allen möglichen Situationen. An P. Jean-Michel de Tarragon von der École biblique et archéologique française de Jérusalem für seine Einführungen in die Geschichte der Fotografie in Jerusalem und für seine Bereitschaft, seine profunden Kenntnisse in Geschichte und Archäologie mit mir zu teilen. An die Jerusalem Foundation, die von dem legendären Bürgermeister Teddy Kollek gegründet wurde und dessen Werk für alle Einwohner Jerusalems fortführt, für vielerlei Unterstützung. Schließlich an meinen Sohn Daniel und an Andreas Kettner, Grundbuch- und Vermessungsamt Basel-Stadt, die die Reliefkarten angefertigt haben. Und nicht zuletzt geht mein Dank an Ludwig Heuss, Susanne Franzkeit, Ruth Vachek und Andreas Färber vom Schwabe Verlag für ihren unerschütterlichen Glauben an dieses Projekt über alle diese Jahre und für dessen Verwirklichung.

Lukas Landmann Jerusalem und Basel, Oktober 2023

S. 12–13, Jerusalem als Teil des Fruchtbaren Halbmonds

Jerusalem (links, roter Punkt) liegt im westlichen Teil des Fruchtbaren Halbmonds, der einzigen Landbrücke zwischen Afrika und Eurasien.

Der Fruchtbare Halbmond, der die Arabische Wüste im Süden umkreist, verbindet die großen Flussbecken Mesopotamiens und Ägyptens mit einem Streifen fruchtbaren Landes mit semiaridem, überwiegend trockenem Klima. Dieses Gebiet zeichnet sich durch eine dynamische Tektonik mit häufigen Erdbeben aus. Als Brücke zwischen Afrika und Eurasien spielte die Region eine große Rolle bei der Verbreitung von Flora und Fauna sowie der Ausbreitung des Menschen und weist eine größere Biodiversität auf als Europa oder Nordafrika.

Tektonische Konvergenz bewirkte die Bildung hoher, schneebedeckter Berge im Norden und Osten. Im Gegensatz dazu führte tektonische Divergenz zwischen der arabischen und afrikanischen Platte zur Entstehung von Grabenbrüchen (Jordantal, Rotes Meer). Viele Flüsse wie z. B. Euphrat und Tigris entspringen in den Bergen. Sie waren entscheidend für den Beginn der Landwirtschaft. Die ersten bekannten Ackerbauersiedlungen um 9000 v. u. Z. (Göbekli Tepe, Jericho) wurden im westlichen Teil des Halbmonds gefunden. Im Gegensatz dazu entstanden frühe komplexe, hierarchische Gesellschaften in den großen Flusstälern östlich und westlich davon: Mesopotamien und Ägypten. Hier wurden unter anderem kulturelle Errungenschaften wie Schrift, Mathematik und die Vorstellung von Zeit entwickelt, die ersten Städte gegründet, erstmals Fernhandel betrieben, die ersten Bewässerungssysteme und das Rad erfunden.

Legende

Ein semiarider Landstreifen erstreckt sich vom Arabischen Golf bis zum Niltal (grün) und verbindet Afrika mit Eurasien. Jerusalem (roter Punkt) liegt auf einer Bergkette im schmalen Westteil dieses Streifens. Hier sind alle Wege für die Ausbreitung von Pflanzen, Tieren und Menschen auf einen 50 Kilometer breiten Korridor komprimiert.

S. 14–15, Jerusalem zwischen Ägypten und Mesopotamien

Zwei Hauptrouten dienten dem Austausch zwischen den beiden Kulturzentren in den großen Flussbecken: die Via Maris entlang der Küste des Mittelmeers und die Königsstraße am Ostufer des Jordans und des Toten Meeres (links).

Sowohl Handel und kultureller Austausch als auch militärische Konflikte zwischen Mesopotamien und Ägypten wurden auf diesen beiden Routen kanalisiert. Dabei ist das Vorwärtskommen auf der Landbrücke zwischen Europa und Eurasien nicht gerade einfach; das Gelände lädt nicht zum Reisen ein. Die Via Maris (links, blau) führt durch die Küstenebene mit ihren Sanddünen und – bis vor Kurzem – Sümpfen mit Gebüsch. Im Grabenbruch überwindet die Königsstraße (rot) meist hügeliges Gelände, das von vielen Wadis unterbrochen wird. Dazwischen verläuft die Bergkammstraße (schwarz) entlang der Wasserscheide auf der Höhe der 1000 Meter hohen judäischen und samaritanischen Berge. Sie dient vor allem dem lokalen Verkehr.

Diese drei Längsrouten werden durch drei Querstraßen miteinander verbunden (gestrichelte schwarze Linien): Im Norden der samaritanischen Berge verlässt eine Straße die Via Maris bei Tulkarm, kreuzt die Bergstraße bei Nablus und steigt durch das Wadi Far'ah zur Damiya-Brücke ab, wo sie auf die Königsstraße trifft. Eine weitere Verbindung südlich der judäischen Berge führt über Be'er Sheva. Zwischen den judäischen und den samaritanischen Bergen zweigt schließlich eine kleine Verbindungsstraße (links außen, rot) bei Gezer von der Via Maris ab, klettert die judäischen Berge hoch, überwindet einen Pass zwischen Nahal Soreq / Wadi al-Surar und Nahal Kidron / Wadi al-Joz, steigt über Ma'aleh Adumim ab und erreicht die Königsstraße bei Jericho. Nahe der Stelle, wo sie die Bergstraße (blau) kreuzt, liegt Jerusalem.

Berg- und Verbindungsstraßen haben eine zweitrangige, lediglich lokale Bedeutung; sie stellen kein strategisches Ziel dar. Worin also liegt die Bedeutung Jerusalems? Weder Alexander noch Napoleon, zwei der größten Feldherren der westlichen Geschichte, haben sich auf ihrem Marsch durch die Küstenebene die Mühe gemacht, die Stadt zu erobern und zu sichern. Ihre herausragende Stellung unter den großen Weltstädten beruht nicht auf ihrem strategischen oder wirtschaftlichen Gewicht. Das Ansehen Jerusalems beruht auf der spirituellen Bedeutung, die unzählige Generationen diesem Ort verliehen haben.

Legende

Die wichtigste Verbindung zwischen Ägypten und Mesopotamien (links) ist die Via Maris (blau). Östlich des Jordans verläuft eine zweite Route: die Königsstraße (rot). Beide ziehen über Damaskus zum Euphrat. Die Bergstraße (schwarz) folgt der Wasserscheide auf den judäischen und samaritanischen Bergen. Verbindungen zwischen den beiden Hauptachsen (gestrichelte schwarze Linien) führen über Nablus im Norden, Be'er Sheva im Süden und Jerusalem (roter Punkt) in der Mitte.

Jerusalems Altstadt (links außen, rot) liegt nahe der Kreuzung zwischen Wasserscheide bzw. Bergstraße (blau) und der mittleren Verbindungsstraße (rot), die die Küstenebene mit dem Jordantal verbindet. Es überrascht nicht, dass die heutigen Hauptstraßen diesen antiken Wegen weitgehend folgen.

S. 16–18, Zugänge zu Jerusalem

Der mittlere Abschnitt der Jerusalemer Berge liegt 100–200 Meter tiefer als die Gipfel im Norden und Süden. Er bildet einen natürlichen Übergang zwischen der Küstenebene und dem Jordantal.

Jerusalem erfreut sich eines mediterranen Klimas mit warmen und trockenen Sommern und gemäßigten Wintern. Die Niederschläge beschränken sich auf die Wintermonate mit einem Jahresmittel von 550 mm. Da die Wasserscheide näher am Jordan (15 km) als am Mittelmeer (55 km) liegt, ist die Ostseite steiler und kürzer als die Westseite. In der Regenmenge unterscheiden sich die beiden Flanken extrem. In den Bergen erreicht der jährliche Niederschlag fast 800 mm. Im Gegensatz dazu werden in der judäischen Wüste nur 300 mm gemessen, ein Wert, der am Toten Meer mit 50–100 mm noch unterschritten wird.

Die unterschiedliche Regenmenge ist verantwortlich für eine Verschiebung des Bergkamms und der Wasserscheide um 10–12 Kilometer nach Osten. Die intensiveren Niederschläge auf der Westseite erodierten die oberflächlichen Schichten und exponierten den Scheitel des Gebirgsgewölbes, der die unterirdische Wasserscheide für die Winterregen bildet. Dies erklärt die Existenz großer Quellen wie z. B. der Gihonquelle (S. 33) östlich der eigentlichen Wasserscheide.

Die unterschiedliche Regenmenge bedeutet aber auch, dass das Land nicht nur zwischen drei Kontinenten liegt, sondern auch an der Grenze zwischen Wüste und fruchtbarem Land. Dies zeigen die Zugänge zur Stadt deutlich. Die Straße von der Küstenebene erreicht das Hügelland durch ein enges Tal (Sha'ar HaGai, Bab al-Wad) mit mediterranen Wäldern und Büschen (oben). Der Aufstieg vom Grabenbruch des Jordantals hingegen führt durch unfruchtbares Land ohne Vegetation (unten). Auf dem Ölberg tauchen plötzlich drei Türme aus der Wüste auf: der Turm der Hebräischen Universität von Jerusalem und die beiden Glockentürme der lutheranischen Auguste Viktoria und der russischen Himmelfahrtkirche (von rechts nach links). Nach einem Jerusalemer Sprichwort sind dies die Türme der Weisheit, der Vernunft und des Glaubens.

Legende

Der Zugang von Westen nach Jerusalem zeigt in den judäischen Hügeln eine mediterrane Vegetation (oben). Die Ostseite ist steiler, verzeichnet weniger Niederschlag und bildet einen Teil der judäischen Wüste (unten).

S. 19, Topografie von Jerusalem

Das wichtigste Merkmal der Topografie von Jerusalem ist das Flussbecken des oberen Kidron mit seinen Zuflüssen (links).

Dieses Flusssystem wird im Westen begrenzt vom Kamm der Wasserscheide (S. 14), die vom heutigen Sanhedria über den Schneller-Komplex und die zentrale Busstation nach Rehavia und Abu Tor verläuft. Eine halbkreisförmige Rippe mit verschiedenen Gipfeln (Skopusberg, Ölberg und Berg des Ärgernisses) zweigt von der Wasserscheide bei French Hill / Giv'at Shapira ab und bildet die nördliche und östliche Grenze des Kidrontals. Eine weitere Rippe steigt von Nordwesten nach Südosten in dieses Becken ab; ein Teil davon wird von der Altstadt eingenommen.

Diese Rippen werden von drei unterschiedlichen Schichten von Kreidegesteinen gebildet, die parallel zur Hauptachse der judäischen Antiklinale (Falte, Aufwölbung) verlaufen. Der westliche Hügelzug, der weitgehend mit der Wasserscheide zusammenfällt, besteht aus den ältesten Schichten: Kalkstein und Dolomit aus dem Cenoman. In der mittleren Rippe mit der Altstadt findet sich Kalkstein aus dem Turon. Dieser Stein eignet sich vorzüglich als Baumaterial und wurde deshalb großflächig abgebaut (S. 66, Zedekias Höhle). Der östliche Hügelzug, der die Skopus-Ölberg-Rippe bildet, besteht aus Kalk mit einigen dünnen Bänken aus Feuerstein.

Die Quelle des nur gelegentlich Wasser führenden Kidron liegt nördlich der Altstadt (links), nicht weit entfernt vom Grab von Shimon HaTzadik. Der Fluss fließt zunächst einen Kilometer durch ein breites Tal nach Osten, das Tal von Simon dem Gerechten oder Wadi al-Joz. Danach biegt er nach Süden ab und verläuft zwischen Altstadt und Ölberg. Südlich der Stadt wendet er sich nach Südosten und mündet schließlich ins Tote Meer. Im Westen und Süden wird die Altstadt durch das Hinnomtal, das in der Gegend des heutigen Gan HaAtzma'ut beginnt, begrenzt. Dieses Tal verläuft zunächst nach Südosten zum Jaffator, biegt um den Berg Zion und mündet ins Kidrontal. Seine westliche Begrenzung wird durch den Kamm der Wasserscheide gebildet. Zwischen Kidron- und Hinnomtal teilt das Tyropöon- oder Zentraltal die Stadt in eine südöstliche und eine südwestliche Rippe. Das Zentraltal beginnt nördlich des Damaskustors, verläuft nach Süden durch die Altstadt entlang der heutigen Al-Wad-Straße und mündet etwas nördlich vom Hinnomtal in das Kidrontal.

Zusätzliche Einsenkungen, die über die Jahrhunderte aufgefüllt wurden und heute kaum noch zu erkennen sind, werden durch das Beth-Zetha- oder St.-Anna-Tal und das Quertal gebildet. Das erste Tal beginnt in der Nähe der American Colony, tritt westlich des Rockefeller Museums in die Altstadt ein und mündet an der nordöstlichen Ecke des Haram al-Sharif ins Kidrontal. Das Quertal nimmt seinen Anfang beim Jaffator, unterteilt die südwestliche Rippe und mündet bei der Western Wall Plaza in das Zentraltal. Sein Verlauf wird heute durch die Davidstraße / Tariq al-Silsila nachgezeichnet.

Legende

Der höchste Punkt der Altstadt liegt im Nordwesten, im christlichen Quartier. Von hier steigt die südwestliche Rippe zwischen Hinnom- und Zentraltal in südlicher Richtung durch das armenische Quartier zum Berg Zion ab. Der südöstliche Kamm zwischen Zentral- und Kidrontal fällt zunächst steil in das muslimische Viertel ab. Nach einer kaum erkennbaren Senke (Via Dolorosa) steigt er zum Felsendom (744 m) auf und setzt sich als Sporn über das Ophelgebiet in die Davidsstadt fort, wo die älteste Siedlung gefunden wurde. Er endet am Zusammenfluss von Zentral- und Kidrontal.

1 Kidrontal
2 Hinnomtal
3 Zentraltal
4 Beth Zetha / Bethesda, St.-Anna-Tal
5 Quertal
6 Hauptwasserscheide
7 Skopus-Ölberg-Rippe
8 Südwestrippe, Berg Zion
9 Südostrippe
10 Gihonquelle

S. 20–21, Frühzeit, bis 586 v. u. Z. (Titelseite)

Legende

Ein eisenzeitliches Kapitell, das ehemals eine Säule im judäischen Festungspalast von Ramat Rahel gekrönt hat.

S. 22–23, Frühzeit, bis 586 v. u. Z.

Alles begann auf der Ophelrippe (Südostrippe), auf dem Sporn, der sich vom Berg Moriah südwärts zwischen Kidrontal im Osten und Zentraltal (Tyropöontal) im Westen erstreckt.

Dieser Sporn ist der mit Abstand niedrigste aller Hügel Jerusalems. Psalm 125,2 lautet: «Wie Berge Jerusalem rings umgeben, so umhegt der Herr sein Volk von nun an bis in Ewigkeit». Und tatsächlich überragen alle benachbarten Hügel diese Rippe, die nur eine Höhe von 600 Metern erreicht, bei Weitem. Im Westen wird der Ophelhügel vom Südwesthügel (Oberstadt), auf dem heute das armenische und das jüdische Quartier liegen, mit dem Berg Zion (765 m) als südlichem Ausläufer, beherrscht. Im Norden erhebt sich der Berg Moriah auf eine Höhe von 744 Meter. Im Osten erreicht der Ölberg 809 Meter, der weiter südlich gelegene Berg des Ärgernisses misst 741 Meter, und im Süden erhebt sich der Berg des bösen Rates (Government House, heute UN-Hauptquartier) auf 795 Meter. Für diese militärisch unvorteilhafte Lage gibt es einen Grund: Wasser. Die Gihonquelle, die einzige ganzjährig sprudelnde Quelle in der Nähe, entspringt am Fuße des Südosthügels im Kidrontal (S. 33).

Legende

Die früheste Siedlung entstand auf dem Ophelhügel (Südwesthügel; rechts, *). Die Örtlichkeit wird im Westen von der Südwestrippe und dem Berg Zion (1), im Norden vom Berg Moriah (2), im Osten vom Ölberg (3) und im Süden vom Berg des bösen Rates (4) überragt. Das Bild links wurde vom Berg des bösen Rates aus aufgenommen.

S. 24–25

Spuren von vereinzelten Besuchen von Jägern und Sammlern gehen mindestens bis ins 8. und 7. Jahrtausend v. u. Z. zurück. Hirten des Chalkolithikums (Kupfersteinzeit) sind ab dem 4. Jahrtausend v. u. Z. nachweisbar.

Hinweise deuten auf eine Siedlung in der frühen Bronzezeit (ca. 3000 v. u. Z.). Gut dokumentiert ist eine befestigte Stadt aus der mittleren Bronzezeit (18. Jahrhundert v. u. Z.) mit geschätzten 500–1000 Einwohnern. In dieser Zeit wurde die Quelle zur Sicherung der Wasserversorgung mit Mauern und Türmen befestigt (S. 33). In den ägyptischen Amarna-Briefen aus dem 14. Jahrhundert v. u. Z., einer wichtigen Quelle zur Geschichte dieser Zeit, taucht diese kanaanitische Stadt als «Ursalim» auf.

Nach der biblischen Erzählung eroberte David diese Stadt um 1000 v. u. Z. und erklärte sie zu seiner Hauptstadt. Dadurch entzog er sie den Eifersüchteleien der zwölf Stämme Israels. Darüber hinaus machte er die Stadt durch die Überführung der Bundeslade zu einem religiösen Zentrum.

Traditionell wird der Bau eines Tempels und eines Palastes auf dem Berg Moriah Davids Sohn Salomon zugeschrieben. Von diesen Strukturen wurden jedoch keine Überreste gefunden und es ist zweifelhaft, ob sie überhaupt die Bautätigkeit in herodianischer Zeit überdauert haben könnten.

Im mittleren 8. Jahrhundert v. u. Z. begann die Stadt, sich über das Zentraltal hinaus an den Hängen des Zionberges hinauf nach Westen zu erweitern, was zur Bildung der Oberstadt führte. Es ist sehr wahrscheinlich, dass die Vernichtung des Königreichs Israel durch den Ansturm der Assyrer im Jahre 722 v. u. Z. einen Flüchtlingsstrom nach Jerusalem und in dessen Umgebung auslöste, wodurch die Bevölkerung der Stadt beträchtlich wuchs. Unter der assyrischen Bedrohung soll König Hiskija (727–698 v. u. Z.) eine neue Mauer im Westen (S. 36) gebaut und einen Tunnel gebohrt haben, der das Wasser von der Gihonquelle zum Siloah-Teich innerhalb der Stadtmauern führte (S. 34–35). Neben der Seuche haben diese beiden Bauwerke maßgeblich dazu beigetragen, dass die Stadt im Jahr 702 v. u. Z. der Belagerung durch König Sanherib von Assyrien standhielt. Im Jahr 586 v. u. Z. besiegte Nebukadnezar, König des neubabylonischen Reiches, König Zedekia und eroberte und zerstörte Jerusalem. Damit endete die Periode der davidischen Dynastie.

Obgleich spätere Texte uns glauben machen wollen, dass die monotheistische Verehrung eines einzigen Gottes im Tempel seit Salomons Zeiten allgemein praktiziert wurde, sind die meisten Wissenschaftler heute der Ansicht, dass dies nicht den historischen Tatsachen entspricht. Im Gegenteil deutet eine Fülle von archäologischen und literarischen Hinweisen darauf hin, dass damals eine Vielzahl von Göttern und Heiligtümern verehrt wurde. Der Monotheismus setzte sich offensichtlich erst in den letzten Dekaden des judäischen Reiches durch, also kurz vor der babylonischen Eroberung.

Der Ort der jebusitischen (kanaanitischen) und davidischen judäischen) Stadt – zugleich das am gründlichsten ausgegrabene Gebiet in Jerusalem – liegt heute in und unter dem arabischen Stadtteil Wadi Hilweh. Dieses Quartier entstand aus dem Ort Silwan auf dem östlichen Hang des Kidrontals und kletterte seit Beginn des 20. Jahrhunderts langsam den Südwesthügel hoch. Die Gegend wird heute von der Ir-David-Stiftung (ElAd) als Nationalpark verwaltet. Diese israelische Vereinigung ist seit 1991 bestrebt, die jüdische Beziehung zu Jerusalem zu stärken und durch Landkauf eine jüdische Mehrheit im Stadtteil zu schaffen.

Legende

Mauern der kanaanitischen/davidischen Stadt (rot), nach der salomonischen Erweiterung (grün) und nach dem massiven Wachstum in der späten judäischen Zeit (blau).

1 Große Steinstruktur, S. 28
2 Gestufte Steinstruktur, S. 30
3 Wasserversorgung, Warrens Schaft, S. 32
4 Hiskija-Tunnel, Siloah-Teich, S. 34/35
5 Breite Mauer und Israelitischer Turm, S. 36
6 Haus des Ahiel, S. 37
7 Grab der Tochter des Pharaos, S. 39

S. 26–27

Heute leben etwa 700 jüdische Siedler unter 50'000 Palästinensern. Israelis und Palästinenser streiten heftig um die Kontrolle der archäologischen Rechte und Niederlassungsbewilligungen. Ir David stellt die archäologischen Funde als physische Spuren der biblischen Erzählung dar und seit etwa 1995 kann die wissenschaftliche Untersuchung des Ortes nicht mehr vom israelisch-palästinensischen Konflikt getrennt werden. Allerdings liefert die Wissenschaft wenig Argumente für eine ideologische Interpretation von Archäologie und Religionsgeschichte.

Wissenschaftler stimmen darin überein, dass die früheste Besiedlung von Jerusalem auf dem Südosthügel lokalisiert war, dass die frühen Befestigungen und das System der Wasserversorgung auf die mittlere Bronzezeit zu datieren sind und dass die große eisenzeitlichen Siedlung im Zusammenhang mit der babylonischen Eroberung zerstört worden ist. Lehmsiegel (Bullae, links), die aus dieser Zeit ausgegraben worden sind, zeigen Namen, die in der Bibel erwähnt werden.

Die geringe Anzahl von Funden aus dem 10. Jahrhundert v. u. Z., d. h. der Zeit, die dem Reich Davids und Salomons entspricht, wird heftig debattiert. Das Fehlen physischer Spuren ist zwar kein Beweis, dass hier nie etwas gewesen ist, regt aber zu zahlreichen Interpretationen an. Die Diskussion wird zusätzlich angeheizt durch die Tatsache, dass die biblischen Berichte über diese Periode viele Jahrhunderte nach den Ereignissen schriftlich festgehalten worden sind und aus politischen, ideologischen oder religiösen Gründen so angepasst wurden, dass sie den Bedürfnissen der Zeit entsprachen.

Archäologen diskutieren immer noch die Datierung der sogenannten Gestuften Steinstruktur (S. 30), die die Akropolis mit der sogenannten Großen Steinstruktur (S. 28) stützt. Nur wenige Archäologen teilen die Ansicht der Ausgräberin, die diese Struktur als Davids Palast interpretierte. In jüngerer Zeit konnte zudem gezeigt werden, dass Warrens Schaft (S. 32), der während 150

Jahren für den «Kinnor» gehalten wurde, d. h. für jene Röhre, die die Eroberung der Stadt durch David ermöglicht hatte, in der frühen Eisenzeit gar nicht zugänglich war.

Die wissenschaftlichen Ansichten über die frühe Eisenzeit bewegen sich zwischen zwei Extremen. Einige, hauptsächlich zeitgenössische Gelehrte sind der Ansicht, dass die biblische Erzählung eine vermeintlich ruhmreiche Vergangenheit überhöht, die in Wirklichkeit sehr viel bescheidener war oder überhaupt nie existiert hat. Für das andere Extrem steht die konservative Auffassung, die ihr Verständnis historischer Ereignisse hauptsächlich auf der Bibel gründet und für das Fehlen von Überresten verschiedene vernünftige Gründe anführt. Bis heute konnte keine der beiden Seiten eindeutige Beweise vorlegen. Die Kontroverse erinnert an ein Postulat der mittelalterlichen westlichen Theologie, das die Philosophie als Dienerin der Theologie verstand («philosophia ancilla theologiae»). Die heutigen Nationalismen instrumentalisieren die Archäologie auf ähnliche Weise. Bei alledem sollte man jedoch nicht vergessen, dass die biblische Interpretation Jerusalems als Stadt Davids die Basis für deren spirituelle Bedeutung in Judentum, Christentum und Islam bildet.

Legende

Eine Bulla ist ein gehärtetes, 10–15 Millimeter großes Lehmsiegel, das zur Versiegelung eines gefalteten Papyrus verwendet wurde. Die hier gezeigte Bulla (oben) identifiziert Gedalyahu ben Pashur in paläohebräischen Buchstaben. Dieser wird in der Bibel (Jer 38,1) als Beamter des Königs Zedekia erwähnt. Gemeinsam mit Jucal ben Shelemiah, dessen Siegel ebenfalls gefunden worden ist, soll er den Propheten Jeremias wegen dessen politisch inkorrekter Reden in eine Zisterne eingesperrt haben. Beide Bullae wurden nahe dem Haus des Ahiel (S. 37) gefunden.

S. 28–29, Akropolis, Große Steinstruktur

Stammen die Überreste der Großen Steinstruktur von König Davids Palast? Diese Frage wird wegen ihrer politischen Konsequenzen hitzig diskutiert. Wenn der Palast von David gebaut worden wäre, wäre der Ort israelisch; stammte er aber von Araunah, Davids jebusitischem Vorgänger, so würde ihn dies palästinensisch machen.

Die sogenannte Große Steinstruktur (oben rechts), ein öffentliches Gebäude, das als Palast König Davids präsentiert wird, besteht aus Mauerwerk des 11. oder 10. Jahrhunderts v. u. Z. Es ist allerdings nicht sicher, ob die Fundamente ein einziges, zusammenhängendes Gebäude getragen haben und, noch wichtiger, ob sie vor oder nach Davids Eroberung der Stadt errichtet wurden.

Legende

Die alten Steine (links unten) wirken unscheinbar und unschuldig, ihre Interpretation ist aber Gegenstand hitziger Debatten. Diese werden noch dadurch verkompliziert, dass sowohl der Bogen (links) als auch die Mauer hinter der Gruppe (rechts) wahrscheinlich aus byzantinischer Zeit stammen.

S. 30–31, Gestufte Steinstruktur, Stadtmauern

Die eindrückliche Gestufte Steinstruktur (links) diente als Stütze für die Akropolis mit der Großen Steinstruktur (S. 28–29) und verstärkte wahrscheinlich die Stadtbefestigung.

Das Bauwerk stammt aus der frühen Eisenzeit, aber die vielen Reparaturen machen eine Datierung schwierig. Seine kunstvolle Architektur und seine Lage an der Stelle, an der die Rippe am schmalsten ist, bestärken die Ansicht, dass die Gebäude, die es stützt, Teil einer Akropolis waren. Die Entdeckung zeitgenössischer Objekte macht eine Zuschreibung als Davids Palast möglich, aber nicht zwingend.

Stadtbefestigungen wurden aus verschiedenen Perioden gefunden (18. Jahrhundert v. u. Z., oben Vordergrund; spätes 8. Jahrhundert v. u. Z., oben Hintergrund; 5. Jahrhundert v. u. Z.; hasmonäische Zeit; byzantinische Zeit), aber überraschenderweise nicht aus dem 10. Jahrhundert v. u. Z. (davidische Zeit).

Legende

Die Akropolis wurde durch die mächtige Gestufte Steinstruktur gestützt (links). Stadtmauern (rechts) wurden in vielen Epochen gebaut, aber keine Spuren deuten auf die davidische Zeit hin.

S. 32–33, Wasserversorgung, Gihonquelle

Das Problem der Wasserversorgung in Kriegszeiten wurde vor 3800 Jahren von Jerusalems Ingenieuren der mittleren Bronzezeit sehr intelligent gelöst.

Um während einer Belagerung die Wasserversorgung der Stadt sicherzustellen, wurde im 18. Jahrhundert v. u. Z. die Gihonquelle durch einen massiven Turm gesichert. Zwei parallele Mauern flankierten ausgehend vom Turm einen Korridor, der den Hang hinaufstieg und bis zur damaligen Stadtmauer reichte. Später wurde der westliche Teil des Korridors aufgegeben und eine unterirdische Galerie (Warrens Galerie, links außen) gegraben, die ca. 40 Meter weit abwärtsführte. Schließlich machten ein senkrechter Schaft (Warrens Schaft, unten links), der vom tiefsten Punkt der Galerie zur Quelle führte, und ein aus dem Fels gehauenes Becken (rechts) die ursprüngliche Galerie überflüssig.

Legende

Der heutige Besucherweg folgt Warrens Galerie (links), passiert Warrens Schaft (unten) und führt durch das aus dem Fels gehauene Becken (rechts) zur Gihonquelle.

S. 34–35, Wasserversorgung, Hiskija-Tunnel

Eine starke Bevölkerungszunahme und die wachsende militärische Bedrohung durch die Assyrer machten eine Erweiterung der bronzezeitlichen Wasserversorgung im späten 8. Jahrhundert v. u. Z. nötig.

Ein 533 Meter langer Tunnel, der bereits bestehende Felsspalten integrierte, wurde in nordwestlicher Richtung aus dem Fels gehauen. Er erlaubte die Speisung des im unteren Zentraltal innerhalb der Stadtmauern liegenden Silwan-Teichs aus der Gihonquelle. Eine protohebräische Inschrift, die nahe dem südlichen Tunnelausgang gefunden wurde und heute im Istanbuler Archäologischen Museum ausgestellt ist, beschreibt den Durchschlag, nennt aber keinen Königsnamen (Replika, unten). Die biblische Chronik schreibt diesen Tunnel König Hiskija (725–698 v. u. Z.) zu.

Legende

Der gewundene Tunnel (links) führt das Wasser der Gihonquelle zum Teich von Silwan (rechts). Eine Inschrift aus dem 8. Jahrhundert v. u. Z. (links außen) beschreibt, wie Bergleute den Stollen von beiden Seiten vorantrieben und sich auf halbem Wege trafen.

S. 36–37, Neue Stadtmauer, Wohnungen

Wie groß war Jerusalem in der späten Eisenzeit (8. Jahrhundert v. u. Z.)? Ausgrabungen haben gezeigt, dass sich die Stadt über das Zentraltal hinaus nach Westen bis zum Berg Zion ausdehnte und das Transversaltal als Graben für ihre nördlichen Befestigungen nutzte.

Historiker weisen darauf hin, dass Jerusalem in dieser Periode sehr viele Flüchtlinge aufnahm. Diese stammten aus dem nördlichen Königreich Israel, das 753 v. u. Z. von den Assyrern flächenmäßig verkleinert und 720 v. u. Z. ganz zerschlagen wurde. Dadurch wuchs die Jerusalemer Bevölkerung auf geschätzte mindestens 8000 Einwohner an und die Stadt dehnte sich weiter nach Süden und

Westen aus, was in einer fünffachen Größenzunahme resultierte. Ein Teil der neuen Stadtmauer ist die sieben Meter dicke «Breite Mauer» (links außen), die im heutigen jüdischen Viertel der Altstadt ausgegraben wurde. Dazu gehört auch der Israelitische Turm» (links) mit seinem Mauerwerk aus unbehauenen Steinen.

Ungefähr 50 Jahre später wurden in und auf der Gestuften Steinstruktur (S. 30) Häuser gebaut. Die Westseite des vier Zimmer umfassenden Gebäudes mit dem Namen Haus des Ahiel (oben rechts) wurde in das Glacis gegraben. Der Name geht auf zwei entsprechend beschriftete Ostraka (Tonscherben) zurück. Das Haus verfügte über eine für die damalige Zeit luxuriöse Ausstattung: einen Stein mit einem runden Loch in der Mitte, der als Toilette benutzt wurde (oben). Im benachbarten Haus der Bullae wurden etwa 50 Bullae (Tonsiegel, S. 26) entdeckt. Einige davon tragen Namen von in der Bibel erwähnten königlichen Beamten – ein Hinweis auf eine gut entwickelte Verwaltung im judäischen Königreich. Pfeilspitzen auf dem Boden und verkohltes Holz von Deckenbalken zeugen von der Eroberung und Zerstörung der Stadt durch die Babylonier im Jahr 587 v. u. Z.

Legende

Teile der neuen Stadtmauer, die nach einem massiven Bevölkerungswachstum im späten 8. Jahrhundert gebaut wurden, sind die «Breite Mauer» (links) und der Israelitische Turm (unten), die beide im jüdischen Viertel gefunden wurden. Das Haus des Ahiel (rechts außen) verfügte über einen Luxusartikel: eine Toilette (rechts).

S. 38–39, Nekropole von Silwan

Seit jeher haben Gräber eine doppelte Bedeutung. Sie sind Stätten der Erinnerung an die Dahingeschiedenen, aber auch Symbole der Zugehörigkeit und des Rechts auf Geburt und Eigentum.

Gräber aus der Zeit des judäischen Reiches wurden an vielen Stellen rund um die Stadt gefunden. Gegenüber dem alten Jerusalem, auf dem felsigen östlichen Hang des Kidrontals, befindet sich das arabische Quartier Silwan. Seine Häuser stehen auf einem Friedhof des 9. bis 6. Jahrhunderts v. u. Z. In den Felsen unter den Häusern finden sich Eingänge zu ausgehauenen Gräbern. Spuren protohebräischer Inschriften deuten darauf hin, dass sie für hochrangige Beamte des judäischen Reiches bestimmt waren. Das bedeutendste Grab (rechts), allgemein bekannt als Grab der Tochter Pharaos, weil es fälschlicherweise Salomons ägyptischer Frau zugeschrieben wurde, sieht wie ein kleines Haus aus, ist aber in Wirklichkeit ein aus dem Fels gehauener Monolith. Über die Jahrhunderte wurden diese Gräber schwer beschädigt, zunächst durch ihren Gebrauch als Zellen durch byzantinische Mönche, später durch ihre Umwandlung in Zimmer, Keller oder Zisternen durch die arabischen Hausbesitzer.

In einem Grab auf der Schulter des Hinnomtals, nahe der Kirche von St. Andrew (S. 394–395), wurden zwei winzige Silberrollen, Amulette aus der Zeit um 600 v. u. Z., gefunden. Auf ihnen ist ein Teil des priesterlichen Segens aus dem Buch Numeri eingeritzt. Diese Rollen bewahren das älteste bekannte Textzitat aus der hebräischen Bibel und sind 500 Jahre älter als die Qumran-Rollen.

Legende

Die in die Felsen von Silwan gehauenen Gräber (oben rechts) zeigen Eingänge zu den Grabkammern. Andere Gräber, wie das Grab der Tochter Pharaos, wurden in einem Block aus dem Fels gehauen. Die Stätte bildet den Ursprung des jüdischen Friedhofs auf dem Ölberg (S. 71) und ist mit ihm durch einen Streifen mit vernachlässigten Gräbern (oben) verbunden. Winzige Silberrollen (links) aus einem Grab im Hinnomtal zeigen die ältesten bekannten Bibeltexte.

S. 40–41, Hellenismus, 586 v. u. Z. – 70 u. Z. (Titelseite)

Legende

Die schön zugehauenen herodianischen Quader, hier an der Südseite der Esplanade, zeichnen sich durch flache Bossen aus, die von einem glatten Rand eingefasst werden.

S. 42–43, Hellenismus, 586 v. u. Z. – 70 u. Z.

Diese Periode setzt sich aus drei verschiedenen Zeitabschnitten zusammen: die Jahre des babylonischen Exils und der Rückkehr unter persischer Oberherrschaft (586–332 v. u. Z.), das Intervall der Seleukidenherrschaft und der hasmonäischen Unabhängigkeit (332–40 v. u. Z.) und die herodianische Zeit (40 v. u. Z. – 70 u. Z.). Im letzten Jahrhundert v. u. Z. wuchs der römische Einfluss, der in der Zerstörung Jerusalems durch Titus im Jahr 70 u. Z. gipfelte.

Nach der Rebellion Zedekias, des letzten Königs der davidischen Dynastie, gegen die babylonische Oberherrschaft und der Verwüstung Jerusalems durch Nebukadnezar im Jahr 587 v. u. Z. wurde Judas Elite nach Mesopotamien verbannt. Nachdem der persische König das babylonische Reich 539 v. u. Z. zerschlagen hatte, erließ er ein königliches Dekret, das den Juden die Rückkehr nach Jerusalem und den Wiederaufbau des Tempels, nicht aber die Wiedereinsetzung der davidischen Dynastie erlaubte. Die Provinz Juda wurde von einem Hohepriester und einem Gouverneur gemeinsam verwaltet. Die Rückkehr und der Wiederaufbau der Stadt einschließlich des Tempels erfolgten in mehreren Schüben über mehrere Generationen hinweg. Eine erste Gruppe von Deportierten unter Serubbabel errichtete einen Altar und feierte Pessach. Esra und Nehemia, Führer einer zweiten Welle nach 445 v. u. Z., stellten die Stadtmauern gegen den Protest der lokalen Bevölkerung wieder her. Wichtiger war die Einführung religiöser Reformen wie das öffentliche Lesen der Thora und die Beachtung des Sabbats. Die Bedeutung von Tempelritualen wurde durch die drei jährlichen Pilgerreisen an Pessach(Fest zum Gedenken an den Auszug aus Ägypten), Schawuot (Pfingstfest) und Sukkoth (Laubhüttenfest) gestärkt. Zu dieser Zeit entwickelte sich der Judaismus von einem Kult der mündlichen Überlieferung zu einer Religion des Buches. Mit der Betonung der öffentlichen Lesung wurde die Autorität eines Königs durch die geschriebene Thora als einer Art Verfassung ersetzt. Aus dieser Zeit sind nur kümmerliche archäologische Zeugnisse vorhanden und Historiker stützen sich hauptsächlich auf biblische Berichte. Unbestritten ist aber, dass die Stadt auf ihre ursprüngliche Größe schrumpfte und nicht über den Südosthügel und den Berg Moriah hinausging.

Im Jahr 332 v. u. Z. eroberte Alexander auf seinem Weg nach Ägypten Judäa (die griechische Form von Juda). Sein ausgedehntes Imperium, das sich von Griechenland bis Indien erstreckte, wurde sofort von Griechen kolonisiert, die die griechische Sprache und Kultur in den «barbarischen» Osten brachten. Die Verschmelzung mit lokalen Elementen brachte die hellenistische Zivilisation hervor. Nach Alexanders frühem Tod war Judäa umstritten, fiel aber im Jahr 198 v. u. Z. der seleukidischen (syrischen) Dynastie zu. Ursprünglich herrschte religiöse Autonomie. Als aber Antiochus IV. Epiphanes im Jahr 168 v. u. Z. nach seiner Plünderung Jerusalems und des Tempels den Hellenismus mit Gewalt durchsetzen wollte, erhob sich das Volk unter der Führung

Legende

Rosetten und Mäander sind typische Elemente der herodianischen dekorativen Kunst. Dieses Fragment könnte ein Teil der den Tempel umgebenden Kolonnaden gewesen sein.

S. 44–45

der Hasmonäer. Dabei handelte es sich um eine Priesterfamilie, die im Gegensatz zu der mit dem Hellenismus sympathisierenden jüdischen Elite an der jüdischen Tradition festhielt. Judas der Makkabäer nahm die Stadt im Jahr 164 v. u. Z. ein und weihte den Tempel neu. An dieses Ereignis erinnert das jährliche Chanukkafest. Da die Seleukiden mit den Parthern gerade um die Herrschaft in Mesopotamien stritten, wurde Judas Bruder Simon 141 v. u. Z. nach längerem Kampf als Hohepriester und Ethnarch anerkannt. Dadurch errichtete er die hasmonäische Dynastie im unabhängigen Staat Judäa. Er und seine Nachfolger nutzten die Schwäche der Seleukiden aus und erweiterten ihr Reich, bis es neben Judäa auch Samaria, Galiläa, Teile Transjordaniens und – nach der gewaltsamen Bekehrung der Einwohner – auch Idumäa umfasste. Als Hauptstadt eines Königreichs und religiöses Zentrum aller Juden zog Jerusalem scharenweise neue Einwohner an und die Stadt dehnte sich erneut auf den Südwesthügel aus. Einmal mehr wurde in der Mitte des 2. Jahrhunderts v. u. Z. eine Stadtmauer gebaut, die den Südwesthügel und den Berg Zion (die Oberstadt) einbezog und Reste der alten Mauer aus der Zeit der Könige von Juda (d. h. der Ersten Mauer nach Flavius Josephus) einschloss. Gleichzeitig wandelte sich die hasmonäische Herrschaft von einer volks- und religionsverbundenen Regierung zu einer hellenistischen Tyrannis, die sich durch genau die Merkmale auszeichnete, die die Rebellion einst befeuert hatten. Als Simons Enkel Judah Aristobulos I. im Jahr 104 v. u. Z. den Königstitel annahm, folgte eine Periode konstanter innerer und äußerer Machtkämpfe. Die tiefe Spaltung zwischen dem Priesterkönig, den die hellenisierte Priesterschaft der Sadduzäer unterstützte, und der von den Pharisäern angeführten jüdischen Bevölkerung gipfelte in der Kreuzigung von 800 Pharisäern durch Alexander Jannäus. Der hasmonäische König war damit zu einem der vielen hellenistischen Tyrannen geworden. Der römische General Pompeius nahm Jerusalem im Jahr 63 v. u. Z. ein, nachdem ihn zwei um die Macht streitende Prinzen zu Hilfe gerufen hatten. Danach war der Hasmonäer Hyrcanus II. nur noch eine Marionette in der Hand seines idumäischen Beraters Antipater, der das Land mit römischer Hilfe und eiserner Faust regierte.

Antipaters Sohn Herodes wurde 37 v. u. Z. vom römischen Senat zum König von Judäa ausgerufen und entrang sein Königreich den Hasmonäern, die sich in den Wirren nach Cäsars Ermordung mit den Parthern verbündet hatten. Als geschickter Diplomat übertrug er seine Loyalität umstandslos von Cassius auf Mark Anton und dann auf Augustus. Herodes war ein ebenso begabter wie grausamer Herrscher, der seine Außenpolitik mit Weisheit betrieb, die Größe seines Königreichs ausbaute, ökonomische Prosperität erlangte und fähig war, die Spannungen zwischen den von ihm beherrschten ethnischen Gruppen sowie mit der Hegemonialmacht Rom auszugleichen. Als Despot tötete er zwei seiner Söhne und seine Frau, die hasmonäische Prinzessin Mariamne. Andererseits war er der größte Bauherr, den Jerusalem je gesehen hat. Seine Bauwerke bestehen aus perfekt zugehauenen Quadern mit flachen Bossen und zurücktretenden glatten Rändern (S. 40–41). Sie tragen deshalb seine unverkennbare Handschrift.

Legende

Die herodianische Stadt (vgl. Rekonstruktion auf der nächsten Seite): rot = Erste Mauer; grün = Zweite Mauer; blau = Dritte Mauer.

1 Hasmonäischer Aquädukt, Struthion-Teich, S. 48–49
2 Esplanade, S. 50–51
3 Westmauer, S. 54–59
4 Doppel- und Dreifachtor, S. 62–63
5 Wilsons Bogen, S. 64
6 Zedekias Höhle, S. 66
7 Mamilla-Teich, S. 67
8 Wohl Museum, S. 68–69
9 Jüdischer Friedhof, S. 71
10 Absaloms und Zacharias Grab, S. 72–73
11 Grab der Könige, S. 72

S. 46–47

Nachdem Herodes die hasmonäische Burg nördlich des Tempelbergs, die er nach seinem Freund und Beschützer Mark Anton Antonia nannte, befestigt hatte, baute er Paläste: einen an der Stelle der heutigen Zitadelle und einen weiteren, Herodion, etwa 15 Kilometer südöstlich der Stadt. Er versah viele Straßen mit einer Kanalisation, verbesserte die Wasserversorgung der Stadt (Mamilla-, Sultans- und Beth-Zetha-Teich), erweiterte die Stadt nach Norden (Zweite Mauer, oben, S. 44) und – am wichtigsten – errichtete den Tempel neu. Juden und Römer waren sich einig: «Wer nie Jerusalem in seiner Pracht gesehen hat, hat keine schöne Stadt gesehen». Das spirituelle und kulturelle jüdische Leben blühte, obwohl es in viele Fraktionen zersplittert war. Neu gegründete Institutionen des Rechts und der Erziehung wurden von Sanhedrin geleitet und einige der größten Denker, von Hillel und Shammai bis Jochanan ben Zakkai, lebten und wirkten dort. Reiche Familien residierten in luxuriösen Häusern (S. 68) und bauten sich teure, meist in den Fels gehauene Familiengräber (S. 70, 72–73).

Nach Herodes' Tod im Jahr 4 u. Z. teilten seine drei Söhne sein Königreich unter sich auf. Da sich bald zeigte, dass sie sich nicht für die Politik eigneten, setzte Augustus einen Gouverneur oder Prokurator ein. Dieser besuchte Jerusalem lediglich während der jüdischen Pilger-Feiertage mit einer staken militärischen Eskorte, residierte aber eigentlich in Caeserea. Trotzdem wuchs und blühte Jerusalem weiter. Kurz vor der Zerstörung hatte die Stadt 150'000 Einwohner und beherbergte drei Mal jährlich bis zu 100'000 Pilger. Die sogenannte Dritte Mauer (oben, S. 44) schützte die Neustadt im Norden und wurde erst kurz vor dem großen Aufstand von 66–70 u. Z. vollendet. Zu dieser Zeit nahm die Stadt eine Fläche ein, die erst wieder gegen Ende des 19. Jahrhunderts erreicht werden sollte (S. 44, 281).

In diesen Jahren hielt sich ein Wanderrabbi aus Nazareth, Jeschua (griech. Iesous), den seine Jünger Christos, den Gesalbten, nannten, wiederholt in Jerusalem auf. Es ist interessant, dass er von keiner zeitgenössischen Quelle erwähnt wird, obwohl wir über diese Zeit durch den Historiker Flavius Josephus gut informiert sind.

Spannungen zwischen den verschiedenen jüdischen Gruppierungen und der römischen Besatzungsmacht mündeten in Unruhen. Die Gegensätze zwischen der herrschenden religiösen Gesellschaft Jerusalems und der benachteiligten jüdischen Bevölkerung Galiläas und Transjordaniens brachten die nationalistische Partei der Zeloten hervor, die sich der Dekadenz und Korruption der Jerusalemer Elite widersetzten. Jesu Predigten gegen die Heuchelei der Pharisäer und Sadduzäer rücken ihn in die Nähe dieser Bewegung. Kleinere Zusammenstöße wuchsen sich zur offenen Rebellion aus, als die Zeloten Jerusalem besetzten und die Legion des Prokurators vernichteten. Im Jahr 67 u. Z. entsandte Rom Vespasian mit vier durch Hilfstruppen verstärkte Legionen, um den Aufstand niederzuschlagen. Er drang in Galiläa ein, zerstörte die wichtigsten jüdischen Festungen und verwüstete das Land. Aus Galiläa vertriebene zelotische Aufständische und Flüchtlinge drängten nach Jerusalem, wo sie einen Bürgerkrieg gegen die vorwiegend sadduzäischen Einwohner sowie untereinander anzettelten. Als Vespasian zum Kaiser ausgerufen wurde, marschierte sein Sohn Titus nach Jerusalem und nahm die Stadt im Jahr 70 u. Z. nach einer sieben Monate dauernden Belagerung ein. Jerusalem und sein Tempel wurden vollständig zerstört – eine Verwüstung, deren Spuren bis heute erkennbar sind.

Legende

Rekonstruktion der Stadt, wie sie kurz vor ihrer Zerstörung im Jahr 70 u. Z. ausgesehen haben mag. Das Modell wurde von dem israelischen Historiker und Geografen Michael Avi Yonah auf der Grundlage zahlreicher Quellen gestaltet. Es ist im Israel Museum zu besichtigen. Das Foto zeigt den Blick von Osten.

1 Davidsstadt
2 Oberstadt
3 Unterstadt
4 Beth Zetha
5 Ophel
6 Berg Moriah und Herodianischer Tempel
7 Festung Antonia
8 Palast des Herodes
9 Bethesda-Teich, St.-Anna-Kirche
• Erste Mauer
• Zweite Mauer
• Dritte Mauer

S. 48–49, Hasmonäischer Aquädukt und Teich

Der nördlichste Abschnitt des Tunnels entlang der Westmauer führt durch einen aus dem Fels gehauenen Aquädukt zum großen, doppelt überwölbten Struthion-Teich (Spatzen-Teich).

Die Festung Baris, der hasmonäische Vorgänger der herodianischen Antonia, wurde über der Nordwestecke der Tempelesplanade gebaut und bildete damals einen Teil der Stadtbefestigung an einer exponierten Stelle. Der Struthion-Teich (links), der sich heute unter der Via Dolorosa bis in den Konvent der Schwestern von Zion erstreckt, versorgte die Festung mit Wasser. Herodes gab ihm seine heutige Form. Im 2. Jahrhundert u. Z. wurde der ursprünglich offene Teich von den Römern überdacht. Sein trübes Wasser spiegelt das Gewölbe und die Besucher (unten). Der Kanal aus der Hasmonäerzeit (links außen) versorgte den Tempel mit Wasser, bis er durch die herodianische Erweiterung der Esplanade überflüssig wurde.

Legende

Eine große Zisterne, der Struthion-Teich (links, rechts), stellte die Wasserversorgung der Festung sicher, die die Nordwestecke der Esplanade schützte. Ein aus dem Fels gehauener Kanal (links außen) leitete das Wasser aus dem Teich zum Tempel.

S. 50–51, Die heilige Esplanade

Die unregelmäßig viereckige Esplanade (S. 44, 46) ist der eindrücklichste Ort in Jerusalem. Sie misst ungefähr 470 Meter von Nord nach Süd und 300 Meter von Ost nach West. Zur Zeit ihrer Erbauung war sie höher gelegen als die Quartiere der Stadt und erzeugte dadurch den Eindruck eines über der Stadt schwebenden Tempels.

Die Umwandlung der Anhöhe des Berges Moriah in die Esplanade machte die Errichtung von Stützmauern nötig. Diese Entwicklung begann spätestens in hasmonäischer Zeit. Die Mischna (ein Teil des Talmuds) berichtet über einen 500 x 500 Ellen (ungefähr 250 x 250 m) großen Bezirkden manche Interpretationen auf der heutigen Esplanade gensu lokalisieren..

Was wir heute als Außenmauern des Haram al-Sharif sehen, ist das Resultat von Herodes' Erweiterung nach Norden, Westen und Süden, wodurch die enorme Fläche von 144'000 Quadratmetern (ca. 20 Fußballfelder) geschaffen wurde. Im Norden trugen Herodes' Architekten einen Teil des Hügels ab, auf dem die Festung Antonia stand, und füllten den unteren Teil des Beth-Zetha-Tals auf, um eine gewaltige Zisterne, den Teich Israel, zu schaffen. In der Südostecke ebneten

Gewölbe (die Ställe Salomons) und mit Erde hinterfüllte Stützmauern die Hänge auf der Süd- und Westseite. Nur die Ostmauer, die bereits bestehende Abschnitte eingliederte, folgte der ursprünglichen Begrenzung. Die Mauern wurden mit gewaltigen Quadern errichtet, die meistens etwa einen Meter hoch und eineinhalb bis zwei Meter lang waren. Der größte Stein ist im Westmauertunnel sichtbar; er ist 13,5 Meter lang, 3,2 Meter hoch und etwa zwei Meter tief und wiegt geschätzte 200 Tonnen. Die Außenflächen der Blöcke wurden sorgfältig bearbeitet und zeigen 10–20 Zentimeter breite glatte Flächen um flache Bossen. Sie wurden ohne Mörtel verlegt und jede Lage ist um drei bis vier Zentimeter zurückversetzt (links, Südwestecke). Diese Technik gleicht die optische Verzerrung aus und verstärkt die Stützmauern.

Ein Beweis für die herodianische Erweiterung ist in der Ostmauer, etwa 30 Meter von der Südostecke entfernt, sichtbar (rechts). Dort findet sich eine senkrechte Bruchlinie, der sogenannte Saum, der das glatte herodianischen Mauerwerk links (südlich) von der hasmonäischen Mauer rechts trennt.

Legende

Eine Legende aus fatimidischer Zeit besagt, dass die Löcher im Eckstein in der Südwestecke der Esplanade (links) vom Finger des Engels Gabriel herrühren. Hier soll der Prophet Mohammed sein mythisches Reittier al-Buraq während seiner Nachtreise zur entferntesten Moschee (Al-Aksa) festgebunden haben.

Der «Saum» (rechts) im Südteil der Ostmauer trennt das rohe Mauerwerk der hasmonäischen Mauer rechts von den glatten Quadern der herodianischen Erweiterung nach Süden (links).

S. 52–53, Der Tempel

Jüdische und römische Quellen stimmen darin überein, dass Herodes' Tempelbezirk der größte und prächtigste der antiken Welt war.

Sowohl der Talmud als auch Flavius Josephus informieren uns recht gut über Herodes' Tempel. Conrad Schicks Modell aus dem 19. Jahrhundert (links oben) offenbart viel intuitive Fantasie. Im Gegensatz dazu basiert die Rekonstruktion von Michael Avi-Yonah (rechts), die im Israel Museum zu besichtigen ist, auf allen verfügbaren Quellen. Die Esplanade war von Säulengängen umgeben. Der südliche Gang wurde zu einem Versammlungsort, der königlichen Stoa, erweitert. Drei Höfe mit zunehmender Heiligkeit führten zum eigentlichen Tempel, der seinerseits in drei Teile gegliedert war und mit dem Allerheiligsten endete. Dieses prächtige Gebäude wurde von den Römern im Jahr 70 u. Z. vollständig zerstört.

Die Leugnung des Tempels besteht in der Behauptung, dass nie ein Tempel auf dem Berg Moriah existiert habe. Jassir Arafat formulierte diese These nach dem Gipfel in Camp David im Jahr 2000 als Erster und beteuerte, dass der Tempel in der Nähe von Nablus gestanden haben müsse. Diese Behauptung ist zu einem zentralen Argument des palästinensischen Nationalismus geworden. Archäologische Hinweise, die diese Ansicht widerlegen könnten, sind spärlich und im besten Fall indirekt. Ein endgültiger Beweis ist in absehbarer Zukunft nicht zu erwarten, da Ausgrabungen zurzeit aus religiösen und ideologischen Gründen nicht erlaubt sind. Das derzeit einzige archäologische Indiz ist eine griechische Inschrift (links unten), die in zweifacher Ausführung gefunden worden ist. Der Text warnt Fremde unter Androhung der Todesstrafe davor, den heiligen Bezirk zu betreten. Diese Warnung wird auch von Josephus erwähnt. Es ist sehr unwahrscheinlich, dass diese Tafeln Jahrzehnte vor dem Beginn der Tempelleugnungsdebatte zu ihrem Fundort nahe der Esplanade geschafft wurden. Ein zweiter Hinweis ist der Stein des Trompeten-Platzes (links, Mitte), der 1968 im Schutt nahe der Südwestecke der Esplanade gefunden wurde. Die Inschrift lautet: «zum Platz des Trompeters, um zu verk[ünden] …». Josephus berichtet, dass der Sabbat jeweils von einem Priester mit einem Trompetenstoß angekündigt wurde.

In diesem Zusammenhang darf die Kraft der mündlichen Überlieferung nicht unterschätzt werden. Als die ersten Rückkehrer aus Babylon 538 v. u. Z., also 47 Jahre nach der Zerstörung des Tempels, in Jerusalem ankamen, befanden sich darunter mit größter Wahrscheinlichkeit Menschen, die den Salomonischen Tempel noch mit eigenen Augen gesehen hatten. Es ist vorstellbar, dass ähnlich wie in der christlichen Tradition (S. 96) die Erinnerung durch gelegentliche Besuche des Tempelbergs zwischen 70 und 332 u. Z. wachgehalten wurde. Und warum sollte sich Herodes die Mühe gemacht haben, eine solche mächtige Esplanade zu errichten, wenn nicht für ein sehr wichtiges Bauwerk wie den Tempel? Da sein eigener Palast an der Stelle der heutigen Zitadelle nachgewiesen worden ist, gab es in seinem Staat außer Gott keine andere Persönlichkeit oder Institution, die einen solchen Aufwand gerechtfertigt hätte. All dies zusammen macht die Tempelleugnungsbehauptung mehr als unwahrscheinlich.

Legende

Rekonstruktionen des Herodianischen Tempels durch Michael Avi-Yonah, 1966 (rechts), und Conrad Schick, 1872 (unten). Hinweise auf die Lokalisierung des Tempels auf dem Berg Moriah sind eine griechische Inschrift, die es Fremden verbietet, den heiligen Bezirk zu betreten (ganz unten), und eine Inschrift, die zu einem «Trompeten-Platz» (unten Mitte) weist.

S. 54–55, Die Westmauer

Die heiligste Stätte des Judentums, die Westmauer (Klagemauer, hebräisch HaKotel), verdankt ihre Heiligkeit dem Glauben, dass sie sich dem Allerheiligsten des zerstörten Tempels am nächsten befindet.

In der rabbinischen Literatur, die bis auf das 5. Jahrhundert zurückgeht, ist die theologische Bedeutung des Ortes verbunden mit der göttlichen Anwesenheit (Schechina), die sich hier trotz der Zerstörung des Tempels erhalten habe. Texte aus dem 11. Jahrhundert, die in der Geniza von Kairo gefunden wurden, berichten von einer Höhle in der Westmauer (Warren-Tor?), die als sakraler Versammlungsraum genutzt wurde. Juden wurde aber erst in osmanischer Zeit (17. Jahrhundert) erlaubt, dort zu beten.

Als Teil der Stützmauer rund um die Esplanade bestehen die untersten sieben Lagen der Wand aus herodianischen Quadern. Unter dem Niveau der Plaza befinden sich 17 weitere Lagen, die bis auf den gewachsenen Fels hinunterreichen. Die darüber liegenden, beinahe quadratischen Steine stammen aus der Zeit der umayyadischen Wiederherstellung im 7. Jahrhundert und die obersten kleinen Quader (auf dem Foto nicht sichtbar) sind aus fatimidischer oder sogar noch späterer Zeit.

Die Einnahme dieses Ortes war der emotionale Höhepunkt des Krieges von 1967. Auf Befehl des israelischen Generals von Moshe Dayan wurde das Mughrabi-Quartier abgerissen und eine weite Plaza geschaffen. Als Freiluftsynagoge wurde sie in einen breiten Abschnitt für Männer und einen viel schmaleren Teil für Frauen unterteilt.

Legende

Die Westmauer ist die heiligste Stätte des Judentums. Die untersten sieben Lagen bestehen aus herodianischen Quadern, während die darüber liegenden quadratischen Steine von der umayyadischen Wiederherstellung im 7. Jahrhundert stammen.

S. 56–57, Gebete an der Westmauer

Es gibt Zeiten, in denen die Plaza beinahe verlassen wirkt, ein Ort für das stille Gespräch mit Gott (rechts). Sie kann aber an Feiertagen auch von Menschen überströmt sein, so wie bei der Segnung der Priester (Birkat Kohanim) während des Sukkoth-Festes (links).

Die Westmauer, eine Freiluftsynagoge, ist zu allen Zeiten zugänglich: 24 Stunden täglich an allen sieben Tagen der Woche. Sie wird für das Gebet und für öffentliche Anlässe wie Bar-Mitzwa-Feiern, militärische Zeremonien und Staatsakte genutzt. Der Brauch sieht vor, eine kleine Notiz mit Gebeten oder Wünschen in die Spalten des Mauerwerks zu schieben (unten links).

Legende

Der Platz vor der Westmauer wird sowohl für private (rechts außen) als auch für große Gemeinschaftsgebete (oben) genutzt. Gläubige stecken einen Zettel mit einem Gebet oder Wunsch zwischen die Quader (rechts).

S. 58 – 59, Die Frauen der Mauer

Die Veränderungen der Moderne machen vor den Wällen religiöser Konventionen nicht halt. Ziel der feministischen Vereinigung «Frauen der Mauer» ist es, das jüdische Gesetz (Halacha) zu ändern und sich das Recht, wie die Männer an der Westmauer zu beten, zu erkämpfen.

Das orthodoxe Judentum behält den Männern das Recht vor, aus der Thora zu lesen und religiöse Kleidung (Tallit, Tefillin) zu tragen. Die Hauptmission der im Jahr 1988 gegründeten aktivistischen Gruppierung «Frauen der Mauer» ist die soziale und legale Anerkennung des Rechts, es den Männern gleichzutun. Wenn die Gruppe zu Monatsbeginn (Rosh Chodesch) ihre Gebete an der Westmauer verrichten will, beachtet sie die Geschlechtertrennung, um auch ihren orthodoxen Mitgliedern die Teilnahme zu ermöglichen. Aber ihr Gebrauch religiöser Kleidung und ihr Gesang ärgern die orthodoxe jüdische Gemeinschaft und führen zu Unruhen, Beschimpfungen, physischer Gewalt und Verhaftungen. 2016 genehmigte die israelische Regierung einen Plan, einen Abschnitt der Westmauer für das egalitäre Gebet einzurichten, der nicht durch das orthodoxe Rabbinat kontrolliert werden sollte. Die Opposition der orthodoxen Parteien in der damaligen Koalitionsregierung erreichte 2017 die Suspendierung dieses Plans, obwohl frühere Gerichtsentscheide keine Verletzung geltenden Rechts feststellen konnten. Im Herbst 2019 wurden die Frauen der Mauer durch Sicherheitskräfte daran gehindert, ihre Thorarollen zur Plaza zu bringen.

Der Kampf um die Interpretation des Judentums ist hochpolitisch. Die orthodoxen Rabbiner setzen das traditionelle Recht durch und werden darin von den orthodoxen Parteien in der regierenden Koalition unterstützt. Die liberale Sicht hingegen betrachtet die Mauer als einen Schrein für alle Juden und nicht nur für einen besonderen Zweig des Judentums. Der Streit, der auch die Beziehungen zwischen dem Staat Israel und der amerikanischen Diaspora beeinträchtigt, dauert an.

Legende

Die feministischen «Frauen der Mauer» kämpfen um religiöse Gleichstellung mit Männern, die nach der Tradition allein berechtigt sind, aus der Thora zu lesen und einen Gebetsmantel zu tragen. Ihr monatliches Gebet an der Westmauer führt regelmäßig zu heftigen Protesten und physischer Gewalt.

S. 60, Zugänge zur Esplanade

Zu Herodes' Zeiten unterschieden sich die Zugänge zum Tempelberg von den heutigen Toren zum Haram. Die Gewölbeansätze des Robinson-Bogens (oben) im südlichsten Teil der Westmauer sind die Überreste eines Bogens, der eine entlang der Westmauer verlaufende Straße überbrückte. Er war Teil eines riesigen Treppenhauses, der vom Zentraltal zur königlichen Stoa (Säulenhalle) hinaufführte.

Nördlich des Robinson-Bogens, direkt unter dem Mughrabi-Tor, das heute der einzige Haram-Zugang für Ungläubige ist, sind der Türsturz des Barclay-Tors und weiter nördlich der Wilson-Bogen (S. 64) und das Warren-Tor im Westmauertunnel sichtbar. Diese vier Tore verbanden die Oberstadt mit dem Tempelberg.

Zusätzlich zu den Hulda-Toren in der Südmauer (S. 62–63) gab es wahrscheinlich mindestens einen weiteren Zugang an der Ostseite. Keinen Einlass gab es im Norden, wo zu jener Zeit die Mauer der Esplanade zusammen mit der Burg Antonia die Stadtbefestigung bildete.

Legende

Der Zugang zum Tempelberg wurde durch monumentale Treppen gewährleistet. Der Robinson-Bogen in der Westmauer (links) weist auf eine davon hin.

Riesige Blöcke vor der Westmauer (recht) sind Zeugen der Zerstörung der Stadt durch die Römer im Jahr 70 u. Z.

S. 61, Die Zerstörung der Stadt

Nach der Einnahme Jerusalems im Jahr 70 u. Z. befahl Titus seinen Truppen die vollständige Zerstörung. Er zündete die Stadt an, riss ihre Mauern nieder und zerstörte den Tempel.

Nach dem Talmud fiel die Zerstörung des Zweiten Tempels auf denselben Tag wie die Vernichtung des Ersten Tempels durch die Babylonier: den neunten Tag des Monats Av. Die vielen heruntergefallenen Quader auf der Straße vor der

Westmauer stammen aus dem von den römischen Legionären abgebrochenen Westportikus.

S. 62–63, Das Doppel- und das Dreifachtor (Hulda-Tore)

Die Tore in der Südmauer der Esplanade führten durch lange unterirdische Galerien von der Unterstadt zum Tempelberg hinauf.

Eine breite Flucht von Stufen führt zum Doppel- und Dreifachtor. Das westliche Doppeltor (links außen) zeigt hinter einem fatimidischen oder Kreuzfahrerturm, der es teilweise versteckt, einen herodianischen Türsturz und Entlastungsbogen über einem reich verzierten umayyadischen Gesims. Das östliche Dreifachtor (links) verlor in umayyadischer Zeit sein herodianisches Aussehen. Die herodianische Pracht der Innenräume und Galerien ist nur aus früheren Berichten bekannt; heute sind sie als Teile der Al-Aksa-Moschee für Nichtmuslime nicht zugänglich. Eine römische Inschrift von Hadrians Nachfolger Antoninus Pius (unten links) wurde bei einer der vielen späteren Reparaturen rechts vom Doppeltor kopfüber in die Mauer eingesetzt.

Zur Zeit der Abbasidenherrschaft wurde die Unterstadt auf dem Südosthügel aufgegeben. Mit der Errichtung einer neuen Stadtmauer wurden die Tore verschlossen. Der Verlauf der Mauer entspricht etwa dem der osmanischen Befestigungen und nimmt seinen Anfang bei dem mittelalterlichen Turm, der das Doppeltor halb versteckt.

Legende

Eine monumentale Treppe führt von der Unterstadt zu den Hulda-Toren (rechts aussen). Die heutige Form des Dreifachtors (oben) ist umayyadisch. Das halb versteckte Doppeltor (links) zeigt immer noch einen herodianischen Bogen über einem umayyadischen Gesims. Ganz in seiner Nähe findet sich ein Stein in Zweitverwendung mit einer römischen Inschrift (rechts).

S. 64–65, Der Westmauertunnel

Der Wilson-Bogen (oben) ist der östlichste in einer Reihe von Bogen, die einen Zugang von der Oberstadt zur Esplanade getragen haben.

Mit einer Spannweite von über zwölf Metern ist der erste Bogen der größte innerhalb eines Übergangs, der zu Herodes' Zeiten das Zentraltal überbrückte. Diese Brücke führte auch einen Aquädukt, der den Tempelberg mit Wasser aus Salomons Teichen bei Bethlehem versorgte. Der Wilson-Bogen liegt unter der heutigen Tariq Bab al-Silsila (Kettentorstraße).

An der Stelle, an der die Mauer in nächster Nähe zum Allerheiligsten verläuft, befindet sich ein kleiner Gebetsort im Westmauertunnel (rechts). Er wird hauptsächlich von Frauen aufgesucht.

Legende

Der Tunnel entlang der Westmauer führt von der Westmauer-Plaza bis zur Via Dolorosa. Nahe seinem Südende kreuzt er unter dem Wilson-Bogen (links). Das monumentale Gewölbe war Teil einer herodianischen Brücke, die das Zentraltal überspannte und die Oberstadt mit der Esplanade verband. Weiter nördlich, an der Stelle, wo die Mauer dem Tempel am nächsten kam, befindet sich eine Gebetsnische (oben).

S. 66, Zedekias Höhle

Die große Höhle, auch Salomons Steinbrüche genannt, erstreckt sich über ca. 200 Meter vom Eingang in der Nähe des Damaskustors unter den Anhöhen des muslimischen Viertels der Altstadt nach Südosten.

Hier wurde der schöne Malaki (Jerusalemstein), ein Sediment aus dem Turon der Kreidezeit, gebrochen, der von Herodes' Zeiten bis ins 20. Jahrhundert als Material für öffentliche Bauten verwendet wurde.

Um die Höhle ranken sich zahlreiche Legenden. Die «biblischste» davon behauptet, ohne einen Beweis dafür vorlegen zu können, dass das Baumaterial für Salomons Tempel aus diesem Steinbruch stammte. Al-Muqaddasi, der Jerusalemer Geograf des 10. Jahrhunderts, berichtet, dass die «von Moses erschlagenen Menschen» (Korahs Revolte) hier liegen. Nach Rashi (Rabbi Shlomo Ytzhaki, 11. Jahrhundert) floh König Zedekia durch diese Höhle vor den Babyloniern in die Wüste. Die Höhle hat für Freimaurer, die Salomon hoch achten, eine große Bedeutung; jedes Jahr feiern sie hier eine Zeremonie.

Der Platz wird von der Gesellschaft zur Entwicklung Ostjerusalems verwaltet. Er ist öffentlich zugänglich und gelegentlich finden dort Konzerte und andere Veranstaltungen statt.

Legende

Zedekias Höhle ist ein alter Steinbruch, der sich unter dem muslimischen Viertel der Altstadt erstreckt. Er war jahrhundertelang, mindestens seit Herodes' Zeiten, in Gebrauch und ist mit zahlreichen Legenden verbunden.

S. 67, Wasserversorgung

Die Wasserversorgung war in Jerusalem immer ein Hauptproblem. Zu Herodes' Zeiten wurden ältere Einrichtungen durch neuere Elemente verbessert. Die Datierung von Wasserbecken ist nicht einfach, weil Renovierungen sehr oft frühere Strukturen zerstört haben.

Die Gihonquelle (S. 33) diente vor allem der Wasserversorgung der Davidsstadt auf dem Südosthügel. Unter den vielen Zisternen, die Regenwasser sammelten, waren das Hiskija-Becken direkt nördlich der Zitadelle und der Struthion-Teich (S. 49) neben der Festung Antonia die größten. Vor der Nordostecke der Esplanade lagen im Beth-Zetha-Tal die Bethesda-Teiche von St. Anna in einer Reihe mit dem Teich von Israel, der heute ein Parkplatz ist. Im Hinnomtal wurden der Sultans-Teich, heute bekannt als Veranstaltungsort für Konzerte, und der Mamilla-Teich (unten) ausgehoben. Diese mächtigen Zisternen (79'000 und 30'000 m^3) wurden zum Teil mit Wasser aus den umgebenden Tälern gefüllt, manche wurden aber auch durch ein kompliziertes Aquäduktsystem, das in die Hasmonäerzeit zurückreicht, aus den Salomon-Teichen bei Bethlehem gespeist. Zusätzlich glich Jerusalem unter der Oberfläche einem Schweizer Käse: die meisten Häuser hatten ihre eigene Zisterne und die heilige Esplanade war von Sammelbecken übersät.

S. 68–69, Private Villen

Im Zuge der Renovierung des jüdischen Viertels in den 1970er-Jahren wurden luxuriöse Behausungen der priesterlichen und säkularen Elite ausgegraben. Ihre Ruinen im Keller moderner Häuser sind im Wohl Museum und im Burnt House Museum zu besichtigen.

Unter vielen Funden sticht eine Gruppe von einem halben Dutzend Häusern der städtischen Aristokratie, die sich eines sehr luxuriösen Lebensstils erfreute, heraus. Die Häuser im damals beliebten griechisch-römischen Stil wurden in der herodianischen Epoche gebaut, bewohnt und zerstört. Viele von ihnen tragen Spuren eines Feuers, etwa verkohlte Überreste von Holzbalken, die im Zuge der römischen Eroberung 70 u. Z. eingestürzt sind.

Die Häuser standen eng nebeneinander auf dem terrassierten Hang des Westhügels und gewährten ihren Bewohnern einen herrlichen Blick auf den Tempelberg. Alle wurden um einen zentralen Hof angelegt. Erhalten geblieben ist nur das Erdgeschoss der zwei- oder dreistöckigen Häuser. In den Kellern waren Vorratsräume, Zisternen und eine ungewöhnlich hohe Anzahl an rituellen Bädern (Mikwen; links, Mitte) untergebracht. Mikwen und Steingefäße (rechts) waren in priesterlichen Haushalten aus Gründen der rituellen Reinheit beliebt.

Zeitgenössische Goldschmiede lassen sich von Schmuckfunden aus dieser Zeit inspirieren (links unten).

Eine faszinierende Entdeckung ist die Ritzzeichnung einer Menora (links oben). Die Archäologen sind sich einig, dass der Künstler das Original im Tempel noch mit eigenen Augen gesehen haben muss.

Legende

Unter dem jüdischen Viertel wurden die Überreste mehrerer Wohnhäuser der herodianischen priesterlichen Aristokratie entdeckt. Die Häuser wurden im griechisch-römischen Stil entworfen und waren mit Ritualbädern (links, Mitte) und großen Steingefäßen (oben) ausgestattet. Beides war wichtig im Hinblick auf rituelle Reinheit. Moderne Nachbildungen ausgegrabener Ohrringe (unten links) sind sehr beliebt. Auf einer Wand findet sich eine eingeritzte Menora (oben links) aus einer Zeit, in der das Original noch im Tempel stand.

S. 70–71, Begräbnisstätten

Seit der Prophet Joel, vermutlich im 9. Jahrhundert v. u. Z., das Kidrontal «Johoshaphat» (Jüngstes Gericht) genannt hat, wollten die Menschen in der Nähe dieser Stelle begraben werden. Friedhöfe aller Glaubensbekenntnisse überziehen die Hänge des Tals.

Der größte davon ist der jüdische Friedhof auf dem Südwesthang des Ölbergs (rechts). Etwa 50 Begräbnishöhlen stammen aus der Zeit des judäischen Reiches und Hunderte aus der hellenistischen Epoche. Das Gräberfeld war ununterbrochen in Gebrauch, bis es sich zu seiner heutigen Größe ausgedehnt hatte. Es enthält geschätzte 70'000 bis 200'000 Gräber, darunter die Ruhestätten vieler Berühmtheiten. Nach der Entweihung durch die Jordanier zwischen 1948 und 1967 wurde es wieder seinem ursprünglichen Zweck übergeben.

Die beliebteste Begräbnisart war für diejenigen mit den entsprechenden ökonomischen Mitteln in hellenistischer und byzantinischer Zeit das aus dem Fels gehauene «Kokhim»-Grab (Kokh bedeutet im Hebräischen Nische, Alkoven). Der Leichnam wurde auf einem Sims für das Begräbnis vorbereitet und in eine körpergroße Nische (Kokh, unten rechts), geschoben. Falls es sich um ein Familien- oder Gemeinschaftsgrab handelte, waren mehrere Kokhim vorhanden. Nach ungefähr einem Jahr, nach der Zersetzung der Weichteile, legte die Familie die Knochen in ein Ossuarium (unten links), das zusammen mit vielen anderen an einem permanenten Ort gelagert wurde.

Gelegentlich war das Grab mit einem rollenden Stein versehen, der, in einer Rinne quer zum Eingang liegend, diesen verschloss oder öffnete. Solch ein Grab ist in den Evangelien beschrieben. Herodes' Familiengrab direkt unterhalb des

King David Hotel (links unten) zeigt einen solchen Stein. Das Gartengrab, das von Protestanten seit dem späten 19. Jahrhundert als Grab Christi verehrt wird, weil in der Grabeskirche kein Platz für eine zusätzliche Denomination frei war, liegt 300 Meter nördlich des Damaskustors und weist eine Rille für den fehlenden rollenden Stein auf.

Legende

Friedhöfe aller Glaubensrichtungen erstrecken sich entlang des Kidrontals, des Ortes des Jüngsten Gerichts. Der jüdische Friedhof auf dem Hang des Ölbergs ist der größte. Die Kokhim-Gräber der hellenistischen und byzantinischen Zeit umfassten Nischen, in denen der Leichnam zerfiel, bevor die Knochen in einem Ossuarium (ganz unten links) beigesetzt wurden. Manche Gräber, darunter auch Herodes' Familiengrab (unten links), hatten eine runde Steinscheibe zum Verschließen des Eingangs.

S. 72–73, Monumentale Grabmäler

Reiche Familien pflegten ihre Begräbnisstätten auszuschmücken. Solche finden sich rings um die Altstadt, darunter große Anlagen im hellenistisch-römischen Stil.

Zu den Wahrzeichen Jerusalems gehören die drei Monumente im Kidrontal. Sie stammen aus der Zeit zwischen 100 v. u. Z. und 50 u. Z., haben viele Legenden inspiriert und wurden mit vielerlei fantasievollen Namen versehen. Absaloms Grab (links) wird im Arabischen als Pharaos Mütze bezeichnet, das Grab der B'nei Hezir, durch eine Inschrift eindeutig einer Priesterfamilie zugeordnet, ist für Christen das Grab des Jakobus und für Araber das Haus Pharaos. Was wir als Grab des Zacharias (rechts) kennen, wird auf Hebräisch das Grab Arnans des Jebusiters und auf Arabisch das Grab der Frau des Pharaos genannt. All diese Grabmonumente wurden in byzantinischer Zeit als Mönchszellen genutzt, daher rühren die Löcher in den Wänden von Absaloms Grab.

Ein schöner Grabkomplex mit majestätischer Fassade (links oben) stammt aus der Mitte des 1. Jahrhunderts u. Z. und findet sich ca. 500 Meter nördlich des Damaskustors. Der Name «Grab der Könige» rührt von der ursprünglichen, falschen Interpretation als Grabstätte der Könige von Juda her. Heute wird es Helena von Adiabene zugewiesen, einer Königin aus Nordmesopotamien, die sich zum Judentum bekehrte und ungefähr 20 Jahre lang als Philanthropin in Jerusalem lebte. Die Stätte ist eine nationale Domäne der Französischen Republik.

Legende

Die Gräber von Absalom (unten links) und Zacharias (rechts) im Kidrontal sind die bekanntesten monumentalen Grabkomplexe aristokratischer Familien. An der Nablusstraße nördlich des Damaskustors liegt das Grab der Königin Helena von Adiabene mit seiner schön gemeißelten Fassade (links).

S. 74–75, Römer, 70–324 u. Z. (Titelseite)

Legende

Der Garnisonsdienst römischer Legionäre beinhaltete auch das Brennen von Ziegeln. Jeder Stein wurde mit dem Zeichen der Zehnten Legion (Legio Decima Fretensis) gestempelt.

S. 76–77, Römer, 70–324 u. Z.

Nach der Katastrophe des Jahres 70 u. Z. wurde die Zehnte Legion in Jerusalem stationiert. Hadrian gründete im Jahr 136 u. Z. eine römische Kolonie.

Nach der Zerstörung durch Titus bezog die Legio Decima Fretensis als Besatzungsmacht Standorte in Stadt und Umgebung. Wir dürfen annehmen, dass sie die üblichen Steinmauern errichtete und die erhaltene westliche Stadtmauer sowie die festen Türme des herodianischen Palastes zur Verteidigung nutzte. Die Stadt als Ganzes verblieb jedoch ohne schützende Befestigung. Im langweiligen Garnisonsdienst wurden die Legionäre mit dem Brennen von gestempelten Backsteinen und Dachziegeln (S. 74–75) beschäftigt, von denen sehr viele gefunden worden sind. In dieser Zeit blieb die Mehrheit der Bevölkerung in Judäa. Die Hauptstadt der Provinz wurde aber endgültig nach Caesarea verlegt.

Im frühen 2. Jahrhundert änderte Kaiser Hadrian die expansionistische Politik seines Vorgängers Trajan und versuchte das Reich zu festigen, seine Grenzen zu sichern und seine Völker zu einigen. Er besuchte fast jede einzelne Provinz einschließlich Syriens, Judäas und Arabiens. Um eine starke Operationsbasis gegen die Parther zu schaffen, gründete er viele Städte. Nachdem er entschieden hatte, eine römische Kolonie auf den Trümmern Jerusalems zu gründen, brach die zweite jüdische Revolte (132–135 u. Z.) aus. Der Name der neuen Kolonie, Aelia Capitolina, vereinte den Namen der kaiserlichen Familie (Aelius) und die kapitolinische Triade mit Jupiter, Juno und Minerva als Schutzgöttern. Für die Juden war dies inakzeptabel. Das Niederschlagen der von Simon bar Kochba (Sohn der Sterne und deshalb von manchen als Messias angesehen) angeführten Revolte kostete die Römer drei Legionen und drei Jahre. Dies war der einzige Krieg in der 17-jährigen Herrschaft Hadrians – eine Leistung, die ihm die Aufnahme in die Gruppe der «fünf guten Kaiser» sicherte. Nach der Revolte wurden die jüdische Religion und jüdische Gebräuche einschließlich der Beschneidung verboten. Juden wurde es untersagt, Jerusalem zu betreten, außer am neunten Tag des Monats Av, um die Zerstörung des Tempels zu beweinen. Dieses Dekret wurde mit unterschiedlicher Strenge durchgesetzt. Der Name der Provinz wurde von Judäa zu Palästina geändert und Jerusalem wurde zu einer heidnischen Stadt, in der jüdisches Leben für fast 500 Jahre ausradiert wurde.

In der europäischen Geschichte nimmt die erste Revolte, die von Flavius Josephus detailliert beschrieben worden ist, einen beachtlichen Platz ein, während der zweite Aufstand wegen des Fehlens historischer Quellen eine Nebenrolle spielt. Im Gegensatz dazu betont die jüdische Überlieferung die zweite Revolte und hält die Erinnerung an ihre Führer Bar Kochba, Rabbi Akiba und Rabbi Shimon bar Yochai wach, z. B. durch das Anzünden von Lagerfeuern anlässlich des Festes Lag BaOmer (Fotos).

Legende

Anlässlich des jüdischen Feiertags Lag BaOmer wird der Bar-Kochba-Revolte gedacht. Feuer erinnern an die Kommunikationsmittel der Aufständischen und die Anfangserfolge der Rebellion werden mit Gesang und Tanz gefeiert.

S. 78–79

Im 1. Jahrhundert u. Z. wetteiferten viele jüdische Sekten miteinander. Von diesen verschiedenen Richtungen entwickelte sich ein Strang zum rabbinischen Judentum und ein anderer zum frühen Christentum. Die Zulassung von Nichtjuden durch die Christen und die zunehmende Betonung der Schuld der Juden an Jesu Tod führten zur endgültigen Trennung zwischen diesen beiden Zweigen. Für die Juden schuf der Verlust des Tempels und damit ihres religiösen Zentrums eine neue Wirklichkeit: Die auf Jerusalem beruhende Tradition der mündlichen Thora-Auslegung kam zu einem dramatischen Ende und konnte nicht mehr weitergeführt werden. Deshalb begannen sie, die rabbinische Diskussion schriftlich festzuhalten, was schließlich zur kodifizierten Interpretation der Thora und ihrer Gesetze führte: zum Talmud mit Mischna und Gemara.

Als römische Kolonie entsprach Aelia Capitolina ihrer Anlage nach dem üblichen Plan eines Militärlagers mit zwei Hauptstraßen: Cardo und Decumanus, die in Nord-Süd- bzw. Ost-West-Richtung verliefen. Um den Kreuzungspunkt lag das Stadtzentrum und die vier Quadranten wurden mit einem Netz von rechtwinkligen Straßen, die Blocks oder Insulae bildeten, erschlossen. Ein Teil davon ist heute noch im muslimischen Viertel erkennbar. Wegen der speziellen Topografie wurden hier zwei Cardos angelegt: Ein östlicher verlief von der Plaza beim Damaskustor im Zentraltal und ein westlicher nahm am gleichen Ort seinen Anfang und führte zum Forum. Der Decumanus folgte in seinem Verlauf der heutigen David- und Kettenstraße bis zum östlichen Cardo und setzte seinen Verlauf nördlich der Esplanade entlang der Via Dolorosa bis zum Löwentor fort. Dementsprechend gab es zwei öffentliche Räume (Foren), einen im Bereich des heutigen Muristan und einen nahe dem Konvent der Schwestern von Zion. Die Lage der Tempel ist umstritten, aber es ist wahrscheinlich, dass mindestens einer auf dem Tempelberg errichtet wurde.

Im späten 3. Jahrhundert wurde die Zehnte Legion nach Aqaba verlegt und wahrscheinlich erhielt Aelia Capitolina erst dann einen Mauerring, der in etwa den heutigen, vom osmanischen Sultan Suleiman erbauten Stadtmauern entsprach.

Legende

Der ursprüngliche, der speziellen Topografie Jerusalems angepasste Plan einer römischen Kolonie ist heute noch erkennbar. Zwei Cardos (rot) verlaufen von Nord nach Süd und schneiden einen «gebrochenen» Decumanus (blau).

1 Ecce-Homo-Bogen, S. 80–81
2 Lithostrotos, S. 83
3 Damaskustor, S. 82
4 Forum, S. 84
5 M. Iunius-Maximus-Säule, S. 86

S. 80–81, Ecce-Homo-Bogen

Dreifache Tore in der Form von Triumphbogen waren – frei stehend oder eingebaut in die Stadtmauer – ein häufiges Merkmal jeder römischen Stadt.

Die besterhaltenen Überreste eines Dreifachtores, das den Eingang zum Forum markierte, finden sich in der Via Dolorosa. Das kleine Nordtor ist in die Kirche der Schwestern von Zion eingefügt (rechts), der Hauptdurchgang beginnt in der Kirche und überspannt die Straße, und das Südtor ist in Gebäuden verborgen. Die Nische seitlich des Nebentors hat wohl eine Statue beschirmt. Das Mauerwerk mit einem Fenster über dem Haupttor stammt aus osmanischer Zeit.

Nach christlicher Überlieferung, die sich bis ins Mittelalter zurückverfolgen lässt, wurde Jesus durch dieses Tor aus der benachbarten Festung Antonia geführt. Hier soll Pilatus die an die Menge gerichteten Worte «Sehet da den Menschen!» (Ecce homo) gesprochen haben. Heute ist der Platz Teil der Via Dolorosa (S. 264–265) und zieht viele Pilger an (ganz rechts außen).

Legende

Ein römisches Dreifachtor, der Eingang zum Forum, ist heute mit seinem nördlichen Nebenbogen in die Kirche der Schwestern von Zion eingebaut (rechts). Das größere Haupttor (ganz rechts) überspannt die Via Dolorosa (rechts außen).

S. 82, Stadttor

Der Hauptzugang nach Aelia Capitolina von der Hauptstadt Caesarea wurde durch ein Dreifachtor hervorgehoben. Seine Überreste sind unter dem heutigen Damaskustor sichtbar.

Der östliche Nebeneingang ist unter der heutigen Torbrücke vollständig erhalten. Erhöhte Sockel auf beiden Seiten trugen flankierende Säulen, deren Unterteil immer noch vorhanden ist. Das Tor wurde aus herodianischen Quadern in Zweitverwendung erbaut. Deshalb heben sich die römischen Teile deutlich von den darüber liegenden kleineren osmanischen Blöcken (S. 236) ab. Dieses Dreifachtor war in der byzantinischen, frühen islamischen und Kreuzfahrerepoche jahrhundertelang als Stadttor in Gebrauch.

S. 83, Lithostrothos

Als der Konvent der Kongregation von Notre Dame de Sion erbaut wurde, wurde in den 1850er-Jahren eine weite Fläche des römischen Straßenbelags freigelegt. Diese Platten bildeten den Boden des Forums und überdeckten teilweise die Gewölbe des Struthion-Teichs (S. 49).

Die Oberfläche der großen Steinplatten war gekerbt (rechts), um Menschen und Tieren auch bei Nässe einen sicheren Stand zu gewährleisten. Dieses Merkmal findet sich häufig bei römischen Straßen und Wegen. Die Legionäre vertrieben sich die Zeit während des langweiligen Wachtdienstes am Ecce-Homo-Bogen (S. 80–81) mit dem «Königsspiel» (unten), einem Würfelspiel, bei dem der Spieler gewann, der die Krone im Zentrum als Erster erreichte.

Legende

Unter dem Damaskustor hat sich eines der beiden Seitentore eines Dreifachtores, das den Hauptzugang zur Stadt schmückte, erhalten (links). Die gekerbten Steinplatten der römischen Pflasterung (rechts) zeigen von den römischen Wachen zum Zeitvertreib eingeritzte Brettspiele (unten).

S. 84–85, Forum

Der heutige Muristan (S. 350–351) nimmt den Platz des hadrianischen Forums ein. Ein Teil seiner Überreste wurde unter dem Alexander-Hospiz (S. 308–309) entdeckt.

Ein Torbogen (links), der im 11. Jahrhundert restauriert und verändert wurde, führt zum Forum von Aelia Capitolina. Es ist nicht klar, ob er Teil eines Dreifachtores war.

In einer römischen Stadt standen die Tempel üblicherweise am Forum. Direkt nördlich des Bogens hat sich eine Stützmauer aus herodianischen Steinen erhalten (unten). Diese Mauer war Teil eines dem Jupiter oder der Venus geweihten Tempels. Kaiser Konstantin benutzte sie später als Stütze der Eingangshalle seiner Grabesbasilika (S. 98–99).

Legende

Ein Torbogen (links), der zum römischen Forum führte, wurde vor der Kreuzfahrerzeit verändert. Herodianische Quader fanden eine Zweitverwendung in der Stützmauer eines Tempels (rechts).

S. 86–87, Römische Säulen

Frei stehende Säulen dienten als Meilensteine, als Denkmäler oder als Piedestale für Statuen.

Im Hof des Imperial Hotel am Omar-Ibn-al-Khattab-Platz steht eine Säule, die dem Andenken an einen Legionskommandanten gewidmet ist. Sie trägt heute Pflanzen und eine Straßenlaterne (links). Die Inschrift lautet: «Für Marcus IUNIUS / MAXIMUS / den LEGaten Zweier KAIser / der LEGio X FRetensis – ANTONINIANA / [das Denkmal wurde errichtet von] Caius DOMitius [aus der Tribus] SERGia / IULius HONORATUS / SEIN ADJutant». Das Denkmal stammt höchstwahrscheinlich aus dem frühen 3. Jahrhundert; denn der Ehrenname «Antoniniana», der in einer anderen Schrift hinzugefügt worden ist, wurde der Legion im Jahr 216 verliehen.

Im Eingang zum Davidson Centre steht ein typischer römischer Meilenstein, eine Säule auf einer quadratischen Basis. Solche Meilensteine wurden überall im Imperium Romanum gefunden. Der hier erwähnte wurde, als eine der vielen Aufgaben einer Okkupationsmacht, von der Zehnten Legion während der Herrschaft von Titus errichtet und markiert die erste Meile einer Straße.

Legende

Im Hof des Imperial Hotel steht eine Säule, die das Andenken eines Legionskommandanten ehrt (links). Der Meilenstein für die erste Meile einer Straße wurde zur Zeit der Herrschaft von Titus errichtet (rechts).

S. 88–89, Byzantiner, 324–638 (Titelseite)

Legende

Mosaikfußboden einer armenischen Kapelle auf dem Ölberg aus dem 5. Jahrhundert, heute in der Johannes-der-Täufer-Kapelle der russischen Himmelfahrtkirche.

S. 90–91, Byzantiner (324–638)

Im frühen 4. Jahrhundert entwickelte sich die unbedeutende römische Provinzstadt Aelia Capitolina auf friedlichem Weg zum wichtigen christlichen Zentrum Hierosolyma.

Weil Juden und Christen sich weigerten, den Kaiser nach reichsweiter Sitte als Gottheit zu verehren, wurden sie von den heidnisch-römischen Behörden unterdrückt und oft auch verfolgt. Konstantin verfolgte im Kampf um die Herrschaft hingegen die vielfach bewährte Strategie einer Allianz mit den unteren Klassen und verbündete sich in einem kühnen Schachzug mit dem Proletariat, dem viele Christen angehörten. Sein Edikt von Mailand (313) gewährte dem Christentum volle Toleranz und anerkannte es als eine der Staatsreligionen. Im Jahr 380 sollte das Christentum schließlich die einzige offizielle Religion werden. Als Konstantin 324 alleiniger Herrscher des gesamten Imperiums geworden war, verlegte er seine Hauptstadt nach Byzantion (Byzanz) und änderte den Namen in Konstantinopolis (Konstantinopel). Seine Maßnahmen sicherten die römische Herrschaft im Osten des Reichs für weitere 300 Jahre – eine historische Epoche, die als byzantinische Periode bezeichnet wird.

Obwohl sich Konstantin erst auf dem Totenbett taufen ließ, war er stark in christliche Angelegenheiten involviert. Dies bezeugt im Jahr 325 seine Einberufung des Konzils von Nizäa, das das Nizäische Glaubensbekenntnis verabschiedete. Dieses Credo besagt, dass Christus geboren, gekreuzigt, begraben, auferstanden und zum Himmel aufgefahren ist. Infolgedessen baute Konstantin drei mächtige Basiliken: die Geburtskirche in Bethlehem, die Kirche des Heiligen Grabes in Jerusalem (S. 96) und die Auffahrtskirche Eleona (S. 314) auf dem Ölberg. Im 19. Jahrhundert ließen sich der russische Zar und der deutsche Kaiser von dieser Allegorie inspirieren und errichteten an denselben Stellen Kirchen (S. 279, 299, 308, 343).

Christen wurden zur dominierenden Mehrheit in Jerusalem, das von einer einfachen Diözese zu einem der fünf Patriarchate aufstieg. Viele schriftlichen Quellen und archäologische Zeugnisse belegen einen regelrechten Bauboom in der Stadt. Viele Kirchen wurden an Stellen errichtet, die mit Jesus oder biblischen Figuren in Verbindung gebracht wurden. Folglich blühten Pilgerreisen und monastische Bewegungen. Konstantins Mutter Helena, eine gläubige Christin und begabte Archäologin, identifizierte intuitiv viele der heiligen Stätten und beeinflusste den Kirchenbau entscheidend.

Die Kaiserin Eudokia, verheiratet mit Theodosius II., verbrachte den letzten Teil ihres Lebens in Jerusalem (443–460). Als freigebige Patronin vieler religiöser und sozialer Einrichtungen baute sie Kirchen und Klöster. Sie soll die Erweiterung der Stadtmauer nach Süden einschließlich des Bergs Zion und des Siloah-Teichs veranlasst haben. Bis zur Mitte des 5. Jahrhunderts erreichte Jerusalem damit wieder eine Größe, die beinahe den Dimensionen spätherodianischer Zeit entsprach.

Unter der Herrschaft Justinians (527–565) erlebte Jerusalem im 6. Jahrhundert den Höhepunkt seiner Entwicklung in der byzantinischen Epoche. Kaiser Justinian war ein großer Bauherr und zu seinen vielen Gebäuden in der Stadt gehörten die mächtige Nea-Kirche (S. 92, 104) und der südliche Teil des Cardo (S. 95). Die berühmte Mosaikkarte von Madaba (Jordanien) datiert aus dieser Zeit. Sie zeigt klar die beiden von Kolonnaden gesäumten Nord-Süd-Achsen und die wichtigsten Kirchen (links, Replika im rekonstruierten Cardo). Zu Justinians Zeit nahmen die armenische Präsenz und Bautätigkeit beträchtlich zu.

Legende

In der byzantinischen Epoche erreichte Jerusalem mit den von Kaiserin Eudokia um 450 erbauten Mauern (blau) beinahe wieder die Ausdehnung der spätherodianischen Stadt.

1 Cardo, S. 95
2 Kirche des Heiligen Grabes, S. 96–103
3 Nea-Kirche, S. 104
4 Grab der Propheten, S. 105
5 Armenisches Mosaik auf dem Ölberg, S. 88–89
6 Armenisches Vogelmosaik, S. 108–109
7 Hebräische Inschrift, S. 110
8 Drei Heilige, S. 111

S. 92–93

Grenzstreitigkeiten und Kriege mit dem sassanidisch-persischen Reich begannen bereits zur Römerzeit und hielten während der ganzen byzantinischen Periode an. 614 überrannte und zerstörte Großkönig Chosrau II. den größten Teil Syriens einschließlich Jerusalems. Zahlreiche Christen wurden getötet, der Patriarch und Helenas wahres Kreuz wurden nach Persien verbracht. Kaiser Heraklius besiegte 629 die Perser, errichtete erneut die christliche Herrschaft und brachte das wahre Kreuz im Triumph nach Jerusalem zurück. Schon neun Jahre später aber ergab sich die Stadt dem Kalifen Omar.

Beinahe während der ganzen byzantinischen Periode war es Juden untersagt, in der Stadt sesshaft zu werden, und nur einmal jährlich, am neunten Tag des Monats Av, durften sie die Stadt betreten, um die Zerstörung des Tempels zu beklagen. Der Tempelberg wurde bewusst in Trümmern liegen lassen und als Abfallgrube verwendet, um die Überlegenheit der neuen Religion zu demonstrieren.

Die frühe christliche Architektur bediente sich maßgeblich bei den Römern. Byzantinische Kirchen waren entweder rechteckige Basiliken oder Zentralbauten. Die Basilika war eigentlich eine römische Vielzweckhalle, die zur Aufnahme einer Zusammenkunft von Gläubigen genutzt wurde. Dies stand im Gegensatz zum heidnischen Tempel, in dem nur Priestern das Betreten des Heiligtums gestattet war. Der kreisförmige, oktogonale oder quadratische Grundriss war von römischen Mausoleen inspiriert und wurde übernommen für Schreine, die an einen bestimmten Ort erinnerten oder diesen hervorhoben. Kuppeln, abgeleitet von römischen Bogen und Gewölben, wurden in byzantinischen Bauwerken, primär in Zentralbauten, gerne verwendet. Der Eingang zu einer Basilika führte häufig durch ein säulengesäumtes Atrium und Vestibül, einen Narthex. Die Kirche selbst wurde in der Form eines «T» errichtet, mit einem Haupt- und zwei oder mehr Nebenschiffen sowie Querschiffen, die die Arme des «T» bildeten. Eine versenkte, halbkreisförmige Apsis, versehen mit einer Halbkuppel und meist am östlichen Ende der Kirche platziert, barg den Hauptaltar.

Die vielen gegenläufigen Auffassungen und Strömungen innerhalb des Christentums machten diese zu einer ausgesprochen streitbaren Religion und wirkten sich auch auf die Entwicklung der Stadt aus. Die Arianer glaubten, dass Christus als Sohn Gottes diesem untergeordnet und gleichwohl göttlich sei. Das Erste Konzil von Nizäa, das von Kaiser Konstantin einberufen worden war, um die Einheit der Kirche zu erhalten (s. oben), verwarf diese Ansicht und erklärte Arius zum Ketzer. Seine Lehre verbreitete sich im Osten dennoch mehr als 50 Jahre lang weiter und spielte noch bis zur Mitte des 7. Jahrhunderts eine Rolle in den germanischen Königreichen des Westens. Das Konzil von Ephesus (431) verbannte Nestorius aus theologischen und politischen Gründen. Seine Anhänger, besonders zahlreich im Norden Syriens, bildeten daraufhin ihre eigene Kirche und begründeten das Nestorianische Schisma mit der Kirche des Ostens in Persien. 451 führte das Konzil von Chalkedon die Trennung der östlichen orthodoxen Kirchen vom Rest des Christentums herbei. Und 1054 resultierte das Große Schisma in der Spaltung in eine westliche katholische und eine östliche orthodoxe Kirche.

Legende

Replika der Madaba-Mosaikkarte aus dem 6. Jahrhundert, der ältesten topografischen Darstellung Jerusalems. Die beiden von Kolonnaden flankierten Cardos sind darauf klar erkennbar.

Das Modell der Stadt in St. Peter in Gallicantu, hier von Westen mit dem Jaffator im Zentrum gesehen, zeigt die beiden mächtigen Kirchen: die Grabeskirche links und die neue Kirche der Thotokos (Mutter Gottes, Nea-Kirche) rechts. Im Hintergrund befindet sich die leere Esplanade auf dem Berg Moriah.

S. 94–95, Cardo

Der Grundplan einer römischen Kolonie entspricht einem Militärlager und war um zwei sich schneidende Hauptstraßen, Cardo und Decumanus, angeordnet. Dadurch wurde die Stadt in vier Quartiere unterteilt, mit dem Forum in der Nähe des Zentrums.

Die Begriffe Cardo und Decumanus stammen aus dem Vokabular der Landvermesser und bezeichneten die Nord-Süd- bzw. die Ost-West-Achse einer römischen Stadt. Rechtwinklig davon abzweigende Straßen bildeten Insulae (Blocks). Dieses Muster ist in Teilen des muslimischen Viertels immer noch erkennbar, obwohl ein Labyrinth von Sträßchen und Sackgassen, wie sie für eine arabische Stadt typisch sind, das Bild verwischt.

Die topografische Situation in Jerusalem verlangte nach zwei Cardos. Der westliche steigt vom Damaskustor entlang der westlichen Rippe langsam zum Berg Zion ab (heute Khan al-Zeit und Jewish Quarter Road). Der östliche verläuft im Zentraltal vom Damaskustor zum Dungtor (heute Tariq al-Wad). Der Decumanus folgte vom Jaffator zum Bab al-Silsila am Haram der heutigen Davidstraße und des Tariq al-Silsila. Ausgrabungen am Cardo (links) zeigen, dass es sich um eine Luxusstraße handelte mit überdeckten Kolonnaden und Raum für Läden – alles in perfekter Übereinstimmung mit der Madaba-Karte (S. 92). Ein solcher Stadtplan teilte die Straße in drei Räume: Im Zentrum befand sich eine zwölf Meter breite Straße, die den Karren einen Zugang zu den Geschäften ermöglichte und gleichzeitig repräsentativen Zwecken diente. Beidseits dieser Straße verliefen fünf Meter breite, überdeckte Fußgängerzonen als Ort für geschäftliche und soziale Kontakte. An einigen Stellen ist die ursprüngliche Pflasterung aufgedeckt worden, z. B. in der Christian Quarter Road (rechts). Der ausgegrabene Cardo einschließlich seiner künstlerischen Rekonstruktionen (links außen) befindet sich im jüdischen Quartier mehrere Meter und dem heutigen Straßenniveau. Sein nördlicher, überwölbter Abschnitt zeigt sein Aussehen im 12. Jahrhundert.

Legende

Die beiden Cardos Jerusalems sind heute noch entlang ihrer gesamten Länge erkennbar. Im jüdischen Quartier wurden Teile davon ausgegraben (links). Die ursprüngliche Pflasterung, gelegentlich bis auf die Römer zurückdatierbar (oben), hat sich an manchen Stellen erhalten. Kinder spielen vor der künstlerischen Rekonstruktion des Cardos (links außen).

S. 96–97, Kirche des Heiligen Grabes

Ist dies der Ort, an dem Jesus gekreuzigt, begraben und auferstanden ist? Wahrscheinlich ja.

Um 30 u. Z. befand sich am Platz der heutigen Kirche ein stillgelegter Steinbruch außerhalb der zweiten Stadtmauer (S. 44, 46). Zahlreiche Gräber (Kokhim) aus dem 1. Jahrhundert vor und in unserer Zeit waren in den Fels gehauen, einige davon sind heute noch in der syrischen Kapelle zu sehen (unten rechts). Frühe Christen folgten wahrscheinlich dem damals verbreiteten jüdischen Brauch, das Grab eines Heiligen zu verehren. Ihre ununterbrochene Anwesenheit bis in die Zeit Hadrians macht das Entstehen einer kollektiven Erinnerung plausibel. Graffiti (unten, rechts außen), die denen nahe dem Grab von St. Peter im Vatikan ähneln, deuten auf Pilger hin und zeigen, dass die Erinnerung trotz der Vertreibung von Juden und Frühchristen aus der Stadt sowie des Baus der Tempel durch Hadrian fortbestanden hat. Es gibt kein überzeugendes Argument, das gegen die Identifizierung des Ortes als Stätte der Kreuzigung und des Begräbnisses eines jüdischen Rabbis spricht.

Die Kirche, die heiligste Stätte der Christenheit, wurde zwischen 326 und 335 von Kaiser Konstantin erbaut. Sie wurde von den Persern 614 verbrannt und durch den Abt Modestus restauriert. Im Jahr 1009 zerstörte der fatimidische Kalif al-Hakim sie erneut. Darauf folgte ihre Wiederherstellung durch Kaiser Konstantin Monomachus. Im 12. Jahrhundert bauten die Kreuzfahrer sie wesentlich um. In den folgenden Jahrhunderten litt die Kirche unter Zerfall und Zerstörung, wobei die ständigen Rivalitäten der sechs beteiligten Glaubensgemeinschaften wenig hilfreich waren. Griechisch-orthodoxe Christen, lateinische Katholiken, armenisch-orthodoxe und syrisch-orthodoxe Christen sowie Kopten und Äthiopier verteidigten ihre Rechte eifersüchtig und versuchten, sie zu erweitern. Die

Vereinbarung zum Status quo beruht auf einem 1852/53 kodifizierten Firman (Erlass) von 1757, der ein labiles Gleichgewicht aufrechterhält: Leitend ist das Prinzip, dass die «Dinge, wie sie bis heute gehandhabt worden sind, in ihrem heutigen Zustand belassen werden sollen, bis eine endgültige Lösung gefunden wird».

Nach einer größeren Feuersbrunst 1808 brachten die Griechisch-Orthodoxen verschiedene Veränderungen an. Dazu gehört eine Renovierung der Ädikula im Zentrum der Rotunde, die das Grab Jesu bezeichnet, in osmanisch-barockem Stil.

Legende

Zu den Argumenten, die für eine Identifizierung der Grabeskirche als Begräbnisstätte Christi sprechen, gehören die Kokhim-Gräber in der syrischen Kapelle (rechts) und ein Graffito in der armenischen St.-Vartan-Kapelle (rechts außen), das ein Schiff und eine lateinische Inschrift aus dem 2. Jahrhundert zeigt und Pilgerschaften zu diesem Ort belegt. Das moderne Gewölbe der Anastasis (oben) ist der konstantinischen Kuppel nachempfunden.

S. 98–99, Kirche des Heiligen Grabes

Nachdem Konstantin die heidnischen Tempel niedergerissen und das Gelände planiert hatte, sodass Golgatha und das Grab als isolierte Felsen hervorragten, errichtete er die Kirche. Dabei ordnete er konventionelle Elemente auf eine ungewöhnliche Weise an.

Der Zugang zum Gebäude erfolgte von Osten, vom Cardo, über eine Reihe von Stufen (Diagramm, E) und durch eine Eingangshalle (D). Darauf folgte eine große fünfschiffige Basilika mit Apsis und Altar am westlichen Ende. Dahinter befand sich ein Atrium mit Kolonnaden auf drei Seiten (B), das in seiner Südostecke den fünf Meter über den Boden hinausragenden Golgathafelsen (F) einschloss. Die Anastasis-Rotunde (A) mit dem Grab bildete den westlichen Abschluss und erinnerte an die Auferstehung.

Von diesem Gebäude ist wenig übrig geblieben (im Diagramm schwarz markiert): Der Grundriss und Teile der Mauern der Rotunde (rechts), einige Säulen mit Korbkapitellen (links), Fundamente der Basilika (oben) blieben erhalten. Teile der Eingangshalle sind im Alexander-Hospiz (S. 85) sichtbar. Ihre Steine weisen Löcher auf, in denen Bronzebefestigungen für eine Verkleidung mit Marmorplatten verankert waren (unten, links außen). Die gleiche Technik wird heute noch zur Befestigung von Platten aus Jerusalemstein auf Betonmauern verwendet.

Legende

Erhaltene Elemente der konstantinischen Kirche (im Diagramm schwarz) sind Teile der Anastasis-Rotunde (A, rechts außen), byzantinische Korbkapitelle (B, rechts), Fundamentmauern der Basilika (C, oben rechts) und Teile der Eingangshalle mit Löchern zur Befestigung von Marmorplatten (D, unten).

S. 100–101, Zeremonie des Heiligen Feuers

Das sogenannte Heilige Feuer ist ein Wunder, das sich jährlich am Tag vor dem orthodoxen Osterfest ereignet. Der Brauch wurde 876 erstmals schriftlich bezeugt, ist aber wahrscheinlich älter als die konstantinische Kirche.

Unter starkem Polizeischutz versammeln sich Tausende von Pilgern und ortsansässigen Christen (außer den Westlichen) in der Grabeskirche und nehmen an der lärmigen und tumultuösen Zeremonie teil. Hier soll unter dem Jubel der Menge aus dem Heiligen Grab Licht entstehen und von dem griechischen und armenischen Patriarchen mit Kerzen eingefangen werden. Innerhalb weniger Sekunden wird das Feuer auf Fackeln und Kerzen der Gläubigen übertragen und das dunkle Innere der Kirche erhellt sich plötzlich.

Obwohl viele christliche und muslimische Kritiker auf den Betrug der Zeremonie hingewiesen haben, wird das Heilige Feuer teilweise mit Spezialflügen in verschiedene Länder gebracht und dort von der kirchlichen und weltlichen Elite empfangen.

Legende

Die alte Zeremonie des Heiligen Feuers findet am Tag vor dem orthodoxen Osterfest statt.

S. 102–103, Spiritualität am Heiligen Grab

Besucher, die am heiligsten Platz des Christentums Gebet und stille Kontemplation erwarten, werden enttäuscht sein.

Besucher und Pilger in organisierten Gruppen verwandeln das Heilige Grab in einen lärmigen und übervölkerten Ort. Das Innere der Kirche wird nicht von heiliger Stille, sondern von einer Kakophonie aus schreienden Fremdenführern und Pilgergruppen, die im Singen von Hymnen wetteifern, erfüllt. Nicht Heiligkeit herrscht hier, sondern ein eifersüchtiges Besitzstreben der sechs vertretenen Denominationen, die sich gegenseitig verdächtigen, die Rechte der anderen einzuschränken. Nur gelegentlich ist wahre Andacht zu beobachten: einzelne Gesichter wie das einer armenischen Frau (links) oder eines Mönchs aus dem äthiopischen Kloster auf dem Dach der St.-Helena-Kapelle (Deir al-Sultan) strahlen spirituelle Ergriffenheit aus.

Legende

Echte Spiritualität ist in diesem lärmigen und übervölkerten Raum (unten) kaum zu finden. Ausnahmen sind hier eine armenische Frau, die ein Gelübde erfüllt (links), oder ein äthiopischer Mönch aus dem Kloster auf dem Dach der St.-Helena-Kapelle (rechts).

S. 104, Nea-Kirche

Die Nea-Kirche (griech. «neu») der Gottesmutter Maria wurde im Rahmen von Ausgrabungen im jüdischen Quartier entdeckt. Sie war das größte Gebäude im byzantinischen Jerusalem.

Der Komplex mit einer fünfschiffigen Basilika, Kloster, Pilgerherberge, Spital und Bibliothek wurde von Kaiser Justinian errichtet und 543 geweiht. Er erstreckte sich über mehr als 100 Meter vom Cardo nach Osten. Die Kirche, die auf der Madaba-Karte (S. 92) klar erkennbar ist, war nur zur Glaubensausübung bestimmt und erinnerte nicht an einen bestimmten Ort. Der steile Hang der Westrippe zum Zentraltal bedingte eine Erweiterung der ebenen Fläche durch Stützmauern und Gewölbe ähnlich den Ställen Salomons auf dem Haram. Spätestens ab der Mitte des 9. Jahrhunderts wurde die Kirche aus verschiedenen Gründen nicht mehr benutzt und diente nur noch als Steinbruch.

Unter den spärlichen Überresten finden sich eine Inschrift, die Justinian erwähnt, die Gewölbe der Stützstruktur und die beiden seitlichen Apsiden. Zwei Kalksteinbänder in der Straße entlang der südlichen Stadtmauer (unten) zeigen die enorme Dicke der Ostmauer der Kirche an.

S. 105, Prophetengräber

Nach der Tradition wurden die Propheten Haggai, Zacharias und Maleachi in dieser Nekropole auf dem Ölberg begraben. Dieser Mythos kann aber nur bis zum persischen Geografen Ibn al-Faqih (930) zurückverfolgt werden.

Der Grundplan der Anlage mit Kokhim-Gräbern, die fächerartig von zwei halbkreisförmigen Durchgängen ausstrahlen, die ihrerseits um eine große alte Zisterne angeordnet sind, passt nicht zu altjüdischen Vorstellungen. Da Kokhim-Gräber erst im 1. Jahrhundert v. u. Z. aufkamen und da manche der aufgefundenen Namen christlich sind, deuten die archäologischen Zeugnisse auf ein kommerzielles Unternehmen des 4. Jahrhunderts für wohlhabende Pilger hin, die während ihres Aufenthalts in Jerusalem gestorben waren.

Legende

Zwei Kalksteinbänder (links) zeigen die Wanddicke der größten Kirche im byzantinischen Jerusalem, der Nea-Kirche.

Archäologische Hinweise legen nahe, dass es sich bei den sogenannten Prophetengräbern um eine byzantinische Grabanlage aus dem 4. Jahrhundert handelt.

S. 106–107, Die Armenier

Die erste Nation, die bereits 301 das Christentum annahm, etwa 80 Jahre vor dem Imperium Romanum, war seit der Mitte des 5. Jahrhunderts prominent in Jerusalem vertreten.

Die armenische Überlieferung beginnt mit dem Turmbau von Babel. Ein Teil der Einwohnerschaft soll in das anatolische Hochland zwischen dem Berg Ararat und dem See von Van verschlagen worden sein. Nach einer turbulenten Geschichte, die bis ins 12. Jahrhundert v. u. Z. zurückreicht, regierte Tigranes II. einen mächtigen Staat, der sich aus den eroberten Ländern zwischen dem Kaspischen Meer und dem Mittelmeer zusammensetzte. Nach mehreren Kriegen gegen Parther, Seleukiden und Römer musste er seine westlichen Provinzen 66 v. u. Z. an den römischen General Pompeius abtreten. Danach konnte Armenien, zwischen den beiden Großreichen der Römer und Perser gelegen, seine Unabhängigkeit nur für kurze Perioden behaupten. Der Überlieferung nach wurde das Christentum seit dem Ende des 1. Jahrhunderts von syrischen Missionaren, den Aposteln Bartholomäus und Taddäus, gepredigt. König Tiridates III. ließ sich von Gregor dem Erleuchter (Krikor Lusarovich) im Jahr 301 oder (je nach Quelle) 314 taufen, bekehrte seine Untertanen zum Christentum und machte Armenien zum ersten christlichen Staat. Obwohl die beiden Daten zusammenfielen, war die Entscheidung des Königs unbeeinflusst vom gleichzeitigen Edikt von Mailand, das dem Christentum einen gesetzlichen Status im Römischen Reich verlieh. Wie in Rom war dieser Wechsel nicht frei von politischen Absichten: Da sich der armenische Adel, bestärkt durch das neu gegründete Sassanidenreich, größtenteils zum Zoroastrismus bekannte, wählte Tiridates einen noch strengeren Monotheismus. Dieser erlaubte es dem König, nicht nur im Namen eines Kaisers, sondern im Namen eines allmächtigen Gottes zu herrschen. Der Religionswechsel bedingte die Bekämpfung der heidnischen mündlichen Tradition mit einem geschriebenen Kanon, der Bibel. Also schuf Mesrop Mashtots um 405 das armenische Alphabet mit 36 Buchstaben, das die Voraussetzung zur Entstehung einer armenischen Literatur war und wesentlich zur Bildung einer nationalen Identität beitrug.

Bis zur Mitte des 5. Jahrhunderts bildete sich in Jerusalem eine armenische Gemeinschaft, die aus den Pilgern und den zahlreichen Mönchen in der Wüste entstanden war. Über viele Jahrhunderte war es eine der Hauptaufgaben des armenischen Patriarchen, sich um die bis zu 10'000 Pilger zu kümmern, die jährlich Jerusalem besuchten. Armenische Kirchen und Klöster wurden in der Stadt und ihrer Umgebung gegründet. Herrliche Mosaiken (z. B. auf dem Ölberg, S. 88–89, oder nördlich des Damaskustors, S. 108–109) zeugen vom hohen künstlerischen Anspruch dieser Einrichtungen. Das vom Konzil von Chalkedon 451 verabschiedete Dogma, das die Natur Christi als zugleich göttlich und menschlich definierte, wurde von den monophysitischen orthodoxen Ostkirchen (Kopten, Äthiopier, Syrer, Armenier) nicht anerkannt. Dieses Konzil spaltete Jerusalems Christen in ein griechisch-orthodoxes Patriarchat einerseits und eine orientalisch-monophysitische Hierarchie andererseits.

Legende

Armenische Geistliche kehren vom Besuch eines Grabes auf dem armenischen Friedhof auf dem Berg Zion zurück.

S. 108–109, Armenisches Vogelmosaik

Dieses Mosaik liegt in einem Gebäude 350 Meter nördlich des Damaskustors und gilt als eines der schönsten im Land.

Das Mosaik ist ungefähr vier Meter breit und sieben Meter lang (rechts unten). Innerhalb eines geflochtenen Rahmens werden zahlreiche Vogelarten äußerst realistisch abgebildet. Die Medaillons haben über die Zeit ihre Lebendigkeit behalten. Der Weinstock, der zentral über das ganze Mosaik verläuft, umkreist jeden einzelnen Vogel und bildet ein symmetrisches Muster.

Der Vogel im Käfig (unten Mitte) mag die in einem Körper gefangene Seele symbolisieren. Der Adler (ganz unten, Mitte), der einzige zurückschauende Vogel, stellt möglicherweise die Bedrohung durch das Böse dar. Eine armenische Inschrift lautet «Für das Andenken an und die Errettung von allen Seelen von Armeniern, deren Namen nur Gott kennt». Das Mosaik zierte den Boden einer Totenkapelle. Anhand seines Stils wird es auf die Mitte des 6. Jahrhunderts datiert.

Legende

Das beinahe unversehrte Vogelmosaik aus dem 6. Jahrhundert ist einer der schönsten armenischen Mosaikfussböden.

S. 110, Hebräische Inschrift am Robinson-Bogen

Handelt es sich hierbei um ein Zeugnis jüdischer Hoffnung auf die Rückkehr nach Jerusalem und den Wiederaufbau des Tempels?

Eine nur schwach eingegrabene Inschrift auf einem Quader direkt unter dem Robinson-Bogen an der Westmauer der herodianischen Tempelesplanade lautet: «Wenn ihr das seht, wird euer Herz sich freuen, und ihr werdet aufblühen wie frisches Gras …». Die Worte sind Teil eines Verses aus Jesaja, der sich auf die Auferstehung am Ende aller Tage bezieht. Das Zitat wurde mit der Herrschaft Julians (360–363) in Verbindung gebracht, der das Christentum ablehnte und sich die Unterstützung der Juden für einen Feldzug gegen Persien mit dem Versprechen der Wiedererrichtung des Tempels sichern wollte. Nach seiner Ermordung wurden die Juden von seinem christlichen Nachfolger erneut der Stadt verwiesen. Andere plausible Erklärungen datieren die Inschrift in die Zeit der persischen Eroberung von 614 oder in die frühislamische Zeit. In beiden Zeitabschnitten wurden Juden in Jerusalem geduldet.

S. 111, Drei Heilige in einem Grab

Zwischen der Paternosterkirche und der Himmelfahrtmoschee auf dem Ölberg findet sich eine alte Grabkammer mit einem großen, von einer purpurnen Samtdecke bedeckten Sarkophag. Sie wird als Grab der christlichen Heiligen Pelagia, der muslimischen Mystikerin Rabia al-Adawiyya und der jüdischen Prophetin Hulda verehrt.

Eine christliche Legende aus dem 6. Jahrhundert berichtet von Pelagia aus Antiochia, die für ihre Schönheit, ihren Reichtum und ihren freizügigen Lebensstil bekannt war. Pelagia konvertierte zum Christentum, bereute ihre Sünden und führte das Leben eines Mönchs auf dem Ölberg. Erst nach ihrem Tod wurde entdeckt, dass sie eine Frau war. Ihre Zelle, die nun ihr Grab beherbergte, wurde zu einem Pilgerort für Frauen, die eine Sünde bereuen wollten. Im Mittelalter war der Besuch ihres Grabes fester Bestandteil einer jeden Pilgerreise.

Nach der islamischen Tradition, die erstmals 1355 erwähnt wird, ist der Ort auch das Grab der Mystikerin Rabia al-Adawiyya, die 680 in Basra gestorben ist. Im Volksglauben hatte dies Bestand, obwohl gelehrte Leute auf die Unwahrscheinlichkeit hinwiesen, dass eine Heilige von Basra in Jerusalem begraben wurde.

Seit dem 14. Jahrhundert existieren Berichte, die einen Bezug der Stätte zu der Prophetin Hulda, die zur Zeit des Reformkönigs Josia (7. Jahrhundert v. u. Z.) lebte, herstellen. Dieser Volksglaube wurde von den gebildeten Priestern ebenfalls wegen des schriftlichen Zeugnisses der Bibel zurückgewiesen.

Eine Stelle, die Christen heilig ist und mit dem Bereuen von Sünden verknüpft wird, wird also aus den gleichen Gründen auch von jüdischen und muslimischen Frauen aufgesucht. Sie mussten nur die Person im Grab gegen eine Heilige ihrer eigenen Religion austauschen, eine Frau der Buße und der Sühne.

Legende

Eine rätselhafte Inschrift (links) auf einem der Quader zitiert einen Vers aus Jesaja. Sie stammt wahrscheinlich aus der frühen oder späten byzantinischen Zeit.

Eine Grabkammer auf dem Ölberg (oben) wird von Frauen aller drei Glaubensrichtungen verehrt. Allerdings wird die hier bestattete Heilige je nach Besucherin einer anderen Religion zugeschrieben.

S. 112–113, Früher Islam, 638–1099 (Titelseite)

Legende

Felsendom und Al-Aksa-Moschee auf dem Haram al-Sharif.

S. 114–115, Früher Islam, 638–1099

Weniger als fünf Jahre nach dem Tod des Propheten Mohammed befand sich Jerusalem in muslimischer Hand. Mit diesem Ereignis begann eine lange Periode islamischer Herrschaft, die erst 1917 endete und nur durch die kurze Episode der Kreuzzüge unterbrochen wurde. Der Machtwechsel erfolgte offensichtlich fließend und ohne große Störungen.

Die Armeen des neuen islamischen Staates eroberten Iran und überrannten Syrien, Palästina und Ägypten. Damit schwächten sie das Byzantinische Reich nachhaltig. Ein Jahrhundert später erstreckten sich die Länder des Islams von Nordindien bis nach Südfrankreich und bildeten das größte Imperium, das die Welt je gesehen hatte. Die ökonomischen und zivilisatorischen Errungenschaften dieses Reichs übertrafen bei Weitem jeden europäischen Staat dieser Zeit und brachten die Künste zum Blühen. Diese Veränderungen hatten nach Ansicht einiger Historiker einen gewaltigen Einfluss nicht nur auf die Levante, sondern auch auf Europa. Denn die römische Wirtschaft, die unter den germanischen Stämmen noch funktionsfähig war und die von ägyptischem und nordafrikanischem Getreide abhängig war, um Nordeuropa zu ernähren, brach nun zusammen. Obwohl dieses Kapitel in der Geschichte nachhaltigen Einfluss auf Jerusalem hatte und obwohl viel über diese Zeit geschrieben worden ist, ist vieles davon zweifelhaft und entbehrt einer tragfähigen wissenschaftlichen Basis.

Im 6. Jahrhundert befanden sich sowohl das Byzantinische Reich als auch das Sassanidenreich im Niedergang; endlose Kriege gegeneinander hatten beide Imperien geschwächt. Nachdem ein arabisches Heer 636 die byzantinische Armee am Fluss Yarmuk vernichtend geschlagen hatte, ergab sich Jerusalem kampflos dem siegreichen Herrscher Umar ibn al-Khattab, dem zweiten der vier Rashidun-Kalifen (der Name bedeutet «rechtgeleitet»). Die Berichte über die Übergabe der Stadt unterscheiden sich. Lokale, politische und religiöse Interessen bevorzugen die Version, der zufolge der Patriarch Sophronis die Stadt nur dem Kalifen selbst, nicht aber einem seiner Generäle übergeben wollte. Dieses Narrativ kann durch die Geschichte des Besuchs des Kalifen in Jerusalem und den berühmten Pakt von Omar ergänzt werden. Der siegreiche Kalif befahl, den von Trümmern und Abfall bedeckten Tempelberg zu säubern, und errichtete eine einfache Moschee auf der Südseite der Esplanade. Der Pakt von Omar zwischen Muslimen und Christen, der in verschiedenen Versionen überliefert worden ist, ist ein Vertrag zweifelhaften Ursprungs mit kanonischem Status im islamischen Gesetz. Er nennt eine Reihe von Rechten und Einschränkungen, die für Nichtmuslime, die unter islamischer Herrschaft leben, gelten (S. 116).

In dieser Zeit benannten die Araber die Stadt mehrfach um: aus Ilya (Arabisierung des römischen Verwaltungsausdrucks Aelia) wurde später Bayt al-Maqdis (Haus des Tempels), und bis zum 10. Jahrhundert etablierte sich schließlich al-Quds (die Heilige), wie die Stadt in der muslimischen Welt bis heute genannt wird. Bis zum Ende des 7. Jahrhunderts verdrängte Arabisch das Griechische als dominierende Sprache und der Islam wurde einige Dekaden später die vorherrschende Religion.

Legende

Unter den umayyadischen Kalifen wurde die Esplanade zum «edlen Heiligtum» (al-Haram al-Sharif) mit der Al-Aksa-Moschee und dem Felsendom, hier vom Ölberg aus gegen den untergehenden Mond gesehen.

S. 116–117

Die ersten umayyadischen Kalifen schenkten der Stadt besondere Aufmerksamkeit und Jerusalem wurde zu einer der drei heiligen Städte des Islams. Mehrere Herrscher dieser Dynastie empfingen hier den Treueschwur (Bai'a) und die aus dieser Zeit stammenden Gebäude mit ihren kunstvollen Verzierungen (links, rechts) gehören zu den bedeutendsten Zeugen des historischen Erbes der Stadt. Möglicherweise bereits von Mua'awiya (660–681), dem Gründer der Dynastie, geplant, wurde der Felsendom unter Abd al-Malik (685–705) errichtet und die heruntergekommenen Mauern der Esplanade wurden neu aufgebaut. Sein Nachfolger al-Walid (705–715) errichtete die Al-Aksa-Moschee (S. 136) und einen mächtigen administrativen Komplex (S. 145). Durch die Schaffung des Haram al-Sharif wurde die Idee eines muslimischen Jerusalem als heilige Stadt des Islams in kurzer Zeit fest verankert. Anders als andere Städte war Jerusalem nun allen drei monotheistischen Religionen heilig. Möglicherweise verfolgten die Umayyaden für kurze Zeit die Idee, ihre Hauptstadt von Damaskus hierher zu verlegen. Dieser Gedanke, falls er überhaupt existierte, wurde aber schnell wieder aufgegeben, als al-Walids Bruder und Nachfolger Sulayman 716 al-Ramla als Distrikthauptstadt an der Schnittstelle der Via Maris mit der Straße von Jericho nach Jaffa gründete.

Jerusalem entwickelte bald eine soziale Struktur, die anderen Städten in der Region glich: Neben der herrschenden Klasse von Soldaten gab es die Elite der Ulama (Geistliche, Richter und Lehrer), die aus der allgemeinen Bevölkerung von Kaufleuten, Handwerkern, Händlern und anderen Bürgern, die die Stadt mit Gütern und Dienstleistungen versorgten, hervorgegangen war. Während der ersten Jahrhunderte der islamischen Herrschaft konnten christliche Pilger aus Europa die heiligen Stätten besuchen. Nach dem Pakt von Omar wurden Juden und Christen als «Völker des Buches» geduldet. Als Bürger zweiter Klasse (Dhimmi) waren sie einer speziellen obligatorischen Kopfsteuer (Jizya) und weiteren Einschränkungen unterworfen. Dafür wurde ihnen Sicherheit für Leib, Leben und Besitz und der Schutz ihrer Synagogen und Kirchen garantiert. Im Gegensatz zu Europa waren antijüdische Pogrome selten. Die Geonim, die oberste jüdische religiöse Autorität, verlegten ihren Sitz von Tiberias nach Jerusalem.

Nach dem Sturz der Umayyaden durch die Abbasiden im Jahr 750 wurde die Hauptstadt des Imperiums von Damaskus nach Bagdad verlegt. Für Jerusalem, das die Position einer heiligen Stadt behielt, begann langsam der Niedergang. Das Vertrauensverhältnis zwischen Karl dem Großen und Harun al-Raschid stellte die gute Behandlung von Christen durch Muslime sicher und erlaubte, wahrscheinlich auf dem Areal des heutigen Muristan, die Gründung von Pilgerhospizen und einer Bibliothek. Als die schiitischen Fatimiden 969 Ägypten eroberten und ihre Herrschaft einige Jahre später nach Palästina ausdehnten, wurde das Leben für Juden und Christen in Jerusalem schwierig. Muslime versuchten in der Grabeskirche eine Moschee einzurichten und ermordeten den Patriarchen.

Legende

Zwei Beispiele umayyadischer Kunst: ein Mosaik aus dem Felsendom (7. Jahrhundert, rechts) und eine geschnitzte Tafel aus Zypressenholz (8. Jahrhundert, links), die aus der Deckenverkleidung der Al-Aksa-Moschee stammt und sich heute im Rockefeller Museum befindet.

S. 118–119

1009 zerstörte der fundamentalistische und als sprunghaft bekannte Kalif al-Hakim die Grabeskirche und wurde nur dank der Qualität des byzantinischen Mauerwerks an deren vollständigem Abbruch gehindert. Sunnitische Muslime, Juden und Christen kennen ihn als den «verrückten Kalifen», von den Drusen wird er hingegen als göttliche Inkarnation verehrt. Arabische, griechische und westliche Quellen führen verschiedene Gründe für diesen Akt des Vandalismus an, der kurz danach rückgängig gemacht wurde. Die christliche Gemeinschaft litt unter internen Problemen. 1054 trennte sich im Großen Schisma die westliche katholische von der östlichen orthodoxen Kirche. Die Spaltung war das Resultat theologischer und politischer Differenzen zwischen dem lateinischen Westen und dem griechischen Osten, die sich über Jahrhunderte entwickelt hatten. Hauptsächliche Streitpunkte waren die Interpretation der Dreieinigkeit; die Frage, ob gesäuertes oder ungesäuertes Brot in der Eucharistie zu verwenden sei; der päpstliche Suprematieanspruch und das Verhältnis des Patriarchen von Konstantinopel zu den anderen Patriarchen.

In den 30 Jahren vor der Eroberung durch die Kreuzritter durchlief Jerusalem eine besonders turbulente Phase. Die Seldschuken, ein Stamm der Turkvölker, die sich als Söldner in Persien zum Islam bekehrt hatten, gründeten ihre Hauptstadt in Bagdad unter der Oberherrschaft des machtlosen abbasidischen Kalifen. 1071 überrannten sie Syrien und plünderten Jerusalem. Ihre Verfolgung von Christen und Juden sowie ihr Verbot von Pilgerreisen verliehen der sich anbahnenden christlichen Offensive zusätzliche Inbrunst. 1098 nahmen die Fatimiden Jerusalem wieder ein. Zu dieser Zeit war der erste Kreuzzug bereits in Gang.

Legende

Der Felsendom bei Sonnenaufgang (rechts) vom Turm der Auguste Viktoria aus gesehen.

Die frühe islamische Zeit hinterließ Jerusalem einige seiner bedeutendsten Denkmäler.

1 Al-Haram al-Sharif, S. 123, 141
2 Felsendom, S. 120–133
3 Kettendom, S. 134–135
4 Al-Aksa-Moschee, S. 136–139
5 Goldenes Tor, S. 142–143
6 Umayyadische Paläste, S. 144–145
7 St.-Johannes-Kirche, S. 146–147
8 Kloster des Kreuzes, S. 148–149

S. 120–121, Felsendom

Das schönste Gebäude der Stadt ist das weltweit älteste erhaltene islamische Heiligtum.

Etwa 50 Jahre nach der Eroberung Jerusalems erbaute der Umayyadenkalif Abd al-Malik zwischen 688 und 691 dieses außerordentliche Kunstwerk mit seiner auffällig eleganten Geometrie und seiner leuchtenden Ausschmückung an diesem geschichtsträchtigem Ort. Obgleich alle sichtbaren Teile auf Renovierungen des 20. Jahrhunderts zurückgehen, bewahrten die zahlreichen Instandsetzungen das ursprüngliche Gebäude.

Der Felsendom (Qubbat al-Sakhra, Kippat HaSela) ist nicht eine für das Gebet bestimmte Moschee, sondern als Zentralbau ein Schrein mit einem für römische Mausoleen oder Erinnerungsmonumente typischen Grundriss. Er steht auf einer erhöhten Plattform, die auf der Esplanade liegt, auf der Höhe der Ostrippe oder des Berges Moriah. Als drittheiligste Stätte des Islams nach Mekka und Medina erinnert er an die Himmelfahrt des Propheten (Miradsch nach seiner nächtlichen Reise nach Jerusalem (Isra). Spirituell ist dies der wichtigste Ort im Islam, weil hier der Prophet direkt vor Gott trat und somit Himmel und Erde zusammentrafen. Allerdings wurde diese Verbindung erst im 11. Jahrhundert fest verankert. Was also war Abd al-Maliks Vision, als er dieses prächtige Gebäude errichtete?

Nach Oleg Grabar, einem der hervorragendsten Gelehrten auf diesem Gebiet, sollte das Gebäude dank seiner visuellen Kraft schon von Weitem gesehen werden und eine religiöse wie säkulare Botschaft vermitteln. Seine Hauptbedeutung ist eschatologischer Natur und verweist auf einen zukünftigen Moment, der aus damaliger Sicht nahe bevorstand: Gott werde auf die Erde zurückkehren, und zwar an ebenjene Stelle, an der er die Erde nach der Schöpfung des Universums verlassen habe, um Männer und Frauen zu richten. Die zweite, säkulare Botschaft besteht im Triumph des Islams über die christliche Welt und in der Eroberung ihrer heiligen Stadt Jerusalem. Hier dominiert der Bau nun die Kirchen auf der Westrippe. Ein sekundäres Thema mag die Tradition einer Verbindung zum jüdischen Tempel sein und darüber hinaus zum Paradies. Damit ist der Felsendom die einzige Gedenkstätte, die an ein künftiges Ereignis erinnert, ein Ereignis, das noch bevorsteht und nicht bereits vergangen ist.

Legende

Der Felsendom an einem regnerischen Wintermorgen.

S. 122–123, Felsendom, Lage

Wir dürfen mit Sicherheit annehmen, dass die Kalifen Omar und Abd al-Malik sich des ganz besonderen Charakters des Berges Moriah bewusst waren.

Zur Zeit der arabischen Eroberung war Jerusalem eine Stadt der Kirchen. Die meisten Kirchen – und besonders die drei größten (die Grabeskirche, Justinians Nea-Kirche und die Basilika auf dem Berg Zion) – dominierten den Westhügel und den verlassenen Raum auf dem Berg Moriah, wo einst der jüdische Tempel gestanden hatte. Zusätzlich zu ihrer religiösen Funktion hatten die Gebäude auch eine politische Botschaft: die Verkündung des christlichen Sieges über das Judentum.

Die herodianische Esplanade auf dem gegenüberliegenden Osthügel und der Felsen an seinem höchsten Punkt waren mit einer Fülle von Erinnerungen assoziiert: Historisch war der Ort mit dem Ersten und Zweiten jüdischen Tempel verbunden, deren Form und Ausschmückung in schriftlichen Quellen recht genau beschrieben waren. Kurz nach Omars Übernahme der Stadt wurde auf dem südlichen Teil der Esplanade eine Moschee errichtet und der Ort somit als muslimischer Raum definiert. Wie hoch Jerusalem im frühen Islam geschätzt wurde, zeigt seine Funktion als erste Gebetsrichtung (Qibla) und seine Wahl als Krönungsort der ersten umayyadischen Kalifen. Diese historischen Verknüpfungen wurden durch mythische Ereignisse angereichert, die natürlich erst nach ihrer Niederschrift datierbar wurden. In der jüdischen Tradition wird der Felsen im Zentrum des Domes als der Ort gesehen, an dem die Schöpfung des Universums begann. Diese Stelle wurde später zum Allerheiligsten im Tempel. Mehrere Figuren und Ereignisse wurden mit dem Felsen assoziiert: die Opferung Isaaks durch Abraham, gefolgt von Jakobs Traum von der Himmelsleiter und mehrmals Zacharias sowohl aus dem Alten und als auch aus dem Neuen Testament. Nach einer frühislamischen Überlieferung, die später von der muslimischen Orthodoxie zurückgewiesen wurde, soll Gott nach der Schöpfung des Universums von diesem Felsen aus wieder in den Himmel aufgestiegen sein. Und schließlich hatten die drei Religionen unterschiedliche eschatologische Vorstellungen vom Ende der Welt. Für Juden war dieses Ende unzertrennlich mit der Ankunft des Messias verbunden. Für Christen und Muslime fiel es mit dem Letzten Gericht zusammen, mit der Trennung derjenigen, die ins Paradies eingehen, von denen, die der ewigen – oder im Islam zeitweisen – Verdammnis anheimfallen. Im 7. Jahrhundert gediehen jüdische, christliche und muslimische Vorstellungen, die das Ende der Tage mit Jerusalem verknüpften: Die Esplanade auf dem Berg Moriah, dieser Ort miteinander verschlungener Geschichten und Legenden, wurde so mit einem außerordentlichen, zukünftigen Ereignis assoziiert. Die Errichtung eines Heiligtums an ebendieser Stelle entsprach der Aneignung eines alten heiligen Ortes zur Vermittlung einer politisch-religiösen Botschaft.

Legende

Auf dem höchsten Punkt des Berges Moriah steht der Felsendom (goldene Kuppel), der an die mythische Nachtreise und Himmelfahrt des Propheten erinnert. Die Al-Aksa-Moschee (graue Kuppel im Vordergrund) ist der Ort des gemeinsamen Gebets der Muslime.

S. 124–125, Felsendom, Architektur

Die Form des islamischen Heiligtums entspricht der eines byzantinischen Erinnerungsbaus.

Seine Struktur ist von radikaler Einfachheit. Das architektonische Grundgerüst besteht aus zwölf Säulen, die von vier Pfeilern in Dreiergruppen getrennt werdenden Felsen kreisförmig umgeben (S. 126, 127) und eine Trommel mit Kuppel stützen. Dieser zentrale Zylinder ist von einem doppelten oktogonalen Ambulatorium (Chorumgang) mit Türen in alle vier Himmelsrichtungen umgeben. 16 Fenster durchbrechen die Trommel, die eine hölzerne Kuppel trägt. Zur Zeit der Umayyaden war diese mit vergoldeter Bronze, später mit Blei und seit 1962 mit einer vergoldeten Aluminiumlegierung bedeckt. Beim Betreten des Innenraums wird der Besucher von einem mächtigen Lichtstrahl geblendet, der von oben her den zentralen leeren Raum erfüllt (S. 126).

Die acht Außenwände weisen je sieben Nischen auf, von denen die fünf mittleren ein Fenster enthalten. Sie tragen ein Geländer, das in einer Inschrift Sure 36 in voller Länge zitiert. Der Text konzentriert sich auf den Koran als Quelle der göttlichen Offenbarung, wiederholt Gottes Souveränität, warnt Ungläubige vor Bestrafung und endet mit der Anrufung des Jüngsten Gerichts sowie der Auferstehung der Toten.

Legende

Die elegante und einfache Struktur besteht aus einem zentralen Zylinder, der von einem doppelten achteckigen Ambulatorium umgeben ist. Das Modell (links) zeigt ihren mutmaßlichen ursprünglichen Zustand.

S. 126–127

Legende

Der zentrale Zylinder des architektonischen Plans (links) erhebt sich über dem heiligen Felsen (rechts). Er wird von vier Pfeilern und zwölf in Dreiergruppen angeordneten Säulen getragen.

S. 128–129, Felsendom, Dekoration

Die grüngoldenen Mosaiken im Innern sind von ausnehmend hoher Qualität. Die in verschiedenen Winkeln gesetzten Gold- und Perlmuttersteinchen fangen das Licht ein (oben links).

Die Motive, dekorative Bäume und andere Vegetationsformen, gleichen spätantiken Dekorationen und beziehen sich auf eine anikonische islamische Kultur. Andere Interpretationen setzen sie in Beziehung zu Merkmalen des jüdischen Tempels oder – überzeugender – zu einer Evokation des Paradieses, das als Symbol für das Ende aller Tage und den Beginn der Ewigkeit zu jener Zeit sehr gegenwärtig war. Allerdings sind die Akanthusrollen auf der Innenseite der oktogonalen Arkade mit Juwelen übersät, von denen einige mit Kronen und Tiaras die Insignien kaiserlicher Macht zeigen. Dies deutet darauf hin, dass die Symbole der vom Islam besiegten Mächte (Iran und Byzanz) als Opfergaben in einem geheiligten Raum zur Schau gestellt wurden.

Die Dekoration der Außenseiten ist nur aus Beschreibungen von Chronisten und Reisenden bekannt. Vermutlich war der untere Teil der Mauern mit Marmorplatten verkleidet und der obere Teil mit Mosaiken bedeckt (S. 124), bis sie im 16. Jahrhundert durch glasierte Keramikplatten (S. 125, 262–263) ersetzt wurden. Die Quellen nennen keinen Katalog von Motiven, sondern sprechen unbestimmt von «Cherubinen», Bäumen und Palästen.

Legende

Die Bäume und Akanthusrollen in der Trommel evozieren das Paradies (rechts). Unter den Motiven der achteckigen Arkade finden sich Kronen und Tiaras (links), die kaiserlichen Insignien der besiegten Reiche von Iran und Byzanz. Die Mosaiksteinchen sind in verschiedenen Winkeln gesetzt, um das Licht besser zu reflektieren (oben links, renovierte umayyadische Mosaiken eines überdeckten Eingangs).

S. 130–131, Felsendom, Inschrift

Obwohl der Stil der Architektur byzantinisch ist, handelt es sich um ein Gebäude mit rein islamischer Bedeutung. Dies zeigt die Mosaikinschrift, die die Innen- und Außenseiten der oktogonalen Arkaden kreisförmig umläuft.

Der Inhalt der in goldener kufischer Schrift auf grünem Grund gehaltenen Inschrift ist rein religiös. Neben langen Zitaten aus dem Koran enthält der Text Anrufungen Gottes (*bismillah*, «im Namen Gottes»), Glaubensbekenntnisse (Schahada), fromme Formeln und Angaben zur Gründung. Die Inschrift hebt mehrmals hervor, dass es nur einen Gott gibt, dass Mohammed sein Prophet ist und dass Jesus der Gesandte Gottes, nicht aber seine Inkarnation ist. In anderen Worten: sie erklärt, dass der Islam die Kulmination und die legitime Erbin der alten Religion ist, und warnt Christen davor, diese zu verzerren.

Es ist interessant festzustellen, was erwähnt und was nicht ausgesprochen wird. Die offensichtlichste Unterlassung ist das Fehlen jeglicher Erwähnung der nächtlichen Reise und Himmelfahrt des Propheten. Im Gegensatz dazu verkündet die Inschrift den Islam als die endgültige Offenbarung der göttlichen Botschaft, die bereits im Judentum und Christentum verkörpert gewesen sei.

Ein Teil der Inschrift auf der Innenseite der äußeren Arkade zitiert Sure 4,171 und lautet: «O Leute der Schrift, übertreibt nicht in eurer Religion und sagt gegen Allah nur die Wahrheit aus! al-Masīḥ der Messias ʿĪsā (Jesus) der Sohn Maryams (Marias), ist nur Allahs Gesandter und Sein Wort, das Er Maryam entbot, und Geist von Ihm. Darum glaubt an Allah und Seine Gesandten und sagt nicht ‹Drei›. Hört auf damit, das ist besser für euch! Allah ist nur ein Einziger Gott. Preis sei Ihm und erhaben ist Er darüber, daß Er ein Kind haben sollte! Ihm gehört alles, was in den Himmeln und was auf der Erde ist, und Allah genügt als Sachwalter.»

Die 240 Meter lange Inschrift verwendet die quadratische Kufi-Schrift, die an vielen frühislamischen Monumenten zu finden ist. Sie ist zweifellos umayyadisch, außer dort, wo der Name Abd al-Maliks durch denjenigen al-Mamuns ersetzt worden ist. Obwohl dieser Kalif mindestens 122 Jahre später in Bagdad regierte (813–833), wurde das Jahr 72 der Hedschra (691) nicht an seine Regierungszeit angepasst (oben).

Legende

Die Gründungsinschrift (über dem Bogen) ist rein religiös und verkündet die Suprematie des Islams über das Christentum. Sie erwähnt weder die Nachtreise des Propheten noch seine Himmelfahrt.

S. 132–133, Felsendom, spätere Ergänzungen und Wahrnehmungen

Das Monument sendet immer noch eine doppelte Botschaft aus, allerdings mit verändertem Sinn.

Sicher seit dem 11., möglicherweise bereits ab dem 9. Jahrhundert verkörperte der Felsendom für Muslime die mystische Reise des Propheten von Mekka nach Jerusalem und von dort in den Himmel. Dennoch blieben für Gläubige aller drei Religionen eschatologische Vorstellungen in und um Jerusalem wichtig. Solche Ideen bestehen bis heute.

Die Kreuzfahrer nahmen an, dass der Bau immer noch der jüdische Tempel sei, so wie er in der Zeit Jesu bestanden hatte. Wahrscheinlich konnten sie die arabischen Inschriften nicht lesen, was für deren Bewahrung förderlich war. Nach der Rückeroberung durch die Ayyubiden ließ Saladin an der Basis der Trommel in der neuen kursiven Schrift eine Inschrift anbringen, die die ersten 21 Verse der 20. Sure zitiert (S. 129, zwischen den Mosaiken und der Marmorverkleidung). Der Text bezieht sich auf Moses und das Letzte Gericht und zieht eine Parallele zur Rettung eines Volkes, so wie es Saladin soeben mit der Wiedererlangung der Stadt für den Islam getan hatte.

Der osmanische Sultan Suleiman, der sich der Namensgleichheit mit dem Erbauer des Tempels bewusst war, renovierte die Fassade mit glasierten Kacheln (S. 125, 262–263). Die Innenseite der Kuppel erhielt ihr heutiges Aussehen im 18. und 19. Jahrhundert mit einer Kalligrafie des im Islam bestbekannten Verses: der sogenannte Thronvers (Ayat al-Kursi, Koran, Sure 2,255) läuft kreisförmig um das Zentrum.

Neuere Restaurierungen des Felsendoms, der sich bis zum 20. Jahrhundert in sehr schlechtem Zustand befand, begannen 1921 und wurden unter britischer, jordanischer und israelischer Schirmherrschaft für den Rest des Jahrhunderts fortgesetzt. Die Entstehung des palästinensischen Nationalismus und der Konflikt mit jüdisch-zionistischen Bestrebungen machten ihn zu einem machtvollen Symbol, das überall in der Stadt erscheint, sei es auf Hauswänden im muslimischen Quartier (oben rechts) oder in einem Gewürzladen (rechts, Mitte). Seine ikonische Ästhetik hatte aber auch einen enormen Einfluss auf die christliche und jüdische Kunst, so sehr, dass das Symbol aus der heutigen Touristen- und Modeindustrie nicht mehr wegzudenken ist (rechts unten).

Legende

Die Ausschmückung auf der Innenseite der Kuppel (links) stammt aus dem 18. und 19. Jahrhundert. Der Felsendom wurde zum Symbol des palästinensischen Nationalismus und ist überall präsent, hier z. B. auf einer Hausmauer (rechts oben) oder in einem Gewürzladen (rechts, Mitte). Die israelische Modeindustrie verwendet ihn als Hintergrund (rechts unten).

S. 134–135, Kettendom

Dieses rätselhafte Gebäude steht östlich des Felsendoms direkt im Zentrum der Esplanade, auf dem Kreuzpunkt der beiden Hauptachsen.

Die hexagonale, offene Konstruktion des Kettendoms (Qubbat al-Silsila) aus der Zeit von Abd al-Malik wird von zwei Kolonnaden getragen, mit einer Gebetsnische im Süden. Die Bedeutung des Gebäudes ist unklar; mittelalterliche Erklärungsversuche deuten auf eine Rolle als Modell für den daneben liegenden größeren Schrein oder als Schatzhaus hin. Nach der Überlieferung soll «David hier eine Kette aufgehängt haben, die von keinem, der nicht die Wahrheit sprach, angefasst werden konnte». Andere Legenden berichten, dass die Kette am Tag des Jüngsten Gerichts die Gerechten von den Sündern trennen sollte.

Möglicherweise war beabsichtigt, dass der Bau zusammen mit dem Mihrab (Gebetsnische) von Omar in der Al-Aksa-Moschee eine frühere Achse des Haram al-Sharif bezeichnen sollte, die aber nach der Vollendung des Felsendoms nach Westen verlagert wurde.

Legende

Die Bedeutung des Kettendoms (rechts), der wie ein Modell des Felsendoms aussieht und direkt östlich von ihm steht, ist unklar. Seine mit Blei bedeckte Kuppel (unten) ist auf der Innenseite mit Kacheln ausgekleidet (links).

S. 136 – 137, Al-Aksa-Moschee

Der Ort des Gemeinschaftsgebets der Jerusalemer Muslime geht auf den Kalifen Omar al-Khattab zurück, der hier eine Holzkonstruktion errichtet haben soll. Im frühen 8. Jahrhundert ersetzte der Kalif al-Walid diese durch ein Gebäude aus Stein. Da es mehrfach durch Erdbeben zerstört und wieder aufgebaut wurde, ist seine Architekturgeschichte äußerst komplex.

Der Name Masdschid al-Aksa ? (das entfernteste Heiligtum, zu dem der Prophet Mohammed auf seiner nächtlichen Reise geführt worden ist) bezog sich ursprünglich auf die gesamte Fläche des Haram al-Sharif, die in ihrer Gesamtheit als Moschee betrachtet wird. Seit der Zeit der Mamluken bezeichnete der Terminus nur noch die überdachte Gebetsmoschee. Die Kreuzfahrer benutzten das Gebäude zunächst als Palast des Königs und übergaben es später den Tempelrittern.

Die heutige Moschee mit drei Seitenschiffen zu jeder Seite des Hauptschiffes (oben) stammt aus dem 11. Jahrhundert, obwohl seither die meisten ihrer Bestandteile rekonstruiert wurden. Die mittleren drei Bogen der die Nordfassade bildenden Vorhalle wurden in der Kreuzfahrerzeit errichtet und später durch die Ayyubiden modifiziert (rechts).

Legende

Die ältesten Teile der Al-Aksa-Moschee (oben links) gehen auf die frühen Umayyaden zurück. Der Einfluss der Kreuzfahrer ist am Eingang zum Hauptschiff, das sein endgültiges Aussehen unter den Ayyubiden erlangte, sichtbar (rechts). Erst aus einer gewissen Distanz wird erkennbar, dass die Eingangshalle niedriger ist als die Schiffe (oben).

S. 138–139, Inneres der Al-Aksa-Moschee

Ein Wald von blendend weißen Marmorsäulen, ein Geschenk Mussolinis, bestimmt die erste Wahrnehmung nach dem Eintreten (links).

Diese Säulen sind Teil der letzten Renovierung nach dem Erdbeben von 1927. Über ihnen schließt eine grell dekorierte Decke, ein Geschenk König Faruks von Ägypten, den Raum ab. Erst beim Nähertreten wird der Besucher des gewaltigen Bogens gewahr, der das Hauptschiff beherrscht (oben). Die Motive der Mosaike erinnern an jene im Felsendom, sind aber von deutlich minderer Qualität. Sie stammen von einer Renovierung im Jahr 1033 unter dem fatimidischen Kalifen al-Zahir. Damals wurde auch die ursprünglich 15-schiffige umayyadische Moschee auf ihre heutigen sieben Schiffe reduziert.

Legende

Die sieben Schiffe werden durch Säulen aus Carrara-Marmor, ein Geschenk Mussolinis, voneinander getrennt (links). Ein mächtiger Bogen (oben), der das Hauptschiff von der überkuppelten Vierung abgrenzt, wurde 1033 nach einem Erdbeben durch den Kalifen al-Zahir errichtet und mit Mosaiken ausgeschmückt.

S. 140–141, Die Moschee

Seit den frühesten Tagen des Islams ist die Moschee (al-Masjid al-Masdschid?) das Zentrum der muslimischen Gemeinschaft. Sie dient neben ihrer Hauptaufgabe als Ort des gemeinsamen Gebets auch der Meditation, der religiösen Unterweisung, der politischen Diskussion und als Schule.

Moscheen sind typischerweise versehen mit einer Gebetsnische (Mihrab), die die Richtung nach Mekka (Qibla) anzeigt, einer Kanzel (Minbar), von der aus der Imam seine Freitagspredigt (Khutba) hält, mit einem oder mehreren Minaretten, von denen aus der Muezzin den Ruf zum Gebet (Adhan) erschallen lässt, und mit Waschgelegenheiten für die rituelle Reinigung vor dem Gebet.

Um möglichst viele Gläubige gegenüber der Qibla-Wand in Richtung Mekka aufreihen zu können, verzichtet die Gebetshalle (Musalla) auf Kirchenbänke. Obwohl der Koran keine Angaben zur Geschlechtertrennung macht, verlangen traditionelle Regeln, dass die Frauen hinter den Reihen der Männer beten, oft auch in speziellen Abschnitten oder auf Galerien wie in Synagogen. Interessanterweise hat sich der Felsendom zu einer vorwiegend von Frauen benutzten Moschee entwickelt.

Der Raum außerhalb der eigentlichen Moschee, in vielen Fällen ein Hof, in Jerusalem hingegen die Gesamtheit des Haram al-Sharif, wird an den hohen Feiertagen (Fest des Fastenbrechens, Eid al-Fitr; Nacht der Bestimmung, Laylat al-Qadr, links; Opferfest, Eid al-Adha) als zusätzlicher Gebetsraum genutzt. Obwohl er als heilig gilt und für die Kontemplation bestimmt ist, wird er zu anderen Zeiten auch für profanere Tätigkeiten wie Oliven ernten oder Fußball spielen genutzt (rechts).

Legende

An hohen Feiertagen wird der gesamte Haram al-Sharif als Ort des gemeinsamen Gebets genutzt (links). Zu anderen Zeiten finden hier auch alltägliche Dinge statt (rechts).

S. 142–143, Goldenes Tor

Viele Legenden umgeben dieses schöne Tor, seine Ursprünge sind aber unsicher. Sein Stil und die historische Wahrscheinlichkeit deuten auf Abd al-Malik als Bauherrn hin.

Das Goldene Tor mit seinem doppelten Bogen (Shushan-Tor, Bab al-Rahma, Tor der Gnade für den südlichen Bogen, oben links; Bab al-Tawba, Tor der Bereuung, oben rechts) liegt in der Ostmauer der Esplanade. Die jüdische Überlieferung besagt, dass der Messias durch dieses Tor in die Stadt einziehen wird. Zu Zeiten des Tempels benutzte es der Hohepriester, um das rote Rind zum Ölberg und den Sündenbock in die judäische Wüste zu jagen. Christen glauben, dass Jesus am Palmsonntag auf einer Eselin durch dieses Tor geritten ist; und sie benutzten es in byzantinischer Zeit für die Osterzeremonien. Die Kreuzfahrer öffneten es zwei Mal im Jahr: für die Palmsonntagsprozession im Frühjahr und für die Kreuzerhöhung im Herbst. Nach der frühen muslimischen Tradition hat der Prophet hier die Al-Aksa-Moschee betreten und sein Reittier al-Buraq angebunden. Um die Ankunft des Messias zu verhindern, legten die Muslime einen Friedhof vor dem Tor an (links) und verschlossen es vermutlich im 8. Jahrhundert.

Der obere Teil des Tores wurde zu einem Turm in der osmanischen Stadtbefestigung (S. 252–253) umgebaut. Die sorgfältig gemeißelten Dekorationen der beiden Bogen legen einen umayyadischen Ursprung nahe. Sein zweigeteiltes Inneres diente den Kreuzfahrern als Kapelle und später den Muslimen als Gebetsraum – eine Verwendung, die heute heiß umstritten ist. Die beiden untersten Lagen mit riesigen Steinen in der Mauer nördlich und südlich des Tores sollen nach übereinstimmender Ansicht der Archäologen aus der Zeit der späten Könige Judas stammen.

Legende

Der obere Teil des Goldenen Tores (links) bildet einen Teil der osmanischen Stadtbefestigung. Der reich geschmückte Doppelbogen (oben) stammt mit großer Wahrscheinlichkeit aus der Zeit der Umayyaden.

S. 144–145, Umayyadische Paläste

Archäologische Ausgrabungen an der Südwestecke des Haram al-Sharif förderten einen großen Verwaltungskomplex zutage. Es existiert keine schriftliche Quelle dazu.

Der von den Nachfolgern Abd al-Maliks erbaute Komplex (rechts außen) besteht aus mindestens vier größeren Gebäuden und enthält einen Palast, Hospize, Vorratskammern, Verwaltungseinheiten und Bäder. Das Zentrum ist ein starker Hinweis darauf, dass die Umayyaden eine Verlegung ihrer Hauptstadt von Damaskus nach Jerusalem in Betracht zogen. Der Grundriss des Palasts war dem byzantinischen Festungsplan mit überdeckten Säulengängen und Räumen, die an vier Seiten um einen zentralen Hof angeordnet waren, nachempfunden. Genau in der Mitte seiner Nordmauer führte eine Brücke zur Al-Aksa-Moschee; ihre Widerlager sind heute noch unter den Fenstern der Frauenmoschee sichtbar (oben). 749 zerstörte ein Erdbeben den gesamten Komplex. Wegen des kurz darauf erfolgenden erfolgten? Machtwechsels zu den Abbasiden, die den Schwerpunkt des Reiches nach Bagdad verlegten, wurde er nie wieder aufgebaut. Heute befindet sich in den Palastruinen ein Picknickplatz (rechts), was den Blick auf die architektonische Anlage und deren Bedeutung verstellt. Die Fotografie (rechts) zeigt den Zustand während der Ausgrabungen.

Legende

An der Südwestecke des Haram wurden vier mächtige umayyadische Gebäude ausgegraben (rechts). Widerlager einer früheren Brücke, die von einem Palast direkt zur Al-Aksa-Moschee führte, haben sich in der Südmauer des Haram erhalten (oben). Heute ist das Gebiet ein Picknickplatz (unten), der die Struktur und die Bedeutung des Palastes verdeckt.

S. 146–147, Kirche von Johannes dem Täufer

Die heutige Struktur der ältesten noch intakten Kirche in der Altstadt geht auf das 11. Jahrhundert zurück. Seit dem Ende des 15. Jahrhunderts wird sie von den Griechisch-Orthodoxen gepflegt und unterhalten.

Der kleeblattförmige Oberbau mit einem langen Narthex wurde um 1070 als Teil eines Spitals in der Südwestecke des Muristan (S. 350–351) von Kaufleuten aus Amalfi errichtet. Ein spätrömischer oder byzantinischer Bau mit unbekanntem Zweck, der sieben Meter unter dem heutigen Straßenniveau liegt, bestimmte den Bauplan. Nach der Eroberung der Stadt durch die Kreuzfahrer im Jahr 1099 wurden in diesem Spital verletzte Ritter gepflegt. Damit begann eine Entwicklung, die zum Johanniterorden führte.

Nach der Legende soll die heutige Krypta von Kaiserin Eudokia um 450 als Kirche für den Kopf von Johannes dem Täufer erbaut worden sein. Allerdings erbrachte die archäologische Untersuchung keinen Beweis für diese Datierung und die Verknüpfung des Ortes mit Johannes wird erst zwischen 800 und 1070 fassbar.

Die Kirche liegt im kleinen Hof eines Klosters. Die kürzlich erfolgte Renovierung ersetzte das Aluminium der Kuppel durch Bronzeschuppen und restaurierte im Innern Fresken und die Ikonostase, die Bilderwand, die Gemeinde- und Altarraum in orthodoxen Kirchen voneinander trennt, zu früherem Glanz.

Legende

Die älteste Kirche der Altstadt wurde kürzlich renoviert: die Kuppel erstrahlt außen unter goldenen Schuppen (rechts) und ist im Innern mit Fresken geschmückt (links), während die Ikonostase (links unten) in alter Pracht erstrahlt.

S. 148–149, Heilig-Kreuz-Kloster

An dieser Stelle wuchs der Legende nach das Holz, aus dem das Kreuz Christi gezimmert wurde.

Im oberen Nahal Rehavia Tal gelegen und vom Israel Museum, der Knesset, dem Viertel Rechavia und einer Stadtautobahn umgeben, sieht das festungsähnliche Kloster wie ein Relikt aus längst vergangenen Tagen aus. Es erinnert an den Baum, aus dessen Holz das Kreuz gefertigt wurde, an dem Jesus gekreuzigt wurde.

Seinen byzantinischen Ursprung beweisen Fragmente eines Mosaiks aus dem 6. Jahrhundert, die unter dem Boden der Kirche gefunden wurden. Historisch gesichert ist die Anwesenheit georgischer Mönche und Pilger seit dem 4. Jahrhundert und ihr Aufenthalt dort mindestens seit der fatimidischen Periode. Es gibt Hinweise auf eine Verwüstung durch den Kalifen al-Hakim und auf einen Wiederaufbau durch den von König Bagrat von Georgien gesandten Mönch Georg Prochorus im 11. Jahrhundert, einige Zeit vor dem ersten Kreuzzug. Die Klosterkirche und die Kuppel bewahrten ihren byzantinischen Bauplan. Nach dem Fall des christlichen Königreichs entsandte Königin Tamara den Nationaldichter Georgiens, Shota Rustaveli, zur Reorganisation des Klosters. Er bedeckte die Wände der Kirche mit Heiligen und biblischen Figuren, unter die er gegen die Tradition griechische Berühmtheiten mischte. Sein eigenes zeitgenössisches Porträt (oben rechts) fiel 2004 Vandalismus zum Opfer, was zu einer größeren diplomatischen Verstimmung führte.

1685 bezahlte der griechisch-orthodoxe Patriarch die Schulden der Georgier und übernahm das Kloster. Im 19. Jahrhundert diente es als Priesterseminar; die Kirche erhielt in dieser Zeit ihren Glockenturm und einen Narthex.

Legende

Das festungsähnliche georgische Kloster (links außen) wurde im 11. Jahrhundert über einem Vorläufer erbaut. Davon hat sich die byzantinische Kirche (oben) erhalten. Wandmalereien von ca. 1200 zeigen auch das Porträt des georgischen Nationalpoeten Shota Rustaveli (oben links).

S. 150–151, Kreuzzüge, 1099–1187 (Titelseite)

Legende

Ein Schwert und ein Brustkreuz, die Gottfried von Bouillon gehört haben sollen, werden im Terra Sancta Museum aufbewahrt. Kunsthistoriker datieren allerdings beide Gegenstände ins 15. Jahrhundert. Die Fotomontage zeigt sie vor einer Kreuzfahrermauer in der Zitadelle.

S. 152–153, Kreuzzüge, 1099–1187

Der Westen betrachtet die Kreuzzüge – eine Reihe von acht Feldzügen zwischen 1095 und 1270 – als Versuch, das Heilige Land und Jerusalem vor der islamischen Herrschaft zu retten. Im Osten prägte diese Periode das Bild eines aggressiven und feindlichen Westens, das bis heute fortbesteht. Beide Sichtweisen verfallen der Tendenz, die nutzbringenden kulturellen Wechselwirkungen in dieser kurzen, aber wichtigen Periode von Konflikt und Koexistenz zu unterschätzen.

Bis zum 11. Jahrhundert war die Zerstückelung des abbasidischen Imperiums weit fortgeschritten. Syrien wurde zum Schauplatz des Konflikts zwischen den türkischen, sunnitischen Seldschuken, die die östliche islamische Welt unter der nominellen Oberhoheit des Abbasidenkalifen beherrschten, und dem schiitischen Kalifat in Ägypten. In den frühen 1090er-Jahren führten die rasch aufeinanderfolgenden Tode des Seldschukensultans und beider Kalifen zu einem Machtkampf. Jerusalem wechselte mehrmals die Herrschaft zwischen Fatimiden und Seldschuken, letztmals 1098, als die Kreuzfahrer bereits dabei waren, Antiochia einzunehmen. Der Erste Kreuzzug, der mit der Eroberung muslimischen Landes in Spanien und Sizilien zusammenfiel, resultierte aus einer ganzen Reihe von Ereignissen: Die Zerstörung der Grabeskirche 1009 durch den Fatimidenkalifen al Hakim ging den Hilferufen nach der Schlacht von Manzikert (1071) voran, in der das Byzantinische Reich eine empfindliche Niederlage gegen den Seldschukensultan Alp Arslan erlitt und den größten Teil Kleinasiens verlor. Schließlich gipfelten die Wünsche des Papstes 1095 in der historischen Predigt von Papst Urban II., der alle Christen aufrief, Jerusalem von der muslimischen Unterdrückung zu befreien.

Bis 1097 hatte eine gemischte christliche Armee Europa durchschritten, unterwegs in vielen Städten Juden niedergemetzelt, Anatolien auf dem Landweg durchquert und mit der Belagerung von Antiochia in Nordsyrien begonnen. Eine Abteilung unter Graf Balduin von Boulogne eroberte 1098 die armenische, christliche Stadt Edessa (heute Urfa im Südosten der Türkei) und gründete den ersten Kreuzfahrerstaat, die Grafschaft Edessa. Im gleichen Jahr entstand das Fürstentum Antiochia unter dem Normannenprinzen Bohemund von Sizilien. Jerusalem wurde 1099 erobert und Gottfried von Bouillon wurde zum Beschützer des Heiligen Grabes ausgerufen. Die Al-Aksa-Moschee und der Felsendom wurden in Kirchen (Templum Salomonis und Templum Domini) umgewandelt. Der letzte Kreuzfahrerstaat, die Grafschaft Tripoli mit Bertrand von Toulouse an der Spitze, wurde 1109 gegründet. Somit schuf der Erste Kreuzzug erfolgreich vier christlich dominierte Staaten entlang der Küste der Levante. Er scheiterte aber an der Einnahme der beiden wichtigsten Städte in der Region, Aleppo und Damaskus, mit weitreichenden strategischen Folgen.

In den Augen der Muslime erhöhte der Verlust Jerusalems dessen Ansehen als heiliger Ort des Islams. Abhandlungen über die Vorzüge Jerusalems (Fada'il al-Quds) bildeten eine eigene, blühende Literaturgattung. Neben der Diskussion über die Bedeutung der heiligen Stätten Jerusalems wurde auch ihre Entheiligung durch die Franken hervorgehoben – ein entehrendes, aber vorübergehendes Ereignis. Die Notwendigkeit, die Stadt zu befreien, wurde zu einem zentralen Element des Dschihad. Dieses Argument wurde von der Kriegspropaganda des Sultans bereitwillig aufgenommen.

Legende

Die südliche Hauptfassade des Heiligen Grabes zeigt die volle Pracht einer romanischen Kathedrale. Die Doppelportale wurden mit Reliefs auf ihren Türstürzen (S. 150–151) und in der Zwischenzeit verloren gegangenen Mosaiken in den Tympana geschmückt. Als ein Resultat des Status quo (S. 96) ist die «unbewegliche» Leiter unter dem Ostfenster, die sich seit mindestens 1728 dort befindet, seither niemals weggeräumt worden.

S. 154–155

Auf den Sieg der Kreuzfahrer reagierten die Muslime anfangs mit passiver Resignation oder sogar Kooperation mit den Invasoren. Erst nachdem drei entschlossene Herrscher in Folge den Widerstand koordinierten, waren die Muslime in der Lage, die Situation zu ändern. Das erste Zeichen eines muslimischen Aufschwungs war die Wiedereroberung von Edessa 1144 durch den Seldschukenfürsten von Mosul, Imad al-Din Zengi. Ihm folgte sein fähiger Sohn Nur al-Din Mahmoud, der kühne Politik mit religiöser Propaganda zu verbinden wusste. Er belebte und verbreitete den Ruf nach einem Dschihad im Sinne der Bekämpfung der Ungläubigen und bedrohte Antiochia. Vor allem aber arbeitete er langsam, aber beharrlich an der Vereinigung von Syrien und Ägypten. All dies führte zu einem Zweiten Kreuzzug (1147–1148) unter dem Befehl des römisch-deutschen Kaisers Konrad III. und des französischen Königs Ludwig VII. Diese Unternehmung endete in einem Fiasko und blieb ohne Resultate, da es den Christen weder gelang, Edessa zurückzuerobern oder Damaskus einzunehmen, noch, die Macht Nur al-Dins zu brechen.

Nach der Eroberung von Damaskus wurde Nur al-Din oberster Herrscher in Syrien. Unter dem Befehl des kurdischen Generals Schirkuh entsandte er ein Heer nach Ägypten – die schlimmstmögliche Entwicklung für die Kreuzfahrer. Nach Shirkuhs Tod übernahm sein Neffe Salah al-Din (Saladin) ben Ayyub den Befehl, schaffte das fatimidische Kalifat ab und führte den sunnitischen Islam wieder in Ägypten ein. Damit beendete er die religiöse Trennung zwischen Syrien und Ägypten. Nach Nur al-Dins Tod 1174 machte er sich selbst zum Nachfolger und verbrachte die nächsten zehn Jahre damit, seine muslimischen Rivalen zu unterjochen. Am 5. Juli 1187 besiegte er den Kreuzfahrerkönig Guy de Lusignan in der entscheidenden Schlacht von Hattin und nahm Jerusalem am 2. Oktober desselben Jahres ein. Dieser Erfolg sicherte für alle Zeiten seine Position als berühmtester Anführer gegen die Kreuzzüge.

Die Niederlage von Hattin und der Fall Jerusalems entzündeten den Dritten Kreuzzug (1189–1192), der von dem römisch-deutschen Kaiser Friedrich Barbarossa, König Philippe Auguste von Frankreich und König Richard Löwenherz von England angeführt wurde. Dieser Feldzug war mit der Einnahme der Hafenstädte Jaffa und Akko nur teilweise erfolgreich – sein Hauptziel Jerusalem erreichte er nicht. Danach konzentrierten sich die folgenden Kreuzzüge auf Ägypten, das als Schlüssel zu Jerusalem betrachtet wurde. Unter der Bedrohung durch die Mongolen aus dem Osten spielten die Nachfolger Saladins ihre militärische Überlegenheit nicht aus, sondern zogen es vor, Allianzen und Handelsverträge mit den Kreuzfahrerstaaten zu schließen. 1228 erreichte Kaiser Friedrich II. mit dem Sechsten Kreuzzug Palästina. Ohne Kämpfe schloss der Ayyubidensultan al-Kamil mit ihm einen Vertrag, in dem er den Christen Jerusalem übergab, den Muslimen aber die Kontrolle über den Haram al-Sharif vorbehielt. Dies war das einzige Mal in der Geschichte, dass die Rivalität um die Heilige Stadt ohne Blutvergießen durch Diplomatie gelöst werden konnte. Beide Seiten waren heftiger Kritik durch die Extremisten beider Lager ausgesetzt.

Legende

Angenommene Stadtmauern in der Kreuzfahrerzeit (blau):

1 Kirche des Heiligen Grabes, S. 158–165
2 Dom der Himmelfahrt, S. 166
3 St.-Anna-Kirche, S. 168
4 Auffahrtsmoschee Moschee der Himmelfahrt?, S. 171
5 St.-Jakobs-Kathedrale, S. 174–177
6 Triple Suq, S. 178
7 St. Maria der Deutschen, S. 179
8 Tankreds Turm, S. 180
9 Grab der Jungfrau Maria, S. 183
10 Coenaculum / Abendmahlsaal, S. 184–187

S. 156–157

Bevor der Vertrag ausgelaufen war, eroberten und plünderten Soldaten aus Choresmien (Zentralasien), die durch die mongolische Invasion verdrängt worden waren, die Stadt. 1260, mit dem Übergang der Macht an eine neue Dynastie von militanten Mamluken aus Ägypten, wurde der Gegenkreuzzug trotz der Gefahr durch die Mongolen wiederbelebt. Er beendete mit der Eroberung von Akko 1291 die 200-jährige Präsenz der Franken in der Levante.

Zwei Episoden aus dieser Zeit hatten weitreichende Auswirkungen: das Massaker von 1099 und die Entstehung der militärischen Orden. Um die Mittagszeit des 15. Juli 1099, einem Freitag, verschafften sich die Kreuzfahrer gewaltsam Zugang zur Stadt. Darauf folgte ein schreckliches Gemetzel, bei dem (übertreibenden) muslimischen Quellen zufolge beinahe die gesamte Einwohnerschaft von 70’000 Personen getötet wurde. Dieses Massaker, das mit Saladins edlem

Verhalten nach der Rückeroberung Jerusalems 1187 kontrastierte, hinterließ einen bleibenden Eindruck im kollektiven Gedächtnis der Muslime. Es wurde für die ganze Dauer des Konflikts erfolgreich in ideologischen Auseinandersetzungen instrumentalisiert und hat Auswirkungen bis zum heutigen Tag. Nach der Metzelei führte der Wiederaufbau der Wirtschaft zu drastischen Veränderungen im sozialen Gefüge der Stadt: Der gestiegene Bedarf an Menschen mit Kenntnissen in Handwerk, Dienstleistungsgewerben und im Handel führte dazu, dass eine feudale Verwaltung mit einer fränkischen Oberschicht und importierten orientalisch-christlichen Handwerkern die alten Gesellschaftsgruppen ersetzten. Sehr bald wurde den Muslimen, nicht aber den Juden, erlaubt, die Stadt mit Lebensmitteln zu versorgen. Dies zeigt einmal mehr, dass eine militante Ideologie für eine aggressive Kriegsführung nützlich sein mag, wohingegen einer funktionsfähigen Gesellschaft mit Toleranz besser gedient ist.

Eine Besonderheit der Kreuzzüge war im frühen 12. Jahrhundert die Herausbildung militärischer Orden, d. h. Gemeinschaften von Rittern, die militärischen und religiösen Lebensstil miteinander verbanden. Ihre Mitglieder widmeten sich dem Schutz der Pilger, der Krankenpflege und der Verteidigung der Kreuzfahrerstaaten. Die meisten von ihnen legten als Laien die monastischen Gelübde von Armut, Keuschheit und Gehorsam ab. Die wichtigsten Orden – Tempelherren, Johanniter und Deutschorden – wiesen eine hierarchische Struktur mit einem Großmeister auf. Interessanterweise führten die christlichen Militärorden die Idee des Dschihad als Religionskrieg ins Extreme – und damit viel weiter, als die Muslime dies jemals taten.

Der berühmte Ruf zu den Waffen von Papst Urban II. von 1095 wird allgemein als Auslöser für den Ersten Kreuzzug betrachtet. Allerdings bleiben einige Fragen offen: Wie konnte es dazu kommen, dass Europa, das bis dahin und auch später hauptsächlich mit binneneuropäischen Kriegen beschäftigt war, nun einen Angriff über eine große Distanz führte, vergleichbar mit den Feldzügen Alexanders oder Dschingis Khans? Dazu bedurfte es eines Zusammenfallens verschiedener Faktoren: Übervölkerung, die Unmöglichkeit, in einer feudalen Gesellschaft eine Lebensbasis für zweitgeborene Söhne zu finden, Zersplitterung und innerer Streit im früher stabilen muslimischen Reich, Bestrebungen der italienischen Handelsstädte, den gewinnbringenden Osthandel zu monopolisieren, Wegfall der äußeren Bedrohung durch Ungarn und die Wikinger und als wichtigstes Element das Entstehen einer dschihadistischen christlichen Ideologie, die politische und religiöse Motive verband.

Legende

Kloster der Geißelung an der Via Dolorosa.

S. 158 – 159, Kirche des Heiligen Grabes

Das heutige Gebäude ist größtenteils das Resultat von byzantinischen und Kreuzfahrerrekonstruktionen aus dem 11. und 12. Jahrhundert.

Konstantins Kirche (Grafik links außen, unten) wurde von den Persern 614 verbrannt und von dem Kalifen al-Hakim 1009 zerstört. Bei ihrer Wiederweihe 1054 durch Kaiser Konstantin Monomachos war die Kirche beträchtlich geschrumpft. Sie bestand nun nur noch aus Anastasis-Rotunde und Atrium (zweite Grafik von unten, A, B). Basilika (C) und Eingangshalle (D) wurden für immer aufgegeben.

Die Kreuzfahrer nutzten erste die Hälfte des 12. Jahrhunderts zur Veränderung der monomachischen Kirche, die sie geerbt hatten. Auf den Ruinen der konstantinischen Basilika errichteten sie ein Kloster (erste und zweite Grafik von oben, C) und schlossen es an die unterirdische Helena-Kapelle und die Krypta an, in der das Kreuz aufgefunden wurde (C1). Sie bauten ein überkuppeltes Querschiff und einen Chor im früheren Atrium (B). Dieses Gebäude wurde mit der Rotunde (A) verbunden, die nun die Rolle eines Schiffes übernahm, und gliederte die Kalvarienkapellen (F) ein. Ungewöhnlich ist das Ambulatorium am Ostende mit drei ausstrahlenden Kapellen. Erst um 1170 wurde ein Turm hinzugefügt. Diese Umgestaltungen veränderten die Orientierung der Kirche grundlegend. Konstantins Plan mit einer Abfolge von Räumen entlang einer Ost-West-Achse wurde durch eine zentrale Kirche ersetzt, die von Süden her zugänglich ist und von einer Reihe von Erinnerungsstätten umgeben wird. Der Kalvarienfels wurde in einer um fünf Meter erhöhten Kapelle eingefangen; ihr Boden befindet sich auf gleicher Höhe mit der Felsspitze, auf der Christus gekreuzigt worden sein soll. Die Kapelle ist unterteilt in einen südlichen katholischen Teil (rechts unten) mit einem Gewölbe, das mit modernen Mosaiken geziert ist und das einzige erhaltene Kreuzfahrermosaik (ein Medaillon mit der Auffahrt, links) enthält. Der griechisch-orthodoxe nördliche Teil (rechts oben) enthält den mit Glas überdeckten Felsen.

Die letzten größeren Änderungen wurden nach einer verheerenden Feuersbrunst 1808 und einem zerstörerischen Erdbeben 1827 angebracht. Erst 1959 konnten sich die Vertreter der griechisch-orthodoxen, lateinischen und armenischen Kirche auf ein Wiederaufbauprogramm einigen.

Legende

Konstantins Kirche (Grafik, unten) wurde nach al-Hakims Zerstörung (zweite Grafik von unten) und den Modifikationen der Kreuzfahrer (erste und zweite Grafik von oben) dramatisch umgestaltet. Die katholische (ganz rechts unten) und die orthodoxe (ganz rechts oben) Kalvarienkapelle (F) wurde in den Bau eingefügt. Ein Medaillon im Gewölbe der südlichen Kapelle ist das einzige erhaltende Kreuzfahrermosaik und zeigt die Auffahrt Christi (rechts).

S. 160–161, Grabeskirche, Fassade

Die spätromanische Südfassade (S. 152), die den Hof beherrscht, zeigt erlesene Details.

Zwei Portale, deren östliches von Saladin nach 1187 zugemauert wurde, werden von kissenförmigen Spitzbogen gekrönt und von einem kunstvoll gemeißelten Fries (links, Mitte) umschlungen. Es ist nicht klar, ob das untere Gesims, das die Portale von den unteren Fenstern trennt (links oben), eine römische Zweitverwendung aus dem 2. Jahrhundert oder eine Kreuzfahrerimitation ist.

Die Türstürze aus Marmor befinden sich heute im Rockefeller Museum. Hier werden sie noch *in situ* auf Fotos gezeigt, die in den 1920er-Jahren von Raphael Sauvignac aufgenommen wurden. Der linke, westliche Türsturz (unten links) bildet auf fünf Tafeln Szenen aus dem Leben Christi ab. Der rechte, östliche Türsturz (unten rechts) zeigt in Blätterrollen Sirenen und Zentauren zwischen nackten menschlichen Figuren. Sie symbolisieren Sünde und Verführung. Die Ähnlichkeit der qualitativ hochstehenden bildhauerischen Sprache mit der in Italien und Südfrankreich gefundenen weist auf einen Austausch von Ideen und Formen zwischen den drei Zentren hin.

Die heute leeren Tympana über den Portalen waren einst mit Mosaiken geschmückt. Eine schwache Vorstellung von ihrer Pracht mögen die in der Kapelle der Franken erhaltenen Reste (rechts) vermitteln.

Legende

Die zwei Türstürze mit Szenen aus dem Leben Christi (unten links) und mythologischen Figuren in Blätterrollen (unten rechts) zeichnen sich durch ein elaboriertes Bildprogramm aus. Ein kunstvoll gemeißelter Fries (links, Mitte) umschlingt die Kissenbogen der Portale. Der Sims (links oben) ist möglicherweise eine römische Spolie. Das Fragment in der Kapelle der Franken (unten) vermittelt eine Vorstellung vom ursprünglichen Mosaikschmuck der Tympana.

S. 162–163, Grabeskirche, Eingang

Jeden Morgen und jeden Abend vollzieht sich das Öffnen und Schließen der uralten Tür nach einem strikten Ritual.

Jeden Morgen händigt der muslimische Hüter des Schlüssels, nach der Tradition ein Mitglied der Joudeh-Familie, den Schlüssel einem Mitglied der Nuseibeh-Familie aus. Dieser klopft an die Tür und wartet auf einen Priester, der ihm durch eine Luke eine Leiter aus dem Inneren der Kirche reicht, damit er das obere Schloss erreichen kann. Herr Nuseibeh schließt die Schlösser der Tür auf und gibt den Schlüssel an Herrn Joudeh zurück, der ihn bis zum Verschließen der Tür am Abend verwahrt. Diese Zeremonie wurde vor etwa 850 Jahren durch Saladin eingeführt und hat seither an jedem einzelnen Tag stattgefunden.

Anders als dem heutigen Besucher, der nach dem Betreten der Kirche vor einer mit mittelmäßigen Mosaiken dekorierten Mauer steht, eröffnete sich dem Pilger im 12. Jahrhundert ein Panorama, das vom Kalvarienberg ganz rechts zum eigentlichen Grab reichte. Die von den Kreuzfahrern geöffneten Bogen der Rotundenarkade gaben den Blick auf das Grab frei. Unter dem Kalvarienberg befanden sich die Gräber der lateinischen Könige, die dadurch wie an Heiligkeit gewannen. Die beiden heiligsten Stätten der Christenheit wurden durch das Kreuzfahrerquerschiff erstmals miteinander verbunden. Während auf die physische Integration beider Stätten unter einem Dach mehrfach hingewiesen worden ist, war die visuelle Vereinigung durch die bauliche Modifikation der Kreuzfahrer wahrscheinlich ebenso wichtig.

Nach dem Feuer von 1808 ergriffen die Griechisch-Orthodoxen die Gelegenheit, die anderen Gruppen zur Seite zu drängen. Während der Restaurierung verschwanden die Gräber der Kreuzfahrerkönige aus dem Eingangsbereich und wurden durch den Salbungsstein ersetzt. Die Ädikula über dem Grab erhielt ihre gegenwärtige osmanisch-barocke Gestalt und der räumliche Eindruck des Schiffes wurde durch die Mauern, die das griechisch-orthodoxe Katholikon (S. 164) begrenzen, zerstört.

Der Salbungsstein (links) erinnert an die Salbung Christi vor dem Begräbnis und wird von orthodoxen Pilgern hoch verehrt. Das Berühren und Küssen des Steins und das Niederlegen von Gegenständen zur Heiligung machen ihn wahrscheinlich zum in bakteriologischer Hinsicht meistkontaminierten Ort in der Stadt. Eine Kopie von 1810 ersetzte den Vorläufer aus dem 12. Jahrhundert.

Legende

Jeden Morgen werden die alten Türen der Kirche (rechts außen) durch den muslimischen Hüter des Schlüssels in einer auf Saladin zurückgehenden Zeremonie geöffnet (rechts). Der Salbungsstein (links) nimmt seinen prominenten Platz im Eingangsbereich erst seit 1810 ein.

S. 164–165, Grabeskirche, Inneres

Im Zuge der Restauration von 1810 markierten die Griechisch-Orthodoxen den Grundriss ihres Katholikons mit hohen Mauern. Dadurch wurde das Gleichgewicht im Raum der romanischen Kirche nachhaltig gestört.

Das griechisch-orthodoxe Katholikon (unten links) nimmt den Platz der Vierung zwischen der Anastasis-Rotunde und dem Chor (rechts) ein. Es enthält den «Nabel der Welt» (Omphalos), der wahrscheinlich auf den Wiederaufbau von

634 unter Modestus zurückgeht. Er betont die christliche theologische Topologie mit der Kirche im Zentrum Jerusalems und der Welt.

Die unterirdische Kapelle (oben links) wird von den Lateinern St.-Helena-Krypta genannt, von den Armeniern, die den Ort seit 1494 ihr Eigen nennen, St.-Krikor-Kapelle (Gregorkapelle). Ihr Grundriss entspricht einem byzantinischen Quadratkreuz und ähnelt dem Katholikon im Heilig-Kreuz-Kloster (S. 148). Auf diese Weise ist die Krypta der Kreuzfindung – jener Ort, an dem St. Helena das wahre Kreuz gefunden hat – verbunden mit dem Ort, an dem der Baum wuchs, aus dem das Kreuz gezimmert wurde. Die Seitenmauern der Kapelle bestehen aus den Fundamentmauern der zerstörten konstantinischen Basilika und die Kuppel liegt genau in ihrem Zentrum. Solche Merkmale zeigen, so glaubt man, den Einfluss älterer Strukturen auf den Kreuzfahrerbau. Die Wände der Treppe, die vom Ambulatorium des Chors in die Krypta herunterführt, sind mit einer Unmenge von Kreuzen bedeckt, die von mittelalterlichen Pilgern eingeritzt worden sind (oben links).

Legende

Das griechisch-orthodoxe Katholikon (unten) zerstört die Harmonie des romanischen Raumes (rechts). Die St.-Helena-Kapelle (links) liegt im Zentrum der ehemaligen konstantinischen Basilika. Von Pilgern eingeritzte Kreuze (oben) bedecken die Wände der Treppe, die zur unterirdischen Kapelle führt.

S. 166–167, Dom der Himmelfahrt (Qubbat al-Miradsch)

Der achteckige Bau, der auf der Terrasse 20 Meter nordwestlich des Felsendoms steht, erinnert an die Himmelfahrt Mohammeds.

Der Dom markiert die Stelle einer frühislamischen Erinnerungsstruktur. Ihre Existenz macht es sehr unwahrscheinlich, dass der Felsendom zur Zeit seiner Errichtung bereits diese Rolle einnahm (S. 121).

Der Dom wurde als Teil des Templum Domini erbaut und diente wahrscheinlich als Baptisterium. Seine Form, Lage und Marmorelemente deuten auf einen Ursprung zur Zeit der Kreuzfahrer hin, obwohl diese Ansicht umstritten ist. Das Oktagon mit 54 Säulen und hervorragenden Kapitellen wird von einer Kuppel überdacht, die ihrerseits von einer Laterne bekrönt wird.

Die Marmortafel über dem Eingang auf der Nordseite erwähnt eine Renovierung im Jahr 1200, was in die Regierungszeit von Saladins Bruder al-Adil fällt.

Legende

Der oktogonale Dom der Himmelfahrt (ganz links) wird von einer eleganten Laterne bekrönt (links). Seine Säulen stützen Kapitelle von bemerkenswerter Qualität (oben).

S. 168–169, St.-Anna-Kirche

Die Kirche des ehemaligen Benediktinerklosters von St. Anna (1138) liegt an der Via Dolorosa etwas westlich des Löwentors. Sie erinnert an das Haus von Maria und deren Eltern Anna und Joachim.

Die einfache und elegante Architektur erhebt St. Anna über alle anderen Kirchen der Stadt. Ihr Plan – eine rechtwinklige, Fläche mit drei Apsiden und Kolonnaden, die den Raum in zwei Seiten- und ein Hauptschiff teilen – kombiniert den romanischen Stil mit byzantinischen Merkmalen wie z. B. der Kuppel über der Vierung (links). Ihre ausgezeichnete Akustik mit klingendem Echo lässt die Stimmen einer kleinen Gruppe (rechts) wie einen Chor in einer Kathedrale ertönen.

Direkt neben der Kirche liegen die Bethesda-Teiche aus dem 8. und frühen 2. Jahrhundert v. u. Z. (ganz rechts oben), die das Regenwasser aus dem Beth-Zetha-Tal auffingen. Ihnen wurden Heilkräfte zugeschrieben, bevor Christus hier einen Gelähmten heilte. Überreste eines römischen Serapis-Tempels (Asklepius-Tempels) bezeugen die Bedeutung des Ortes. In der Mitte des 5. Jahrhunderts wurde dieses Heiligtum in die byzantinische Kirche St. Maria (Probatica-Kirche) umgewandelt.

Die arabische Inschrift über der Kirchentür (rechts außen) berichtet uns, dass die Kirche durch Saladin in die Madrasa al-Salhiyya, eine religiöse Rechtsschule, umgewandelt worden ist. Nach dem Krimkrieg schenkte der osmanische Sultan sie 1856 Napoleon III.

Legende

Die Kirche von St. Anna (links, rechts) ist das richtungsweisende Beispiel romanischer Architektur in Jerusalem. Ihre ausgezeichnete Akustik macht sie zu einem beliebten Pilgerziel für Chöre (unten). Sie steht neben den Bethesda-Teichen und den Ruinen ihrer byzantinischen Basilika (rechts). Eine Inschrift über dem Kirchenportal (unten rechts) bezeugt, dass Saladin die Kirche 1192 zu einer Rechtsschule gemacht hat.

S. 170–171, Himmelfahrtmoschee

Die Spitze des Ölbergs ist ein heiliger Ort für Christen und Muslime. Hier soll Jesus zum Himmel aufgefahren sein.

Schon Frühchristen verehrten die Stelle, die wahrscheinlich eine lange Geschichte als Höhenheiligtum hinter sich hat. Eine von Säulengängen umgebene byzantinische Rotunde aus dem 4. Jahrhundert hat nur spärliche archäologische Spuren hinterlassen. Die Rekonstruktion der Kreuzfahrer aus den ersten Jahren des 12. Jahrhunderts war Teil eines Klosters, dessen Außenmauer in etwa den Bezirk des Vorgängerbaus nachzeichnete. Große Verehrung wurde Jesu Fußabdrücken zuteil. Später übergab Saladin den Ort an zwei seiner Gefolgsleute, die ihn durch die Hinzufügung eines Mihrab (einer Gebetsnische) in eine Moschee umwandelten. Seither ist sie muslimisches Eigentum geblieben.

Der Körper der oktogonalen Kapelle zeigt den typischen Kreuzfahrerstil. Trommel und Kuppel sind hingegen spätere muslimische Ergänzungen. Acht Pilaster in den Ecken werden von Säulen mit prächtigen Kapitellen flankiert. Sie bieten den dort lebenden Geckos Schutz.

Legende

Die achteckige Himmelfahrtmoschee (oben rechts) weist sehr schöne Kreuzfahrerkapitelle auf (rechts aussen). Dahinter verstecken sich Geckos (oben). Eine Vertiefung in einer Steinplatte wird als Jesu Fußabdruck verehrt (rechts).

S. 172–173, Armenisches Viertel

Eine ummauerte Stadt in der Stadt ist das armenische Viertel, das mit eigenen Schulen, Kloster, Seminar, Bibliothek, Büros und Wohnungen die St.-Jakob-Kathedrale umgibt.

Die Armenier konnten ihre Privilegien und Besitztümer unter islamischer Herrschaft erfolgreich behaupten. Sie hatten hohe Positionen am Hofe des Kalifen inne und nahmen eine starke Stellung in Jerusalem ein. Der erste armenische Patriarch, Abraham (638–669), war dem griechischen Patriarchen gleichgestellt und besaß die Autorität über alle nicht chalkedonischen christlichen Gemeinden im Heiligen Land. Ein armenisches Königreich in Kilikien (1080–1375) unterhielt enge Beziehungen zu dem Kreuzfahrerkönigreich von Jerusalem. Eine kluge Heiratspolitik verschaffte Jerusalem einige Königinnen von außerordentlicher Kompetenz und Schönheit; die prominenteste darunter war Königin Melisende (1105–1151, S. 183). Als Saladin nach dem Fall Jerusalems 1187 alle Christen vertrieb, verschonte er die Armenier von diesem Schicksal. Deren Prosperität litt später jedoch unter der drückenden Steuerlast unter den Mamluken und Osmanen.

Die Eingangshalle zur Kathedrale (links) wurde im 18. Jahrhundert durch Gregor den Kettenträger (Krikor Shiravantzee) hinzugefügt. Der Patriarch von Jerusalem (1715–1749) hatte geschworen, alle Schulden seiner Gemeinde zurückzuzahlen. In Istanbul bettelte er mit einer Kette um den Hals so erfolgreich, dass die Kathedrale viel von ihrer Pracht dem Elend des Patriarchen verdankt. Der Hof vor der Kathedrale ist mit armenischen Chatschkaren geschmückt, gemeißelten Reliefkreuzen, die zum Teil aus dem 12. Jahrhundert stammen (oben links). Häufig sind vier kleinere Kreuze zwischen den Armen des großen Kreuzes platziert, eine Anordnung, die als Jerusalemkreuz bezeichnet wird. Die ältesten Beispiele stammen aus Armenien und gehen bis auf das 9. Jahrhundert zurück. Dragomane (rechts), deren Rolle zwischen der eines Polizisten und eines Herolds anzusiedeln ist, repräsentieren eine charakteristische Facette im Mosaik der Stadt.

Legende

Der Ursprung des Jerusalemkreuzes mit vier kleinen Kreuzen zwischen den Armen des Hauptkreuzes ist das armenische Chatschkar (links), das sich bis ins 9. Jahrhundert zurückverfolgen lässt. Die Eingangshalle der Kathedrale (unten) wurde im 18. Jahrhundert angebaut. Die zwischen Polizisten und Herolden anzusiedelnden Dragomane (rechts) begleiten den Patriarchen bei zeremoniellen Anlässen.

S. 174–175, St.-Jakob-Kathedrale

Die Hauptkirche des armenischen Patriarchats liegt im Zentrum des armenischen Viertels. Sie ist zwei christlichen Märtyrern mit dem Namen Jakob geweiht.

Ihre Schutzpatrone sind der Bruder des Evangelisten Johannes, der Apostel Jakobus der Ältere, der von Herodes Antipas getötet wurde, und Jakobus der Gerechte, Jesu Bruder und erster Bischof von Jerusalem, der von den Tempelbehörden gemartert wurde.

Das erste Heiligtum an dieser Stelle war eine Kapelle des heiligen Menas, eines ägyptischen Märtyrers. Teile dieser Kapelle sind vom heutigen Gebäude absorbiert worden. Die Kathedrale wurde zwischen 1142 und 1165 erbaut und mischt armenische und fränkische romanische Stilelemente. Der Bauplan mit einem breiten Hauptschiff und engen Seitenschiffen (S. 176) entspricht armenischen Kirchen aus dem 10. Jahrhundert: Vier mächtige Pilaster tragen eine Kuppel, deren sich kreuzende Rippen einen sechsstrahligen Stern bilden (links).

Dieses seltene architektonische Merkmal, das für armenische Kirchen typisch ist, kommt in Jerusalem nur ein weiteres Mal vor, und zwar in der Stütze für die Laterne des Ghawanima-Minaretts von 1298 (S. 214).

Legende

Die St.-Jakob-Kathedrale (oben) weist eine Kuppel auf, die von ungewöhnlichen gekreuzten Rippen getragen wird (links).

S. 176–177, St.-Jakob-Kathedrale, Inneres

Im Gegensatz zum Heiligen Grab hegört diese Kirche mit ihren Teppichen und vielen Lampen (oben) einer einzigen und sehr speziellen Glaubensgemeinschaft.

In der Nordmauer steht eine schön geschnitzte Holztür mit Perlmutter- und Schildpatteinlagen, die zur St.-Jakob-Kapelle führt (rechts, Mitte). Hier soll der Kopf von Jakobus dem Älteren begraben sein. Sein Körper allerdings ist wunderbarerweise in Santiago de Compostela im Nordwesten Spaniens begraben.

Der Narthex der mittelalterlichen Kirche wurde im 17. Jahrhundert zur Kapelle von Etschmiadsin umgestaltet. Der damalige Patriarch Eghiazar hatte den Ehrgeiz, Katholikos, also geistlicher Führer aller Armenier, zu werden. Dieses Amt ist untrennbar mit der armenischen Mutterkirche, der Kathedrale von Etschmiadsin, verbunden. Er schuf deshalb in Jerusalem sein eigenes Etschmiadsin. Die hervorragendsten Dekorationen sind die Wandkacheln (rechts außen), die Szenen aus dem Leben Christi zeigen und zwischen 1727 und 1737 von dem Mönch Elia von Kütahya (S. 385) geschaffen wurden.

Legende

Schöne Teppiche auf dem Fußboden und viele Lampen, die wie Sterne in der Luft hängen, tragen zur feierlichen und warmen Atmosphäre der Kathedrale bei (links). Eine mit Perlmutter und Schildpatt verzierte Holztür (Mitte) führt in die Kapelle von St. Jakob. Einzigartige Wandkacheln mit Szenen aus dem Leben Christi (rechts außen) dekorieren die Wände der Kapelle von Etschmiadsin. Ihr Tor (oben) mit einem kissenartigen Torbogen, der an die Grabeskirche erinnert, war ursprünglich der Haupteingang der Kathedrale.

S. 178, Triple Suq

Nicht alles, was die Kreuzfahrer an Architektur geschaffen haben, war religiös. Drei parallel angeordnete Märkte (die Teile des Triple Suq) nehmen einen Teil des Cardo ein.

Der Triple Suq im Zentrum der Altstadt wird (von West nach Ost) gebildet vom Suq al-Lahamin (Metzgermarkt, links), Suq al Attarin (Markt der Gewürzhändler) und Suq al-Chawadschat (Markt der Silberschmiede). Ihre Gewölbe werden von Spitzbogen aus der Kreuzfahrerzeit getragen.

S. 179, St. Maria der Deutschen

Dieses bescheidene Anwesen im jüdischen Viertel diente deutschen Pilgern, die sich im französischsprachigen Kreuzfahrer-Jerusalem verloren fühlten, als Zufluchtsort.

Das Spital wurde als «Herberge für arme und kranke deutsche Pilger» von einem anonymen Paar in den 1120er-Jahren gegründet und unter die Aufsicht der Johanniter gestellt. Nach dem Bericht eines Pilgers aus dem 12. Jahrhundert erfreute es sich nicht des besten Rufes in der Stadt. Für die Behauptung, dass Friedrich II. es den Deutschrittern übertragen habe, gibt es keinen Beweis. Dieser Orden wurde 1192 in Akko gegründet und entfesselte seinen baltischen Kreuzzug nach der Niederlage der Kreuzfahrerstaaten. Sein Eindringen nach Russland wurde von Alexander Newski (S. 308–309) vereitelt.

Legende

Der Triple Suq (links) im Zentrum der Altstadt wird von Kreuzfahrergewölben überdeckt. St. Maria der Deutschen (rechts) war deutschen Pilgern behilflich.

S. 180, Tankreds Turm

An der Nordwestecke der Stadtmauern, in einem kleinen Park gegenüber dem Zahal-Platz, ragt die Basis eines gewaltigen Turmes unter Suleimans Befestigungen hervor.

Diese Stelle, der verletzlichste Punkt der Stadt, wurde von den Kreuzfahrern mit einem mächtigen Turm verstärkt (links), der aus Quadern aus herodianischer Zeit besteht. Der größte Teil seiner Basis, die 35 x 35 Meter misst, liegt versteckt unter dem Collège des Frères innerhalb der heutigen Stadtmauern. Sein Name stammt von Tankred, einem der kriegslustigsten Fürsten des Ersten Kreuzzugs, der an dieser Stelle einen erfolglosen Angriff auf die Stadt führte. Auf Arabisch heißt der Turm Qasr al-Dschalud (Goliaths Turm) nach einer Legende, die besagt, dass David den Philister einen Bogenschuss entfernt von hier erschlagen hat.

S. 181, Gitter der Königin Melisende

Seit der Mitte des 12. Jahrhunderts umgab ein eisernes Gitter den heiligen Felsen im Felsendom.

Königin Melisende befahl, ein kunstvolles Gitter aus Schmiedeeisen um den Felsen im Templum Domini anzubringen. Denn die frommen Pilger schlugen Stücke los, um sie zu Hause als Reliquien verkaufen zu können. Die senkrechten Zaunstäbe werden durch sich wiederholende dekorative Elemente zusammengehalten. In den 1960er-Jahren wurde das Gitter durch eine hölzerne Balustrade ersetzt und ins Islamische Museum auf dem Haram al-Sharif verbracht. Einige Segmente wurden von den Armeniern beiseitegeschafft und dienen nun als Altarschirm im Zweiten Golgatha der Grabeskirche (oben), also in der neben dem Golgathafelsen gelegenen Kapelle der Armenier.

Legende

Die Fundamente eines mächtigen Turmes (links), Tankreds Turm, springen unter den Ringmauern an der gefährdeten Nordwestecke der Stadt hervor. Bis in die 1960er-Jahre schützte ein schmiedeeiserner gotischer Zaun (oben) den heiligen Felsen im Felsendom.

S. 182–183, Grab der Jungfrau Maria

Marias Tod auf dem Berg Zion und ihr Begräbnis in einer Höhle im Kidrontal nahe dem Garten Gethsemane wird erstmals im 2. oder 3. Jahrhundert, nicht aber im Neuen Testament erwähnt.

In einem unterirdischen Friedhof, der im 1. Jahrhundert u. Z. in Gebrauch war, zog eines der Gräber besondere Aufmerksamkeit auf sich. Das umgebende Gestein wurde entfernt, um wie in der Grabeskirche einen einzelnen Block zu isolieren. Glasscheiben schützen den Felsen (unten links), der unter der Frömmigkeit der Pilger arg gelitten hat. In byzantinischer und Kreuzfahrerzeit wurde um ihn herum eine Ädikula errichtet, die nun den Mittelpunkt der kreuzförmigen Krypta einnimmt (links außen, unten).

Da die Muslime das Grab der Mutter des Propheten Isa (Jesus) ebenfalls verehren, wurde die Krypta im Laufe der Zeit nur wenig in Mitleidenschaft gezogen. Die im 5. Jahrhundert erbaute Kirche über der Krypta wurde allerding mehrmals zerstört und wieder aufgebaut. In der Kreuzfahrerzeit befand sich an dieser Stelle ein Benediktinerkloster. Seine Bauten wurden von Saladin demontiert und als Steinbruch für die Reparatur der Stadtmauern benutzt. Nach häufigen Handwechseln im konfessionellen Grabenkrieg gehört die Stätte heute gemäß dem Status quo von 1852/53 den Armeniern und den Griechisch-Orthodoxen gemeinsam.

Neben dem Grab von Mujir al-Din (S. 225) führt eine Treppe von der Jericho Road zum Mariengrab hinunter. Die Fassade mit dem Eingang und die monumentale Treppe (rechts) datieren aus dem frühen 12. Jahrhundert. Zwei Nischen neben der Treppe, die in Kapellen umgewandelt wurden, waren ursprünglich das Familiengrab König Balduins II. und der mächtigen und begabten Königin Melisende (links oben). Melisende war die Tochter von Balduin II. und der armenischen Prinzessin Morphia sowie Gattin von Fulko von Anjou.

Legende

Vom Eingang führt eine Flucht von Stufen (rechts) in die kreuzförmige Krypta (links unten) hinab, die Marias Grab (unten) enthält. Das Grab der Königin Melisende (links) besetzt eine Nische neben der Treppe.

S. 184 – 185, Coenaculum / Abendmahlsaal

Die Stätte auf dem Berg Zion ist allen drei Religionen heilig: Juden und Muslime verehren dort das Grab Davids, während Christen sie als Ort des Letzten Abendmahls und des Pfingstgeschehens betrachten.

Die Datierung des gotischen Raums mit schönen Rippengewölben (links außen) und Kapitellen (rechts) ist kontrovers. Einige Spezialisten sind der Ansicht, dass er in den letzten Jahren vor dem Fall der Stadt 1187 erbaut wurde, während andere ihn Kaiser Friedrich II. zuschreiben, der die Stadt 1226 für einige Jahre für die Christen wiedergewinnen konnte. Eine dritte Meinung favorisiert als Bauherren die Franziskaner, die die Stätte 1333 erwarben und dort ein Kloster gründeten, dessen Kreuzgang sich erhalten hat (S. 186, unten links). Für keine der drei Meinungen gibt es überzeugende Argumente.

Unter den Mamluken gab es einen fortwährenden Streit um den Besitz der Stätte zwischen Juden und Franziskanern. Suleiman der Prächtige löste den Disput 1524 durch die Umwandlung der Stätte in eine Moschee (Masdschid al-Nabi Da'ud) und das Hinzufügen eines Minaretts (links).

Legende

Der gotische Abendmahlsaal (links außen) mit seinen Gewölberippen (rechts) wurde von Sultan Suleiman, der auch ein Minarett (links) hinzufügte, in eine Moschee umgewandelt.

S. 186 – 187, Abendmahlsaal, Davids Grab

Der Berg Zion wird von einer Unmenge von Legenden umwoben und jede Tradition schuf sich dort ihr eigenes Heiligtum.

Quellen aus der frühen byzantinischen Periode berichten von einer jüdischen Synagoge, die an die Tradition des Grabes von David erinnert (obgleich sein Begräbnis auf dem Berg Zion höchst unwahrscheinlich ist). Frühe christliche Heiligtümer waren dem Haus des Hohepriesters und der Pfingsttradition geweiht. Nach 386 wurde die Hagia-Sion-Basilika erbaut, die zusätzliche Legenden wie das Letzte Abendmahl, das Martyrium des Stephanus, die Bischofskirche von Jesu Bruder Jakobus, den Tod Mariens und, in der frühislamischen Epoche, die Passion anzog. Diese Kirche wurde von den Kreuzfahrern als St. Maria in Monte Sion wieder aufgebaut. Ihr erhaltener zweistöckiger südöstlicher Teil birgt im Erdgeschoss das Grab Davids und im ersten Stock den Abendmahlsaal. Eine überkuppelte Treppe, die zum Erdgeschoss führt, wird von einer Kreuzfahrersäule in Zweitverwendung abgestützt. Deren Kapitell (rechts außen) zeigt das damals bekannte Symbol der Nächstenliebe: einen Pelikan, der sich die Brust aufreißt, um seine Jungen zu füttern.

Nach dem Krieg von 1948 wurde das Grab Davids (oben links) in eine Synagoge umgewandelt, deren Wände bis vor Kurzem immer noch von Kacheln der früheren Moschee verkleidet waren. Der Abendmahlsaal wurde in den mittleren 1980er-Jahren für das Publikum zugänglich gemacht. Als eines der wichtigeren christlichen Heiligtümer ist es immer von Besuchern überfüllt.

Legende

Durch den Kreuzgang des Franziskanerklosters (links) führt der Zugang zum Grab Davids (links oben) mit seinen gekachelten Wänden (oben). Der Pelikan auf einem Kreuzfahrerkapitell (rechts) symbolisiert die Nächstenliebe.

S. 188–189, Ayyubiden und Mamluken, 1187/1260–1516 (Titelseite)

Legende

Alle Elemente des Mamlukenstils, alternierende gelbe und rote Steinlagen (Ablaq), auskragende Stalaktiten (Muqarna) und verschlungene Steine (Qlebo), sind im Eingang zur Madrasa al-Ashrafiyya elegant kombiniert.

S. 190–191, Ayyubiden und Mamluken, 1187/1260–1516

Die 330 Jahre unter den Ayyubiden und Mamluken waren eine Periode des Aufruhrs mit oft zersplitterter Souveränität, ständig wechselnden Allianzen und häufigen Kriegszügen zwischen Rivalen oder gegen äußere Bedrohungen. Trotz dieser ungünstigen Voraussetzungen hinterließ diese Epoche Jerusalem einige seiner schönsten Schmuckstücke.

Saladins Einnahme Jerusalems 1187 war das Resultat der Anstrengungen von drei starken Herrschern in Folge: Zengi, Nur al-Din und Salah al-Din (Saladin). 1144 vernichtete Zengi, der Seldschuken-Atabeg (türkische Bezeichnung für Regent) von Aleppo und Mosul die Kreuzfahrergrafschaft Edessa in der südöstlichen Türkei / Nordsyrien. Sein Sohn Nur al-Din bemächtigte sich aller Länder des Fürstentums Antiochia östlich des Orontes. Durch die Eroberung von Damaskus 1149 und von Ägypten 1169 war er in der Lage, alle Kräfte der Muslime zwischen Euphrat und Nil zu vereinigen und eine gemeinsame Front gegen die Kreuzfahrerstaaten zu errichten. Sein Feldherr Saladin, erster Sultan von Syrien und Ägypten und Gründer der Dynastie der Ayyubiden, schlug die Kreuzfahrer 1187 entscheidend in der Schlacht von Hattin nahe dem See Genezareth. Dadurch konnte er den Kreuzfahrern die Kontrolle über Jerusalem und den größten Teil von Palästina abringen. Während dieses 50-jährigen Kampfes erhöhte sich die Heiligkeit von Jerusalem und die umkämpfte Stadt wurde vollständig in die Triade der heiligen Städte neben Mekka und Medina integriert. In dieser Periode blühte die Literaturgattung der Lobgesänge auf die Stadt (Fada'il al-Quds). Gleichzeitig wurde die Idee des Dschihad, des Heiligen Krieges, zu einem grundlegenden Element im Propagandakrieg und schmiedete ein starkes Band zwischen militärischer und religiöser Führung.

Obwohl das Königreich Jerusalem nominell bis zum Ende des 13. Jahrhunderts weiter bestand, markierte der Sieg von Hattin den Beginn der muslimischen Vorherrschaft in der Region. 1193 starb Saladin in Damaskus, damals ein Zentrum islamischer Kultur und Gelehrsamkeit. In der Wahrnehmung der Muslime sind alle drei Herrscher Helden im Kampf gegen die Kreuzfahrer. Dabei sollte aber nicht vergessen werden, dass jeder ungefähr zehn Jahre seiner Herrschaft darauf verwendete, seine Autorität seinen Glaubensbrüdern mit Gewalt aufzuzwingen.

Legende

Der erste Mamlukenbau mit einem verzierten Eingang von hervorragender Qualität ist das Sufi-Kloster Khanqah al-Dawardariyya nahe dem Bab al-Hittah des Haram. Bemerkenswert sind das alleinstehende, hängende Widerlager und die Steine des Spitzbogens, die nicht nur auf einer, sondern auf zwei Ebenen miteinander verzahnt sind. Das Gebäude wurde 1295 durch den Amir Alam al-Din Sanjar al-Dawadari errichtet, der unter Sultan Qalawun Verwalter von Syrien und 1291 Kommandant der Artillerie beim endgültigen Sturm auf Akko war.

S. 192–193

Auf Saladin, den Gründer der Dynastie der Ayyubiden (1171–1260), folgten zunächst seine Söhne und dann sein Bruder al-Adil und dessen Nachkommen. Ihre Herrschaft war eine Periode der Instabilität mit beinahe ununterbrochenen Kriegen, nicht nur gegen Rivalen, sondern auch gegen spätere Kreuzzüge und noch später gegen die Mongoleneinfälle. Als Antwort auf die Bedrohung durch den Fünften Kreuzzug wurden alle syrischen Kräfte verpflichtet, bei der Verteidigung Ägyptens mitzuhelfen. Deshalb wurden 1219 militärisch wichtige Teile der erst kürzlich verstärkten Stadtmauern von Jerusalem aus Furcht vor einer Wiedereroberung durch die Kreuzfahrer geschleift. In der Folge verschlechterte sich der Zustand der Stadt. Zehn Jahre später wurde zwischen al-Kamil und Friedrich II. ein Vertrag geschlossen, der den Kreuzfahrern den Besitz der Stadt und den Muslimen die Kontrolle über den Haram al-Sharif garantierte. Dieser Vertrag stellt den einzigen Versuch in der Geschichte dar, die religiöse Rivalität friedlich und pragmatisch zu lösen. Er wurde von Fanatikern auf beiden Seiten stark verdammt und endete 1244, als türkische Truppen aus Choresmien unter Barka Khan (S. 201) vorübergehend die Stadt besetzten.

Auf die Ayyubiden folgte die Kriegerkaste der Mamluken (der arabische Begriff bedeutet «Sklave», hauptsächlich türkischen oder tscherkessischen Ursprungs), die in Ägypten über 250 Jahre, von 1260 bis 1517, herrschten. Diese Sultane, die als ehemalige Sklaven einen auf das Militärische beschränkten Hintergrund hatten und erst kürzlich zum Islam bekehrt worden waren, waren strenger als die Ayyubiden und verfolgten eine strikte dschihadistische Ideologie gegen Franken, Mongolen und muslimische Ketzer wie die Schiiten. 1258 plünderten die Mongolen Bagdad und beendeten das abbasidische Kalifat. Zwei Jahre später konnten die Mamluken die Mongolen bei Ain Jalut nahe Nazareth besiegen. Dadurch stiessen sie die mongolische Bedrohung hinter den Euphrat zurück und sicherten ihre Herrschaft über Ägypten und Syrien. Jerusalem spielte im letzten Kampf mit den geschwächten Kreuzfahrern keine Rolle mehr, diese unterlagen den Mamluken mit dem Fall von Akko 1291 schließlich endgültig. Die Stadt war auch wenig betroffen von den häufigen internen Rivalitäten und Machtkämpfen, an denen ihre Gouverneure teilhatten. Deshalb gab es auch keinen Grund, die Stadt erneut mit neuen Mauern zu befestigen.

Jerusalem wurde von einem ständig wechselnden Strom von Gouverneuren verwaltet, die der mamlukische Sultan in Kairo ernannte. Die Stadt behielt ihre Bedeutung als heilige Stätte des Islams und zog zahlreiche muslimische Pilger an, die Gebets- und Studienplätze, Unterkünfte und Läden für den täglichen Gebrauch benötigten. Um diese Bedürfnisse zu befriedigen, begannen die Mamlukensultane und Amire (Kommandanten, Gouverneure) eine der längsten Bauphasen in der Geschichte der Stadt. Madrasas (Religions- und Rechtsschulen), Moscheen, Minarette, Herbergen, Sufi-Klöster, Märkte und Mausoleen entstanden in dieser Zeit. Unterhalt und Personal der religiösen Institutionen wurden durch von Sultanen, Amiren oder reichen Bürgern errichtete Stiftungen (Awqaf) bestritten, deren Einkommen beispielsweise aus den Einkünften eines Dorfes oder aus Mieten für Einrichtungen wie z. B. den Markt der Baumwollhändler bestanden.

Legende

Die Gebäude der Ayyubiden (grüne Punkte) und Mamluken zeigen eine Konzentration um die nördliche und westliche Begrenzung des Haram al-Sharif.

1 Al-Dawardariyya, S. 91
2 Al-Aksa-Moschee, Minbar, S. 196
3 Qubbat al-Nahwiyya, Dom des Lernens, S. 199
4 Qubbat Suleiman, S. 198
5 Bab al-Silsila und Bab al-Sakina, S. 198
6 Qubbat Musa, S. 198
7 Turbat Barka Khan, S. 201
8 Mamilla-Friedhof, Turbat al-Kabukiyya, S. 202
9 Synagoge der Karaiten, S. 205
10 Ramban-Synagoge, S. 204
11 Ribat Ala al-Din, S. 207
12 Ribat al-Mansouri, S. 206
13 Sommerkanzel, S. 208
14 Treppen und Arkaden, S. 210
15 Nord- und Westportiken des Haram al-Sharif, S. 212
16 Minarette, S. 215
17 Al-Kas, S. 217
18 Madrasa al-Tankiziyya, S. 218
19 Suq und Bab al-Qattanin, S. 219–221

20 Madrasa al-Is'ardiyya, S. 222
21 Madras al-Almalikiyya, S. 223
22 Turbat Turkan Khatun, S. 224
23 Khan al-Sultan, S. 226
24 Palast und Grab der Sitt Tunshuq, S. 228
25 Madrasa al-Muszhiriyya, S. 229
26 Madrasa al-Ashrafiyya, S. 230
27 Sabil Qaytbay, S. 232
28 Grab von Mujir al-Din, S. 225

S. 194–195

Die Architektur dieser Gebäude ist ungeachtet ihrer kleinen Dimension von großer Schönheit und auserlesener Eleganz. Sie setzt einen Standard, den heutige Bauten nur selten erreichen.

Bauen auf dem Haram al-Sharif war ein königliches Privileg. Amire im Ruhestand oder im Exil und reiche Bürger oder Bürgerinnen verschönerten die Straßen, die von Norden oder Westen zum Haram führten. Alle diese Gebäude spiegelten oder unterstützten die Re-Islamisierung nach der Vertreibung der Kreuzfahrer als Rivalen um die Herrschaft über die Stadt und hatten ihren Anteil daran, Jerusalem zu einem florierenden religiösen Zentrum zu machen. Zu dieser Zeit nahm die muslimische Bevölkerung zu. Trotz Streitereien um heilige Stätten und einiger Verfehlungen wurden Juden und Christen, Einwohner ebenso wie Pilger, als Dhimmis toleriert und hatten das Recht, Güter zu besitzen und Geschäfte zu betreiben.

Jerusalems Mamlukengebäude zeigen einen unverwechselbaren Stil mit kunstvollen Fassaden, an denen die meisten dekorativen Elemente konzentriert waren. Die Eingänge sind in der Fassade versenkt und beidseits mit hohen Steinbänken versehen. Charakteristische Schmuckelemente sind Muqarnas genannte Stalaktitengewölbe (oben rechts, Dar al-Sitt Tunshuq, S. 228), alternierende Lagen von Steinen unterschiedlicher Farbe (creme, gelb, rot und schwarz), Ablaq genannt (unten rechts, Madrasa al-Mushiriyya, S. 229), miteinander verflochtene Steine in verschiedenen Farben, die mit einer Vielzahl von Profilen gehauen und in einer puzzleartigen Weise verlegt wurden (Qlebo genannt, unten links, Madrasa al-Arghuniyya), sowie kalligrafische Inschriften (oben links, Turbat al-Jaliqiyya), die Zitate aus dem Koran, aber auch den Namen des Erbauers und ein Datum nennen.

Legende

Zu den dekorativen Elementen des Mamlukenstils gehören Muqarnas (Stalaktitengewölbe, oben rechts), Ablaq (alternierende Lagen von verschiedenfarbigen

Steinen, unten rechts), Qlebo (miteinander verflochtene Steine in verschiedenen Farben, unten links) und Inschriften in kalligrafischen Lettern (oben links).

S. 196–197, Re-Islamisierung durch Saladin

Nachdem die Stadtschlüssel am 2. Oktober 1187 Saladin überreicht worden waren, gab er den Haram al-Sharif an den Islam zurück. Die christliche Bevölkerung behandelte er äußerst großzügig und ritterlich.

Im Gegensatz zu dem Massaker der Kreuzfahrer 88 Jahre zuvor erlaubte er den christlichen Einwohnern, die Stadt unbehelligt zu verlassen. Er reinigte den Felsendom und die Al-Aksa-Moschee mit Rosenwasser und zerstörte die Baulichkeiten der Augustiner-Chorherren. Die meisten Kirchen, mit Ausnahme der in der Nähe der Nord- und Westseiten des Haram gelegenen, blieben unberührt.

Am Freitag nach der Übergabe der Stadt feierte er den traditionellen Gottesdienst in der Al-Aksa-Moschee. Die Predigt, eine hochpolitische Botschaft, hielt der Kadi von Aleppo, Ibn al-Zaki. Die Kanzel (Minbar), die Nur al-Din schon 20 Jahre zuvor für Jerusalem hatte herstellen lassen, wurde nun in der Al-Aksa-Moschee aufgestellt. Aus Holz, Elfenbein, Perlmutter und Ebenholz hergestellt, galt sie als eines der schönsten Kunstwerke des mittelalterlichen Syrien und wurde in der ganzen muslimischen Welt hoch verehrt. Sie war 800 Jahre im Einsatz, bevor ein verrückter christlicher Fundamentalist sie in Flammen setzte. Heute ist sie durch eine Replik (Fotos) ersetzt.

Legende

Die Kanzel der Al-Aksa-Moschee wurde von Saladin nach der Einnahme Jerusalems aufgestellt. Nach einem Brandanschlag wurde sie durch eine Replik ersetzt.

S. 198–199, Ayyubidenbauten

Charakteristisch für die ayyubidische Architektur ist die ausgiebige Verwendung von Kreuzfahrerelementen. Dies macht die Unterscheidung zwischen originaler Kreuzfahrerarbeit (*in situ*) und deren Zweitverwendung (als Spolien) durch die Ayyubiden schwierig.

Unmittelbar nach der Eroberung der Stadt wurden die christlichen Bauten um den Felsendom und die Al-Aksa-Moschee abgetragen oder für den muslimischen Gebrauch umgewidmet. Nur wenige Gebäude können mit Sicherheit der Ayyubidenzeit zugewiesen werden. Auf dem Haram stehen drei Beispiele, die durch den umfangreichen Gebrauch von Kreuzfahrermarmor hervorstechen: die Tür zum Dom des Lernens (Qubbat al-Nahwiyya, rechts), ein kleines Gebäude, das 1207 in der Südwestecke der Plattform als Koranschule errichtet wurde und seither mehrmals erneuert worden ist; das Doppeltor von Bab al-Silsila und Bab al-Sakina (unten links) als Haupteingang zum Haram von Westen und Qubbat Suleiman (links außen, oben) im nordwestlichen Abschnitt des Haram. Dieser Kuppelbau steht auf einem Felsen, auf dem der Legende nach Salomon nach der Tempelweihe gebetet haben soll. Nach der Vertreibung der choresmischen? Choresmien-Truppen aus Jerusalem baute Sultan al-Salih Ayyub 1249 den nüchternen Dom des Moses (Qubbat Musa, oben links). Es ist das einzige Gebäude auf dem Haram, das dank einer Inschrift mit absoluter Sicherheit den Ayyubiden zugeschrieben werden kann.

Legende

Zu den Ayyubidenbauten auf dem Haram mit umfangreicher Verwendung von Kreuzfahrerelementen gehören der Dom des Lernens (rechts), Qubbat Suleiman (links außen, oben) und das Doppeltor von Bab al-Silsila und Bab al-Sakina (unten links) mit Muschelverzierungen in den Ecken. Der nüchterne Dom des Moses (oben links) ist zweifelsfrei ayyubidisch.

S. 200–201, Turbat Barka Khan

Das Mausoleum wurde in der Mitte des 13. Jahrhunderts erbaut und liegt an der zum Haram führenden Hauptstraße Tariq Bab al-Silsila.

Die Turba (Mausoleum) zeigt eine typische Gebäudeform dieser Zeit. Der muslimische Hauptfriedhof der Stadt liegt zwar außerhalb des Goldenen Tors (S. 143), aber ein Begräbnis in der Nähe des Haram war für hochgestellte Persönlichkeiten erstrebenswert. Die Änderung der Begräbnisregeln spiegelt die wachsende eschatologische Bedeutung Jerusalems als Ort des Letzten Gerichts. Infolgedessen wurden viele Mausoleen innerhalb der Stadt gebaut; ein halbes Dutzend davon ist bis heute erhalten geblieben. Die meisten weisen eine überkuppelte Kammer auf mit einem etwas erhöhten Kenotaph, der den Ort der unterirdischen Grabkammer anzeigt.

Es mag erstaunen, dass eine Figur wie Barka Khan ein Grab in Jerusalem erhielt. Er war ein prominenter Anführer in der Armee aus Choresmien, die 1220 nach einer empfindlichen Niederlage gegen die Mongolen unter Dschingis Khan nach Westen auswich. Im Jahr 1244 eroberten und plünderten sie Jerusalem, massakrierten die christlichen Bewohner und verwüsteten die Heiligtümer der Stadt. Damit endete der Vertrag, der die Stadt vorübergehend den Christen überlassen hatte, auf gewaltsame Weise. Zwei Jahre später kam Barka Khan in einer Schlacht gegen die Mamluken um. Nichtsdestotrotz ehelichte der Mamlukensultan Baybars Barka Khans Tochter. Deren Brüder waren einflussreich genug, um ihrem erschlagenen Vater ein Mausoleum errichten zu können. Angesichts dieser gewalttätigen Karriere entbehren die an der Turba angebrachten Verse nicht der Ironie: «Rein kamen wir aus dem Nichts und unrein sind wir geworden; ruhig kamen wir in diese Welt und wurden gepeinigt.»

1900 wurde das Grab in die Khalidi-Bibliothek umgewandelt, eine Sammlung aus dem Besitz verschiedener Familienmitglieder aus mehreren Generationen. Sie beherbergt die größte Sammlung palästinensischer literarischer und historischer Dokumente.

Legende

Das Mausoleum des Choresmien-Anführers Barka Khan (oben) wurde von seinen Söhnen in der zweiten Hälfte des 13. Jahrhunderts erbaut. Obwohl die Spitzbogen immer noch die kissenförmigen Bogen aufweisen, die für Kreuzfahrertore typisch sind, ist die Ornamentierung mit einem Oculus (Rundfenster, oben rechts) und ineinander verflochtenen Steinen eindeutig mamlukisch.

S. 202–203, Turbat al-Kubakiyya, Mamilla-Friedhof

Am Ostende des muslimischen Mamilla-Friedhofs steht ein quadratisches, überkuppeltes Gebäude, das Mausoleum des Amirs Aidughdi Kubaki, der hier 1289 begraben worden ist.

Das Gebäude (rechts) besteht aus einer kubischen Basis, die eine Trommel mit Kuppel trägt, und zeigt eine Reihe von Kreuzfahrerelementen. Kubaki begann seine Karriere als Sklave in Syrien und stieg zum Gouverneur von Safed und Aleppo auf. Nachdem er beim Mamlukensultan Qalawun in Ungnade gefallen war, wurde er eingekerkert und anschließend nach Jerusalem verbannt. Dort starb er im Alter von 60 Jahren, ein stolzes Alter für einen Mamlukenkrieger.

Mamilla ist ein alter Friedhof im oberen Hinnomtal, der erstmals im frühen 11. Jahrhundert erwähnt wird, aber weit ältere Überreste enthält. Er war bis 1927 in Gebrauch. Der Name Mamilla ist wahrscheinlich eine Kurzform von Ma min Allah («das, was Gott gegeben hat»). Gegen erheblichen Widerstand seitens palästinensischer und muslimischer Behörden sind auf seinem Grund eine Reihe von Gebäuden, Straßen, Parkplätzen und ein Park gebaut worden. In diesem Zusammenhang mag daran erinnert werden, dass Amin al-Husseini, der Großmufti von Jerusalem, 1929 am Bau des Palace Hotel (heute Waldorf Astoria) auf dem Gelände des Friedhofs beteiligt war. Er hatte keine Hemmungen, Gelder, die er treuhänderisch für religiöse Institutionen verwaltete, für dieses Vorhaben zu entfremden, und er instruierte den Baumeister, menschliche Überreste, die während der Arbeiten zutage kamen, heimlich zu entsorgen.

Legende

Turbat al-Kubakiyya (rechts), das Grab eines Mamluken-Amirs, liegt auf dem alten muslimischen Mamilla-Friedhof (links). Heute liegt die Stätte im Zentrum der Stadt und Muslime leisten großen Widerstand gegen ihre teilweise Umwandlung.

S. 204–205, Die beiden ältesten Synagogen

Sowohl die Synagoge der Karaiten als auch die des Ramban liegen im jüdischen Viertel der Altstadt.

Im Gegensatz zur Hauptströmung des rabbinischen Judentums erkennen die Karaiten («Lesenden») nur den Tanach (die Thora, d. h. die fünf Bücher Mose, sowie die Propheten und Schriften) als oberste Autorität an, nicht aber die mündliche Thora, wie sie im Talmud kodifiziert ist. Sie sind der Ansicht, dass sie die ursprüngliche Religion Israels befolgen, und unterscheiden sich vielfach vom rabbinischen Judentum, z. B. in der gleichberechtigten Stellung der Frauen. Die Religion entwickelte sich im 7. bis 9. Jahrhundert im Irak; ihre Wurzeln reichen möglicherweise bis in die Zeit des Zweiten Tempels zurück. Im Wesentlichen wurde sie unter Anan Ben David (715–795) kodifiziert. In der «goldenen Zeit der Karaiten» (900–1100) mögen weltweit bis zu 40 Prozent aller Juden Karaiten gewesen sein, und viele von ihnen hatten sozial hochgestellte Positionen in der gesamten muslimischen Welt inne. Ein Beispiel ihrer reichen literarischen Überlieferung ist die Buchmalerei (rechts unten) aus einem Kodex, der um 1000 geschrieben wurde. Heutige Schätzungen gehen von etwa 40'000 Karaiten aus, von denen die Mehrzahl in Israel lebt. Sie werden von einigen, aber nicht allen Rabbinern als halachische Juden anerkannt.

Die Synagoge der Karaiten ist die älteste aktive Synagoge Jerusalems (rechts oben). Nach der Tradition wurde sie von Anan Ben David im 8. Jahrhundert gegründet, 1099 von den Kreuzfahrern zerstört und wieder aufgebaut, nachdem Saladin den Ort den Karaiten zurückgegeben hatte. Seither war sie, mit Ausnahme der kurzen Periode unter jordanischer Herrschaft (1948–1967), ununterbrochen in Gebrauch. Die Synagoge liegt unterhalb des Straßenniveaus und hat zwei Schiffe.

Die Ramban-Synagoge ist die zweitälteste Synagoge der Stadt und wurde 1267 von Rabbi Moshe ben Nachman (Nachmanides oder Ramban) gegründet. Der Ramban (1194–1270), ein führender jüdischer Philosoph, Arzt und Bibelkommentator, stammte aus Girona in Katalonien. Er wurde in fortgeschrittenem Alter gezwungen, Spanien zu verlassen, nachdem er in einer berühmten Disputation seinen Glauben erfolgreich gegen die Dominikaner verteidigt hatte. In Jerusalem baute er nach der Zerstörung durch die Kreuzfahrer und dem Massaker durch Truppen aus Choresmien (S. 201) die jüdische Gemeinde neu auf.

Seit mindestens etwa 1400 befindet sich die Synagoge (links) in der Südwestecke des Hurva-Platzes. Auch sie liegt drei Meter unter dem Niveau des Platzes, um der muslimischen Vorschrift nachzukommen, dass Gebetshäuser der Dhimmis keine Moschee überragen dürfen. Recht ungewöhnlich besteht sie aus zwei Schiffen, die durch vier byzantinische und romanische Säulen in Zweitverwendung getrennt werden. Zwischen 1586 und 1967 war die Synagoge geschlossen und wurde entweiht; heute wird sie von der aschkenasischen Gemeinde des jüdischen Viertels genutzt.

Legende

Die Synagoge der Karaiten (oben rechts) ist der Gebetsort eines Zweiges des Judentums, der nur die Thora anerkennt. Zeugnis ihrer reichen Tradition ist ein Kodex von ca. 1000 (unten rechts). Die Mitte des 13. Jahrhunderts gegründete Ramban-Synagoge (oben) ist die zweitälteste Synagoge.

S. 206–207, Die ältesten Mamluken-Hospize

Die Ribat Ala al-Din al-Basir (rechts) und die Ribat al-Mansouri (links) datieren von 1267 bzw. 1282.

Der Mamluken-Amir al-Basir war bekannt für seine Weisheit. Als er erblindete, ließ er sich als Inspektor der beiden Harams (Jerusalem und Hebron) in Jerusalem nieder. Sein Urteil war so geachtet, dass er trotz seines Gebrechens den Beinamen al-Basir (der Weitsichtige) erhielt. Sein Gebäude zeigt noch nicht die charakteristischen mamlukischen Stilelemente.

Ribat al-Mansouri liegt direkt gegenüber am Tariq Bab al-Nazir und wurde durch Sultan Qalawun, der unter vielen anderen Namen den Beinamen al-Mansour (der Siegreiche) führte, erbaut. Hier treten erstmals farbige Steine im Spitzbogen und im Türsturz auf. Der Muschelsims (oben) ist wahrscheinlich eine von den Kreuzfahrern inspirierte Steinmetzarbeit der Mamluken.

In osmanischer Zeit dienten beide Gebäude als Gefängnisse und später als Wohnungen für die sudanesischen Bewacher des Haram. Heute wohnen hier Mitglieder von Jerusalems geachteter afrikanischer Gemeinde, die sich im Krieg von 1948 ausgezeichnet hat.

Legende

Ribat Ala al-Din (rechts) weist nur einen schlichten zurückversetzten Eingang auf, wohingegen Ribat al-Mansouri (oben) als erstes Gebäude der Mamlukenzeit alternierende farbige Steine zeigt. Die Fassade zeigt einen Sims mit Muscheln (oben rechts).

S. 208–209, Sommerkanzel

Die bezaubernde Freiluftkanzel (Minbar al-Burhan al-Din) wird im Volksglauben mit Gebeten um Regen assoziiert. Sie befindet sich oben an der Treppe, die von Süden zur Plattform auf dem Haram al-Sharif führt.

Die zweistöckige Kanzel besteht aus einer Treppe, die zu einem kleinen hexagonalen Dom führt, der seinerseits auf einer quadratischen Basis mit Hufeisenbogen ruht. Wahrscheinlich wurde die Kuppel kurz nach Saladins Eroberung aus Kreuzfahrerspolien von hoher Qualität gebaut, während die Treppe später hinzugefügt wurde. Mehrere Restaurationen zur Zeit der Mamluken und Osmanen, einschließlich der, die Mitte des 14. Jahrhunderts angeblich von dem Kadi Burhan al-Din beauftragt wurde, hinterließen ihre Spuren und fügten der verwirrenden Mischung von Stilen ein weiteres Element hinzu.

Legende

Die Sommerkanzel (unten rechts) wird für Predigten unter freiem Himmel benutzt. Sie wurde wahrscheinlich von Saladin errichtet und musste sich mehreren Restaurationen unterziehen. Der Gebrauch von byzantinischen (links) und Kreuzfahrerspolien (rechts) in Kombination mit Hufeisenbogen (ganz links) und osmanischen Elementen (unten links) resultiert in einem eklektisch anmutenden Stil.

S. 210–211, Treppen und Arkaden

Acht Treppen führen hinauf zur Plattform, auf der der Felsendom steht. Eine jede wird von einer zierlichen Arkade bekrönt.

Die Arkaden bestehen aus drei bis fünf Bogen, die von Säulen, oft in Zweitverwendung, gestützt und von beidseitigen Pfeilern begrenzt werden. Auf Arabisch nennt man sie Mawazin (Waagen): Beim Jüngsten Gericht sollen hier die Waagschalen hängen, in denen die Seelen gewogen werden.

Die Arkaden wurden im 13. oder 14. Jahrhundert gebaut oder renoviert. Einige stammen aus der Umayyaden-Periode oder aus dem 10. und 11. Jahrhundert. Die letzte, südwestliche wurde erst 1472 hinzugefügt.

Einige Archäologen glauben, dass die nordwestliche Treppe (oben) die Ecke der 500-Ellen-Plattform des spätjudäischen und hasmonäischen Tempels anzeigt.

Legende

Die südliche Arkade (rechts) steht gegenüber der Al-Aksa-Moschee. Sie trägt eine moderne Sonnenuhr mit «richtigen» arabischen Ziffern. Die Nordwesttreppe (links) unterscheidet sich durch ihre Orientierung von allen anderen; sie verläuft parallel zur Nordmauer der Plattform und nicht rechtwinklig zur westlichen Mauer.

S. 212–213, Arkaden des Haram

Die Nord- und die Westseite des Haram werden von Arkaden begrenzt, die zwischen dem 13. und dem 15. Jahrhundert in mehreren Bauphasen errichtet worden sind.

Der größte Teil der Arkade auf der Nordseite ist in Gebäude eingebettet (S. 222–223). Im Gegensatz dazu besteht die westliche Arkade aus einer Reihe von Gewölben, die zum Haram hin offen sind. Sie beginnt am Bab al-Maghariba im Süden und erstreckt sich nach Norden bis zum Al-Ghawanima-Minarett. Unterbrochen wird sie nur durch die Madrasa al-Ashrafiyya (S. 230–231), die drei Buchten in ihre Versammlungshalle eingliedert und zwei weitere für ihre Vorhalle opfert.

Ein Fenster der Madrasa al-Arghuniyya (oben rechts), das von der Arkade überwölbt wird, öffnet sich zum Grab von Hussein ibn Ali al-Hashimi, Sherif von Mekka, König des Hejaz und Anführer der Arabischen Revolte (1916–1918) gegen die Türken im Ersten Weltkrieg. Er starb im Jahr 1931.

Legende

Arkaden begrenzen den Haram al-Sharif an seiner Nordseite (S. 222–223) und an seiner Westseite (links, rechts). Ein Fenster in einer der Buchten (oben) bezeichnet das Grab von Hussein al-Hashimi, dem Anführer der Arabischen Revolte im Ersten Weltkrieg.

S. 214–215, Minarette des Haram

Minarette sind das charakteristischste Merkmal einer arabischen Stadt. Von ihrer Höhe singt der Muezzin fünfmal täglich den Ruf zum Gebet.

Ein Minarett ist ein Turm mit einer Galerie, die von Muqarnas getragen und von einer mit einem Halbmond (Alam) verzierten überkuppelten Laterne überdacht wird. Die Mamlukenminarette von Jerusalem zeigen alle den quadratischen syrischen Stil; Gesimse trennen die verschiedenen Stockwerke. Den offenen Raum des Haram umgeben vier Minarette; drei auf der Westseite und eines in der Nordostecke. Alle ersetzen frühere, wahrscheinlich umayyadische Vorgänger.

Das älteste Minarett, al-Ghawanima (1298, links) in der Nordwestecke des Haram, ist ein solider sechsstöckiger Turm, der mehrere Erdbeben überlebt hat. Einige seiner Dekorationen sind Kreuzfahrerspolien.

Das vierstöckige Bab-al-Silsila-Minarett (1329–1330, rechts) wurde wahrscheinlich vom Amir al-Tankiz errichtet, der auch den Suq al-Qattanin (S. 219–221) erbaute. Zur Zeit Mujir al-Dins (S. 225) war es reserviert für den besten Muezzin, der seinen Gebetsruf hier begann, bevor alle anderen ihm folgten.

Das Fakhriyya-Minarett (rechts, Mitte) an der Südwestecke des Haram wurde von den Osmanen vollständig neu gebaut; sein oberer Teil wurde in den 1920er-Jahren erneuert.

Das zylindrische Bab-al-Asbat-Minarett (1367–1368, rechts außen) ist zwischen Bab al-Asbat und Bab Hitta in die Arkade gebaut. Der elegante Steinschaft, wahrscheinlich aus osmanischer Zeit, sitzt auf einer rechtwinkligen mamlukischen Basis. Sein oberer Teil über der Galerie des Muezzins wurde nach dem Erdbeben von 1927 rekonstruiert.

Legende

Drei Minarette auf der Westseite und eines in der Nordostecke umgeben den offenen Raum des Haram. Das Ghawanima- (links) und das Silsila-Minarett (rechts) gehen auf die Mamlukenzeit zurück. In der osmanischen Periode wurden das Asbat (rechts außen) und das Fakhriyya (rechts, Mitte) umfassend restauriert.

S. 216, Minarette

Neben ihrer religiösen Funktion können Minarette auch symbolische Zeichen gegen die nicht muslimische Bevölkerung setzen.

Das Minarett neben der Hurva-Synagoge und zwei Minarette im christlichen Viertel sind mamlukische Beispiele für die offen zur Schau getragene Macht des Islams.

Die beiden Minarette aus dem 15. Jahrhundert, die nördlich und südlich der Grabeskirche stehen (erkennbar an der grünen Beleuchtung, rechts das Salhiyya-Minarett und links das Minarett von Jali Umar), waren offensichtlich als Paar angelegt: In ihren oberen Teilen sind sie identisch und ihre Spitzen befinden sich trotz erheblicher Unterschiede des Baugrunds auf gleicher Höhe. Der Punkt, der die Mitte zwischen beiden markiert, fällt genau auf das Grab Christi in der Rotunde.

Legende

Zwei Minarette flankieren die Grabeskirche. Sie verkünden die Überlegenheit des Islams.
Zu den vielen Schmuckstücken, die Jerusalem dem Amir al-Tankiz (S. 218) verdankt, gehört der Brunnen für rituelle Waschungen (rechts) auf dem Haram al-Sharif. Wegen seiner Gestalt wird er al-Kas (der Becher) genannt.

S. 217, Al-Kas (der Becher)

Der Brunnen befindet sich auf dem Haram al-Sharif in prominenter Lage zwischen Al-Aksa-Moschee und Felsendom.

Die rituelle Waschung von Händen, Armen, Beinen, Füßen und Gesicht ist eine religiöse Pflicht, bevor die Gläubigen eine Moschee betreten. 1328 errichtete der Amir al-Tankiz den Brunnen Sabil al-Kas über einem umayyadischen Vorläufer. Über die Jahrhunderte hat er viele bauliche Veränderungen erlebt, zuletzt die Steinsitze und Wasserhähne.

S. 218, Madrasa al-Tankiziyya

Der Amir Sayf al-Din Tankiz durchlief eine bedeutende Mamlukenkarriere. Er verwendete einen großen Teil seines Vermögens für öffentliche Bauten in Jerusalem.

Am offenen Platz vor Bab al-Silsila baute er 1328 eine Madrasa (Schule) mit einem herrlichen Portal (links). Der Schild über dem Türsturz zwischen den beiden Ablaq-Bändern zeigt an, dass Tankiz das hohe Amt des Mundschenks innehatte. Zwischen seinem Anfang als Sklavenjunge und seinem Ende als Vizekönig von Syrien diente er in verschiedenen militärischen und administrativen Ämtern. 1340 wurde er wegen Verrates angeklagt und in Alexandria hingerichtet.

Legende

Zwei wunderschöne Tore schmücken die Madrasa al-Tankiziyya (links) und den Eingang des Haram al-Sharif zum Baumwollhändlermarkt (rechts). Beide haben einen zurückversetzten Eingang, der mit Ablaq-Mauerwerk und Muqarnas verziert ist.

S. 219, Bab al-Qattanin

Dieses Tor in der westlichen Arkade des Haram al-Sharif ist das größte und schönste aller Haram-Tore.

Es führt vom dunklen Baumwollhändlermarkt (S. 220) auf den hell erleuchteten Haram. 1336 beauftragte Sultan Qawalun Amir al-Tankiz mit dem Bau. Seine komplizierte Ostfassade (rechts) zeigt ein Tor, das von einem Kleeblattbogen umgeben ist. Dieser Bogen bildet das Zentrum einer größeren Aussparung und wird von einem mit sehr schönen Muqarnas geschmückten Gewölbe (oben) überdeckt. Die Halbkuppel wird ihrerseits von einem Spitzbogen mit alternierenden roten und beigen Steinen (Ablaq) eingefasst.

S. 220–221, Suq al-Qattanin, Hammam al-Shifa

Der Markt weist eine Karawanserei, zwei Hammams und zwei Reihen von 30 Nischen auf, die je einen Laden im Erdgeschoss und einen darüber liegenden Lagerraum beherbergen.

Die Decke besteht aus einer Reihe von Kreuzgewölben mit einer Lichtöffnung in jedem zweiten Gewölbe.

Tamkiz versah den Markt mit zwei Bädern, Hammam al-Ayin und Hammam al-Shifa (rechts). Im Gegensatz zu Europa übernahm die islamische Welt die römische Bäderkultur mit einer Abfolge von warmen, heißen und kalten Bädern, die die sozialen Bedürfnisse ebenso befriedigten wie die hygienischen. Beide Bäder sind kürzlich durch die Al-Quds-Universität renoviert worden. Deren Zentrum für Jerusalem-Studien befindet sich im Khan Tankiz, der früheren Karawanserei des Marktes.

Legende

Die Gewölbe des Suq al-Qattanin (links) weisen Öffnungen für Licht und Luft auf. Zum Markt gehörten zwei öffentliche Bäder. Die Kuppel des Hammam al-Sifa enthält farbige Glasfenster (oben).

S. 222–223, Nordseite des Haram al-Sharif

Zwei bemerkenswerte Madrasas, al-Is'ardiyya und al-Malikiyya, wurden in und über die Nischen der nördlichen Arkade der Esplanade gebaut.

Die dreifach überkuppelte Madrasa al-Is'ardiyya (links) wurde vor 1345 von dem aus Siirt nahe dem Van-See in der Türkei stammenden Kaufmann Majd al-Din Isardi erbaut. Der Mihrab (Gebetsnische) ihrer Versammlungshalle ragt über das Zentrum der Fassade hinaus, ein Alleinstellungsmerkmal in Jerusalem. Die Ablaq-Fassaden der beiden seitlichen Räume wurden im Zuge einer kürzlich erfolgten Restauration etwas verändert. Sie zeigen je zwei Fenster unter Doppelbogen unter einem Oculus und werden von einer Überdachung mit Muqarnas nach oben hin abgeschlossen.

Al-Malik machte eine Karriere vom Sklaven zum Amir und diente mehreren Sultanen im hohen Hofamt des Trägers des Polostocks (Wappenschilde, unten). Seine prominente Stellung endete 1340 in einem Kampf um die Nachfolge, einige Jahre nachdem er seine Madrasa erbaut hatte. Er diente für eine kurze Zeit als Gouverneur von Damaskus. Kurz danach wurde er in Alexandria eingekerkert und, so wird berichtet, erdrosselt. Die Fassade der Madrasa in rotem und beigem Ablaq-Mauerwerk (rechts) wird von einem Oculus (unten rechts) über den drei Fenstern dominiert.

Legende

Eine über die Fassade hinausragende Gebetsnische und zwei Flügel mit Ablaq-Mauerw charakterisieren die Madrasa al-Is'ardiyya (oben). Daneben liegt die Madrasa al-Malikiyya (rechts), deren Fassade einen Oculus mit Arabesken (rechts außen) trägt. Das Wappenschild mit zwei Polostöcken (rechts) symbolisiert das hohe Amt des Trägers des königlichen Polostocks, das al-Malik bekleidete.

S. 224, Turbat Turkan Khatun

Die Fassade verdankt ihre abstrakte Eleganz dem überlegten Einsatz von Arabesken, die in den grauen Kalkstein gemeißelt sind.

Die Dame Turkan Khatun, für die dieses Mausoleum 1353 errichtet wurde, stammte wahrscheinlich aus dem Osten der islamischen Welt. Die Namen ihrer in der Inschrift erwähnten Vorfahren lassen auf eine Verwandtschaft mit den Khans der Goldenen Horde schließen. Der einfache Bau in der Nähe von Bab al-Silsila besteht auf der Straßenseite aus einer überkuppelten Kammer und einem Hinterraum mit dem Kenotaph.

Legende

Die Arabesken der Turbat Turkan Khatun (links, oben) sind die edelsten in Jerusalem.

Viel von unserem Wissen über die Zeit der Mamluken verdanken wir dem Historiker Mujir al-Din. Sein Grab (rechts) liegt an der Jericho Road, nahe dem Grab von St. Maria.

S. 225, Mujir al-Din

Unser Wissen über das Jerusalem der Mamlukenzeit verdanken wir zum großen Teil dem Historiker Mujir al-Din.

Mujir al-Din al-Ulami (1456–1522) war ein Kadi (Richter) und Historiker, der die Stadt auf dem Höhepunkt ihrer Entwicklung nach der Vollendung der letzten Mamlukengebäude aus eigener Anschauung kannte. Er wurde in eine aristokratische Familie hineingeboren, die ihren Ursprung bis zu dem Kalifen Umar ibn al-Khattab zurückverfolgen konnte. Nach seiner Ausbildung in arabischer Grammatik, Religionswissenschaften und Jurisprudenz in den berühmtesten Schulen in Jerusalem und Kairo wurde er 1484 Kadi von Jerusalem, eine Position, die er drei Jahrzehnte lang innehatte.

Sein Werk umfasst Koranauslegungen, eine allgemeine Geschichte und ein Wörterbuch zum Hanbali-Gesetz. Seine «Glorreiche Geschichte von Jerusalem und Hebron» (ca. 1495), die auch die Topografie und das soziale Leben Jerusalems umfasste, ist für die Identifizierung und Datierung von Gebäuden von großem Wert. Sein Katalog von Bauten mag als etwas trocken empfunden werden, ist aber äußerst genau.

Mujir al-Din wurde außerhalb der Mauern nahe dem Mariengrab im Kidrontal begraben (rechts).

S. 226–227, Khan al-Sultan

Der Name stammt aus einer heute verlorenen Inschrift, die den ersten tscherkessischen Mamlukensultan Barquq erwähnt. Die Herberge für Kaufleute liegt im Herzen des Marktdistrikts in der Altstadt.

An diesen Ort wurden Güter von weither gebracht, um sie zu lagern, zu verteilen, zu verkaufen und zu besteuern. Eine breite Türöffnung unter einem Spitzbogen führt in eine überwölbte Markthalle mit zwei Stockwerken. Diese Halle verfügte über Lagerräume im Erdgeschoss (rechts), während auf beiden Seiten des Obergeschosses eine Galerie auf einem verzierten Gesims Zugang zu Kammern gewährte, in denen die Kaufleute vorübergehend wohnten. Ihre Tiere wurden in Ställen im Hof (links) untergebracht. Ein solcher Grundplan ist typisch für eine mittelalterliche Karawanserei im Stadtgebiet. Die heutigen Baulichkeiten stammen von 1386/87, wurden zu Wohnungen umgebaut und stellen eine Erweiterung und Restauration einer früheren Herberge, wahrscheinlich aus der Zeit der Kreuzfahrer, dar.

Legende

Khan al-Sultan ist eine typische mamlukische Karawanserei, die reisenden Kaufleuten Lagerräume, Ställe und Unterkunft bot.

S. 228, Palast und Grab der Sitt Tunshuq

Palast und Grab der Dame Tunshuq liegen an der Aqabat al-Takiyya, einer Straße auf dem westlichen Abhang des Zentraltals. Hoch genug gelegen, bietet der Ort einen großartigen Ausblick auf den Felsendom.

Der Palast ist das einzige erhaltene mamlukische Wohngebäude für die städtische Oberschicht. Der Name der sonst unbekannten Dame Tunshuq al-Muzaffariyya deutet auf eine türkische Sklavin oder Ehefrau eines gewissen Muzaffar al-Din hin.

Das Gebäude, das 1388 errichtet wurde und drei prächtige Portale aufweist, dient heute als Schule. Ein Detail des westlichen Tores (unten) vermittelt einen Eindruck von seiner ursprünglichen Pracht.

Direkt gegenüber liegt das Grabmal der Dame Tunshuq (links), das ungefähr zehn Jahre nach dem Palast erbaut wurde. Das Tympanon seines Portals zeigt eine mit Riemenwerk dekorierte Tafel, die mit einer ähnlichen Tafel im östlichen Palastportal direkt gegenüber harmonisiert.

S. 229, Madrasa al-Muzhiriyya

Zayn al-Din ben-Muzhir entstammte einer Familie aus Nablus, deren Mitglieder seit Generationen als Verwaltungsbeamte dienten, und hatte verschiedene hohe Ämter inne, bevor er seine Madrasa gründete.

Ein großes Portal, das die Fassade dominiert, wird von Muqarnas in einem Kleeblattbogen überspannt. Links davon befinden sich zwei Fenster, deren gelbe Steine mit Arabeskenreliefs verziert sind (oben). Das Gebäude wurde 1480/81 errichtet und ist vor Kurzem liebevoll renoviert worden.

Legende

Eine Tafel mit Riemenwerk schmückt das Tympanon des Grabmals der Dame Tunshuq (links). Kalligrafien und mehrfarbige Dekorationen aus Gips im Westportal ihres Palastes (unten links) lassen die frühere Pracht des Gebäudes erahnen.

Prächtig dekorierte Fenster unter einem Sims aus Muqarnas zeichnen die Madrasa al-Muzhiriyya (rechts) aus.

S. 230–231, Madrasa al-Ashrafiyya

Der Chronist Mujir al-Din (S. 225) bezeichnete diese Religionsschule kurz nach ihrer Vollendung 1482 als das «dritte Juwel des Haram».

Als Sultan Qaytbay, der den Beinamen al-Ashraf trug, Jerusalem 1475 besuchte, gefiel ihm die Madrasa, die er früher in Auftrag gegeben hatte, nicht mehr. Er ließ sie niederzureißen und befahl den ägyptischen Handwerkern, die von einem koptischen Architekten angeleitet wurden und in der Nähe mit dem Bau seines Brunnens (S. 232) beschäftigt waren, eine neue zu errichten.

Der großartige Eingangsbereich (links) ist eine der bemerkenswertesten Mamlukenstrukturen in der Stadt und zeigt alle typischen Architekturmerkmale in perfektem Gleichgewicht: das in einem kleeblattförmigen Bogen zurückversetzte Portal, die Tür flankierende Steinbänke, geometrische Dekorationen, Inschriften, Ablaq-Mauerwerk und Muqarnas. Auf halber Höhe umschlingt eine Gründungsinschrift die Einsenkung für das Tor und endet beidseits in roten Ablaq-Kreuzblumen. Über dem Türsturz wölbt sich ein Pseudo-Entlastungsbogen aus sorgfältig gehauenen, miteinander verzahnten schwarzen und beigen Steinen. Die Zwischenräume sind mit Blei ausgegossen, um die präzisen schwarzen Linien einer Zeichnung nachzuahmen. Zwei Muqarna-Ecktrompen flankieren das Fenster über dem Bogen. Vor dem Portal steht eine überwölbte Vorhalle, deren kreuzförmiger Schlussstein ein Reliefstern aus Riemenwerk ziert (rechts). Heute dient das Gebäude als Religionsschule für Mädchen.

Legende

Die Madrasa al-Ashrafiyya zeigt ein prachtvolles Portal (links) mit einem kreuzförmigen Schlussstein (oben) im Gewölbe der Vorhalle. Eine ihrer Ecken wird durch eine fein gemeißelte Säule (rechts außen) hervorgehoben.

S. 232–233, Sabil Qaytbay

Wegen seiner Nähe zum Felsendom wird dieses zwischen Bab al-Silsila und der westlichen Treppe zur Plattform gelegene großartige Beispiel mamlukischer Architektur oft übersehen.

Der schönste aller Mamlukenbrunnen in Jerusalem wurde von dem tscherkessischen Sultan Qaytbay gestiftet, der auch die gegenüberliegende Madrasa al-Ashrafiyya (S. 230–231) erbaute. Der Sabil hat eine quadratische Basis mit großen Fenstern auf drei Seiten und einer Tür in der Südfassade. Über diesem Raum führt eine komplizierte Übergangszone zu einer schmalen Trommel, die eine Spitzkuppel trägt. Diese Kuppel ist mit Arabesken in Reliefform dekoriert, eine Technik, die typisch für zeitgenössische Gebäude in Kairo ist. Die kalligrafische

Inschrift, die alle vier Seiten der Basis umschlingt, zitiert Verse aus dem Koran, erwähnt einen früheren Brunnen an dieser Stelle und nennt Namen und Datum (1482) des jetzigen Brunnens sowie eine Restaurierung von 1883 durch den osmanischen Sultan Abd al-Hamid II.

Eine Zisterne unter dem Brunnen lieferte das Wasser, das in Tröge unter den Fenstern gegossen wurde. Ein herodianischer Sarkophag wurde auf der Südseite als Trog wiederverwendet (links).

Legende

Das drittschönste Gebäude auf dem Haram al-Sharif, der Brunnen von Sultan Qaytbay (rechts), weist sorgfältig ausgearbeitete Details auf: eine mit Reliefs dekorierte Kuppel und ziselierte Säulen, die die vier Ecken hervorheben (links). Ein herodianischer Sarkophag fand als Wassertrog eine Zweitverwendung (ganz unten). Sein Schatten lädt zu einem Nickerchen ein (unten).

S. 234–235, Städtische Muster und Texturen

Während der Mamlukenperiode entwickelte sich Jerusalem zum Musterbeispiel einer arabischen Stadt.

Von den Hauptarterien des Cardo und des Decumanus zweigt ein Labyrinth von Seitenstraßen und Wegen ab. Diese sollen den Zugang zu einer großen Menge von Bauten, die auf dem beschränkten Raum der Stadt zusammengepfercht sind, sicherstellen. Die engen Gassen verzweigen sich in alle Richtungen, enden häufig in einer Sackgasse und jede hat ihre besonderen Eigenschaften. Manche sind von einem geschäftigen Marktbetrieb bestimmt, andere strömen die Ruhe eines Wohnquartiers aus; einige sind von religiösen Gebäuden gesäumt und die meisten sind eine Mischung aus allem. Der begrenzte Raum verlagert viele Tätigkeiten auf die Straßen und Gassen. Im Gegensatz zu religiösen und offiziellen Gebäuden, die eine geschmückte Fassade aufweisen, sind die Privathäuser auf der Straßenseite unansehnlich. In der Regel sind mehrere überkuppelte Gebäudeteile mit dicken Mauern und kleinen Fenstern um einen zentralen Hof herum angeordnet.

Legende

Eine Unmenge von kleinen, meist überkuppelten Bauten sind in den beschränkten Raum der Stadt eingezwängt (rechts). Ein Großteil des Privatlebens findet in den engen Gassen statt (oben).

S. 236–237, Osmanen, 1516 bis Mitte des 19. Jahrhunderts (Titelseite)

Legende

Das Damaskustor (S. 254–255) ist das schönste Tor in der Stadtbefestigung, die von Sultan Suleiman dem Prächtigen in den 1530er-Jahren erbaut wurde.

S. 238–239, Osmanen, 1516 bis Mitte des 19. Jahrhunderts

Unter türkischer Herrschaft stieg Jerusalem nach einem fulminanten Beginn in den ersten 50 Jahren zu einer kleineren Provinzstadt ab. Nichtsdestotrotz blühte das muslimische kulturelle und intellektuelle Leben und die aktiven jüdische und christliche Minderheiten wurden toleriert.

Die osmanischen Türken waren einer der sunnitischen Stämme aus Zentralasien, die das Byzantinische Reich seit dem 11. Jahrhundert bedrängten. Ende des 13. Jahrhunderts errichteten sie unter Osman I. einen Staat in Nordwestanatolien, dehnten ihn nach den 1350er-Jahren in den Balkan aus und setzten dem byzantinischen Imperium mit der Eroberung Konstantinopels unter Mehmet II. 1453 ein Ende. Danach war der Konflikt mit dem Mamlukenstaat unvermeidlich, weil beide Mächte um den lukrativen Gewürzhandel rivalisierten. 1516 schlug der osmanische Sultan Selim I. die Mamluken dank moderner Feuerwaffen (Artillerie und Janitscharen, einer Eliteinfanterie, die mit Hakenbüchsen ausgerüstet war) entscheidend. Danach fielen Syrien, Ägypten und der Hedschas unter osmanische Herrschaft und der Weg zur nordafrikanischen Küste war frei.

Die neu eroberten Provinzen waren eine wichtige Einkommensquelle, spielten aber in einem Imperium, dessen Schwerpunkt in Anatolien und im Balkan lag, eine zweitrangige Rolle. Ihre Gouverneure wurden von Istanbul ernannt, wo die Verwaltung Türkisch sprach und die persische Kultur übernahm. Im 16. und 17. Jahrhundert, auf der Höhe seiner Macht, war das osmanische Imperium eine transkontinentale, vielsprachige und multinationale Großmacht, die Südosteuropa, alle an das Schwarze Meer angrenzenden Länder, Westasien mit Irak, Syrien und dem Hedschas sowie Nordafrika beherrschte. Mit Konstantinopel, jetzt Istanbul, als Hauptstadt kontrollierte es 400 Jahre lang das Mittelmeer und alle Wechselwirkungen zwischen West und Ost.

Das Ende dieser imperialen Ausdehnung zeichnete sich durch die erfolglose erste Belagerung von Wien 1527 bereits ab und wurde durch den misslungenen Sturm auf Malta im Jahr 1565 und die entscheidende Niederlage in der Schlacht von Lepanto 1571 vollends offenbar. Als die Eroberungskriege zu Ende gingen und die Beute immer kleiner wurde, verlor die Zentralregierung langsam, aber sicher die Kontrolle über die Janitscharen, die mehrmals revoltierten. Ökonomisch war die Haltung der Feudalherren, die den Verlust von Kriegsbeute durch die gnadenlose Ausbeutung ihrer Bauern wettzumachen suchten, von weit größerer Bedeutung. Dies führte zu einem deutlichen Nachlassen der landwirtschaftlichen Produktion, resultierte in Aufruhr und Rebellionen und war ein Schlüsselelement unter den Faktoren, die den Niedergang des Imperiums bewirkten. In den ersten 200 Jahren verfügte das Osmanische Reich über eine starke und flexible Wirtschaft, Gesellschaft und Armee. Später gelang es ihm nicht, sich sozial und ökonomisch weiterzuentwickeln, was den europäischen Mächten in verschiedenen Bereichen, einschließlich des Militärischen, größere Vorteile verschaffte.

Legende

Suleiman der Prächtige definierte die Ausdehnung der Altstadt, so wie wir sie heute kennen, durch den Bau der eindrücklichen Stadtbefestigungen.

1 Zitadelle, S. 244–247
2 Sabil Bab al-Atm, S. 250
3 Sabil Bab al-Silsila, S. 251
4 Stadtmauern, S. 252–253
5 Damaskustor, S. 236, 254–255
6 Löwentor, S. 256–257
7 Jaffator, S. 258–259
8 Felsendom, S. 263
9 Via Dolorosa, S. 264
10 Kleinere Dome auf dem Haram, S. 266–267
11 Vier Sephardi-Synagogen, S. 268–271
12 Hurva-Synagoge, S. 272

S. 240–241

Deshalb verlor das Imperium von der Mitte des 17. Jahrhunderts an manche Provinzen im Balkan an die Habsburger und große Teile seiner Schwarzmeerländer an die Russen.

Erst nach der Ägyptenexpedition Napoleons 1798 und der Besetzung Syriens durch den ägyptischen General Ibrahim Pascha 1831 – zwei Ereignisse, die den Beginn des europäischen Einflusses ankündigten – begann das Imperium mit einer Welle von Reformen und Modernisierungen (Tanzimat). Aber zu diesem Zeitpunkt war es bereits zu spät, um den Rückstand gegenüber den industrialisierten Staaten aufzuholen. Die liberalen Jungtürken, deren extrem nationalistische Anschauungen zum armenischen Genozid (S. 276) führten, kamen 1908 an die Macht und verbündeten sich im Ersten Weltkrieg mit den Zentralmächten. Die endgültige Niederlage des Reiches im Jahr 1918 resultierte in seiner Auflösung und in der Gründung eines modernen türkischen Staates in Anatolien.

Unter der langen und wohlwollenden Herrschaft von Selims Nachfolger Suleiman dem Prächtigen oder al-Qanuni (der Gesetzgeber, 1520–1566), der als Eroberer, Gesetzgeber, Gönner, Dichter und Bauherr ein «Mann vieler Turbane» war, erfreute sich Jerusalem als heilige Stadt der vollen Aufmerksamkeit des Sultans. Er befahl die Restauration des Felsendoms (S. 263), den Bau der prächtigen Stadtmauern (S. 252), die Instandsetzung der Zitadelle (S. 244–247) und die Erneuerung der Wasserversorgung, die die Errichtung von sechs schönen Brunnen (S. 250–251) einschloss. Zusätzlich gründete seine Frau Roxelana 1552 die kaiserliche Wohltätigkeitsstiftung al-Imara al-Amira (S. 242). Die erhöhte Sicherheit der Stadt und die Durchsetzung religiöser Toleranz förderten die Einwanderung: Schätzungen gehen von 4500 Einwohnern im Jahr 1525 und 12'500 im Jahr 1562 aus. Wie bereits unter den Mamluken üblich, wurden in jener Zeit sowohl soziale, pädagogische und religiöse Institutionen als auch allgemeine öffentliche Versorgungseinrichtungen über Stiftungen (Awqaf, Sing Waqf) finanziert. Sie schufen zahlreiche Arbeitsplätze, versorgten Hunderte von Begünstigten mit einem sicheren Einkommen und spielten somit eine wichtige Rolle in Jerusalems Wirtschaft. Dies alles wurde durch eine kleine, aber effiziente Verwaltung sichergestellt, die sich um Armee, Polizei, Gerichtsbarkeit, Wirtschaft, Religion und selbstverständlich Steuern kümmerte.

Nach ihrer Vertreibung aus Spanien im Jahr 1492 wurde Juden die Ansiedlung im Osmanischen Reich nicht nur erlaubt, sie wurde durch die Behörden sogar aktiv gefördert. Trotzdem wuchs die jüdische Bevölkerung Jerusalems nur wenig, weil andere Städte wie z. B. Saloniki bessere Bedingungen boten als Palästina. Im Gegensatz dazu nahm die christliche Bevölkerung im ersten Drittel des 16. Jahrhunderts um beinahe das Dreifache zu. Dieses Wachstum begann mit dem Abschluss der Kapitulation von 1535 mit Frankreich, die französischen Kaufleuten Privilegien sicherte und dem lateinischen Klerus das Sorgerecht über die heiligen Stätten in Jerusalem einräumte. Damals gewährte Suleiman François I. Kapitulationen als Zeichen guten Willens gegenüber einem schwächeren Partner. Erst später wurden sie zu einem Instrument der Einflussnahme auf interne Angelegenheiten des Imperiums. Die Behörden betrachteten die Christen nicht als einheitliche Gemeinde, sondern unterteilten sie in verschiedene Glaubensbekenntnisse. Dies mag die konstanten Dispute über die heiligen Stätten, sehr häufig befeuert durch die Einmischung ausländischer Diplomaten, unterstützt haben. Die Streitereien wurden formalisiert, aber keineswegs gelöst, durch den Firman, ein Dekret von 1852/53, das den Status quo festschrieb.

Legende

Suleimans Stadtbefestigungen sind geschmückt mit Inschriften und Rosetten im nüchternen imperialen Stil, den die Osmanen eingeführt haben.

S. 242–243

Im 17. Jahrhundert verschlechterte sich die öffentliche Sicherheit, besonders auf den Straßen nach Jerusalem. Dieser Zustand sollte bis Mitte des 19. Jahrhunderts andauern. Beduinen, manchmal im Verbund mit lokalen Lehensträgern, überfielen Pilger und Karawanen, was sich immer wieder zu jahrelangen Aufständen auswuchs. Dies war eine große Herausforderung für die Provinzgouverneure, die von der Zentralregierung keine ausreichenden Kräfte zugeteilt bekamen, weil diese ihrerseits in endlose Kriege an der West- und Ostfront verwickelt war. Nach dem großen Geografen Evliya Çelebi, der die Stadt 1672 besuchte, gedieh Jerusalem trotz dieser Unruhen. Die Behörden schenkten den Heiligtümern große Aufmerksamkeit und die Bautätigkeit auf dem Haram wurde fortgesetzt, wenn auch in kleinerem Ausmaß als in früheren Jahrhunderten. Die Verwaltung funktionierte nach wie vor, veränderte sich aber langsam mit der Ernennung von einflussreichen palästinensischen Notabeln zu Gouverneuren. Diese Praxis wurde im 18. Jahrhundert vermehrt gepflegt und war wesentlich daran beteiligt, dass der Einfluss der führenden Jerusalemer Familien wie z. B. der Husseinis oder Khalidis deutlich stärker wurde. Diese Elite brachte auch eine Reihe von bedeutenden Gelehrten hervor. Einer der bedeutendsten war Musa al-Khalidi, der mehrere Abhandlungen über Fiqh (islamisches Recht) schrieb, die wichtige Position des Qadi Askar (Oberster Richter) von Anatolien (eine der drei höchsten Gerichtsautoritäten des Reiches) einnahm und vom Sultan und von den gebildeten Kreisen in Istanbul hoch geachtet wurde. Die religiöse und richterliche Elite des 18. und 19. Jahrhunderts hinterließ einige private Bibliotheken, darunter die Khalidi- (S. 201) und die Budeiri-Bibliothek, die Bücher und einzigartige Manuskripte bis zurück ins 12. Jahrhundert verwahren. Jerusalem zog nach wie vor eine Reihe von Gelehrten an, wie z. B. den marokkanischen Historiker Ahmad al-Maggari (ca. 1578–1632), der über das islamische Iberien schrieb, oder den Sufi Abd al-Ghani al-Nabulsi (1641–1731), der religiöse Toleranz gegenüber anderen Religionen predigte. Dies hatte aber wenig zu tun mit den Koranschulen (Madrasas), die in Anzahl und Qualität abnahmen. Besonders die Regel, dass religiöse Positionen, vor allem die für die Lehre bestimmten, innerhalb der alten ortsansässigen Familien vererbt wurden, führte zu einer drastischen Senkung der Bildungsstandards. Dazu kam, dass die ökonomische Grundlage der religiösen Institutionen, die Awqaf oder Stiftungen, durch Betrug oder Nachlässigkeit ausgehöhlt wurde. Von den 56 Madrasas der Mamlukenzeit existierten in der Mitte des 18. Jahrhunderts noch 35 und keine mehr zu Beginn des 19. Jahrhunderts.

Im Vergleich zum vorhergehenden Stil der Mamluken zeichnet sich die osmanische Architektur durch eine nüchterne, dem Bauhausstil ähnliche Ästhetik von Reduktion und Verzicht auf ornamentale Ausschmückungen aus. Sie nimmt Mies van der Rohes Aphorismus «weniger ist mehr» vorweg.

Legende

Al-Imara al-Amira (die Imperiale Wohlfahrtseinrichtung) ist die größte der osmanischen Stiftungen und wurde 1552 durch Suleimans Lieblingsfrau, die in Russland geborene Hürrem (die Fröhliche, lat. Roxelana), gegründet. Die Stiftung beherbergte eine Karawanserei, eine Suppenküche, die den Armen Mahlzeiten ausgab, und eine Unterkunft für eine Sufi-Gemeinschaft. Damit deckte sie religiöse und soziale Bedürfnisse ab. Die einfache Straßenfassade mit einem Kleeblattbogen über dem Eingang steht in scharfem Gegensatz zu den kunstvollen mamlukischen Dekorationen des benachbarten Dar al-Sitt Tunshuq (S. 228).

S. 244–245, Zitadelle

Das Minarett und die Türme der Zitadelle tragen wesentlich zur Silhouette Jerusalems bei. Dies geht so weit, dass der sogenannte Davidsturm (rechts) zur zionistischen Ikone wurde. Seltsamerweise handelt es sich um das Minarett der osmanischen Garnisonsmoschee, die 1665 grundlegend erneuert wurde.

Bis in die spätherodianische Zeit markierte die Stelle der Zitadelle, direkt südlich des Jaffatores gelegen, die Nordwestecke der Stadt, die vom Hinnom- und Transversaltal begrenzt wurde. Da die westliche Anhöhe, nachgezeichnet durch die osmanische Stadtmauer, von Süden nach Norden ansteigt, stellte sie einen strategisch schwachen Punkt dar, der einer zusätzlichen Befestigung bedurfte. Der Graben, der die Stadt von der Zitadelle trennt, deutet eine weitere Funktion an: den Schutz der Herrscher vor ihrer eigenen Bevölkerung. Deshalb baute fast jeder Herrscher von Herodes bis Suleiman in und auf der Zitadelle. Die meisten ihrer Türme und Mauern wurden von den Kreuzfahrern im 12. Jahrhundert und von den Mamluken im 14. Jahrhundert auf früheren Bauten errichtet. Im 16. Jahrhundert wurde die Zitadelle von den Osmanen restauriert und erweitert.

Vier Türme, die durch Mauern miteinander verbunden sind, bezeichnen die Ecken eines unregelmäßigen rechteckigen Grundrisses. Der Nordostturm war ursprünglich der von Josephus Flavius erwähnte herodianische Hippicus-Turm. Seine unteren Teile weisen immer noch das herodianische Mauerwerk (unten, S. 41) auf, während die oberen Abschnitte aus der Mamlukenzeit stammen. Er verstärkte die strategisch schwache Nordwestecke der Stadt und den königlichen Palast, der direkt südlich der Zitadelle lag.

Legende

Der heutige Davidsturm (rechts) ist in Wirklichkeit das Minarett der osmanischen Garnisonsmoschee. Die unteren Teile des Nordostturmes zeigen immer noch das herodianische Mauerwerk (unten rechts). Besucher genießen den Blick von einem Mamlukenturm (unten).

S. 246–247

Dieser Turm wurde in byzantinischer Zeit Davidsturm genannt. Der Name ist später auf das Minarett der Moschee in der Südwestecke der Zitadelle übertragen worden.

Die Zitadelle diente zunächst als Kaserne für die römische Zehnte Legion. Die Kreuzritter erweiterten sie nach Westen und fügten den Wallgraben hinzu. Ihre endgültige Form erhielt sie unter den Mamluken. Um die Anwesenheit eines neuen Herrschers anzuzeigen, erneuerte Suleiman der Prächtige als erstes seiner vielen Bauprojekte in der Stadt die Zitadelle (1531–1532). Er verlieh dem Haupteingang sein heutiges Aussehen und fügte die Kanonenstellungen entlang der Westmauer hinzu (unten rechts).

Heute beherbergt die Zitadelle das Davidsturm-Museum, das sich der Geschichte Jerusalems widmet. Kritiker meinen, dass sein Zugang zur Geschichte zu einseitig israelisch/jüdisch sei. Trotzdem ist das Museum sehr beliebt bei Einwohnern, Touristen und besonders bei Schulklassen einschließlich arabischer Schüler (oben rechts).

Legende

Von Norden aus gesehen (links) ist der vorderste Flügel die von Sultan Suleiman erbaute Bastion. Ihre Kanonenstellungen sind auf der Innenseite sichtbar (rechts). Heute hat das Davidsturm-Museum, das sich der Geschichte Jerusalems widmet, hier seinen Sitz und wird von vielen Schulklassen besucht (oben).

S. 248–249, Frühe und späte osmanische Brunnen

Der chronische Wassermangel der Stadt war der Grund für die ersten und letzten öffentlichen osmanischen Bauten in Jerusalem.

Die Wasserversorgung der Stadt sicherzustellen war nicht nur für alltägliche Bedürfnisse wichtig, sondern auch aus religiösen Gründen, da vor jedem der fünf täglichen Gebete die rituelle Waschung vorgeschrieben war. An einer prominenten Stelle auf dem Haram nahe Bab al-Silsila stiftete der damalige osmanische Gouverneur Qasim Pasha al-Sharif 1527 seinen achteckigen und nur spärlich dekorierten Brunnen. Sabil Qasim Pasha besteht aus einer geschlossenen Zisterne, wird von einer Kuppel überdacht und ist das erste osmanische Bauwerk in der Stadt. Es nennt Suleiman einen zweiten Salomon und zeigt, welches Bild der Sultan von sich selbst zeichnen wollte.

Der fragil wirkende Sabil Mustafa Agha (rechts) liegt etwa 20 Meter südöstlich von Bab al-Nazir und ist der kleinste Brunnen auf der Esplanade. Er wurde 1742 gestiftet und ist nach dem damaligen Gouverneur benannt. Ein anderes Beispiel ist der Brunnen Sabil Daraj al-Ain oder al-Khalili (rechts außen) an der Straße Tariq al-Silsila, der 1707 gestiftet wurde.

Legende

Brunnen standen am Beginn und am Ende der öffentlichen osmanischen Bauten. 1527 errichtete der Gouverneur Qasim Pasha auf dem Haram einen Brunnen für rituelle Waschungen (links). Sabil Mustafa Agha (oben links) und Sabil al-Khalili (oben rechts) stammen aus dem 18. Jahrhundert.

S. 250–251, Sultan Suleimans Brunnen

Jerusalem verdankt seine schönsten Brunnen Suleiman dem Prächtigen. In sehr kurzer Zeit, von Juni 1536 bis Februar 1537, ließ er neun Brunnen (Sabil) errichten. Davon sind heute noch sechs erhalten.

Die meisten Brunnen finden sich in der Nähe des Haram al-Sharif. Sie liegen in einer von einem Spitzbogen überwölbten Nische und werden von einer rechtwinkligen Steinplatte umrahmt. Als Beispiel für eine erste, einfachere Gruppe dient hier Sabil Bab al-Atm (links), der im nördlichen Teil des Haram steht. Sabil Bab al-Silsila (rechts) liegt knapp außerhalb des Kettentores und gehört zur zweiten, eleganteren Kategorie, die islamische und Kreuzfahrerelemente zur Geltung bringt. Das Sabil-Projekt umfasste auch die Wiederherstellung des Aquädukts der Salomon-Teiche (bei Bethlehem, ca. 20 km südlich der Stadt) und des Reservoirs Birkat al-Sultan im Hinnomtal.

Legende

Die ursprünglich neun, heute sechs prächtigen Brunnen Sultan Suleimans sind hier am Beispiel von Sabil Bab al-Atm (links) und Sabil Bab al-Silsila (rechts) veranschaulicht.

S. 252–253, Stadtbefestigung

Suleimans Stadtmauer ist das schönste Geschenk, das die Stadt von diesem Herrscher erhalten hat. Vom Grund der Täler aus gesehen gleicht sie einer Krone; einem Halsband ähnelt sie, wenn man sie von der Spitze eines Hügels betrachtet.

Suleimans zweites größeres Projekt war der Bau der Stadtmauern zwischen 1537 und 1541. Sie sollten die heiligen Schreine des Islams gegen den christlichen Feind verteidigen in einer Zeit, als der römische Kaiser Karl V. über die Notwendigkeit eines Kreuzzugs nachdachte. Muhammad Celebi al-Naqash, und nicht wie die Legende berichtet der kaiserliche Architekt Sinan, der nie in Jerusalem war, leitete das Unternehmen. Zum ersten Mal seit 300 Jahren, seit der Schleifung der Mauern durch al-Muazzan 1216, wurde Jerusalem wieder eine befestigte Stadt.

Die Südmauer schloss den Berg Zion nicht ein, da die Franziskaner des Abendmahlsaal nicht für die Kosten aufkommen konnten. Diese Unterlassung erregte den Zorn des Sultans, beabsichtigte er doch, mit den Mauern alle seine Untertanen und ihre heiligen Stätten zu beschützen. Der Legende nach sind die zwei Gräber unter einem Feigenbaum direkt neben dem Jaffator die letzte Ruhestätte der beiden Baumeister, die auf Befehl des verärgerten Sultans geköpft wurden. Tatsächlich sind hier jedoch ein friedlicher Bürger und seine Frau begraben.

Suleimans Wälle sind das schönste Beispiel einer Stadtbefestigung aus dem 16. Jahrhundert. Zu ihren erlesenen, aber nüchternen Dekorationen gehören hauptsächlich Medaillons mit gemeißelten Blumen und geometrischen Motiven (S. 241). Mit einer Länge von 4,3 Kilometern und mit 35 Türmen umschließt die Mauer eine rechtwinklige Fläche von ca. einem Quadratkilometer und entspricht damit in etwa der Ausdehnung der Stadt in der Kreuzfahrer- und Ayyubidenzeit.

Legende

Suleimans Stadtmauern, hier von Westen gesehen, haben eine Länge von 4,3 Kilometern. Sie sind mit 35 Türmen verstärkt und umschließen eine rechtwinklige Fläche von ca. einem Quadratkilometer.

S. 254–255, Damaskustor

Das größte und schönste aller Tore nimmt eine zentrale Stellung in der Nordmauer ein und schützt den natürlichen Zugang zur Stadt am Eingang des Zentraltals.

In Anlehnung an die Straße, die nach Norden führt, wird das Tor auf Hebräisch Sha'ar Sh'chem (Sichem-Tor) und von den Europäern Damaskustor genannt.

Die römisch-byzantinische Säule auf dem Platz auf der Innenseite des Tors gab ihm seit der frühislamischen Zeit seinen arabischen Namen: Bab al-Amud (Tor der Säule). Dieser halbkreisförmige Platz ist heute verschwunden, wurde aber neu geschaffen als Zugang zum Tor von der Außenseite (rechts unten).

Suleimans Tor wurde auf den Fundamenten eines römischen Dreifachtores gebaut und hat zwei flankierende Türme, die den breiten zentralen Zugang schützen (S. 236–237). Der osmanische obere Teil der Mauer hebt sich von den römischen Teilen durch seine kleineren Steine deutlich ab (S. 82). Ein mächtiger Spitzbogen überwölbt eine Inschrift, den Türsturz und das eigentliche Tor. Der L-förmige Verlauf des Eingangs ist typisch für mittelalterliche Tore.

Legende

Der Spitzbogen des Damaskustors ist reich dekoriert (links, rechts oben). Der Vorplatz, der in römischer Zeit auf der Innenseite lag, wurde auf die Außenseite verlegt (rechts unten).

S. 256–257, Löwentor

Das östliche Stadttor liegt an der Stelle, an der das Beth-Zetha-Tal, das heute fast vollständig aufgefüllt ist, das Stadtgebiet verlässt. Es schützt die Straße nach Jericho und hat viele Namen.

Auf Arabisch heißt es Bab al-Sitt Maryam (Tor der Dame Maria) nach der Mutter von Jesus, die von den Muslimen ebenfalls verehrt wird und deren Geburtsort (St. Anna, S. 168–169) und Grab (im Kidrontal, S. 183) in der Nähe liegen. Sein heutiger hebräischer Name, Sha'ar HaArayot (Löwentor), bezieht sich auf die vier Löwen (links), die links und rechts jeweils zu zweit den Eingang bewachen. Einige Kunsthistoriker betrachten sie als Panther, das heraldische Emblem des Mamlukensultans Baybars. Suleimans Baumeister sollen sie von einem Gebäude in der Nähe entfernt haben, um den Sieg der Osmanen über die Mamluken zu feiern. In der christlichen Tradition schließlich ist das Tor nach dem ersten Märtyrer Stephanos benannt. Obgleich der Heilige zu byzantinischen Zeiten in der Nähe des Damaskustors verehrt wurde, verlegten lokale Fremdenführer seinen Kult ins Kidrontal, als die Mamluken den Zugang zum verwundbaren Nordteil der Stadt für Christen beschränkten. Eine solche Verlagerung ist in Jerusalem nicht ungewöhnlich, wo heilige Stätten je nach den herrschenden politischen Bedingungen und Pilgervorlieben leicht von einem Ort zum anderen verschoben werden können.

Architektonisch gleicht die Fassade den anderen Toren: Über dem Eingang befindet sich eine Tafel mit einer verloren gegangenen Inschrift, die von einem Spitzbogen und einer Reihe von Pechnasen überwölbt wird. Schlupflöcher, Dekorationen und die vier Panther/Löwen sind symmetrisch angeordnet. Während des britischen Mandats wurde die Hinterwand des ursprünglich L-förmigen Eingangs niedergerissen, um den Verkehr zu erleichtern. Im Krieg von 1967 drang die israelische Armee durch dieses Tor in die Altstadt ein.

Legende

Das Löwentor (rechts) hat seinen Namen von den vier Löwen (unten), die seine Fassade schmücken. Die Tiere, die in Wirklichkeit Panther, das Wappentier des Sultans Baybars, darstellen, wurden hier eingesetzt, um den Sieg der Osmanen über die Mamluken zu feiern.

S. 258–259, Jaffator

Der überfüllte L-förmige Eingang ist ein Lieblingsplatz für Straßenmusikanten.

Das Tor steht in der Mitte der westlichen Befestigungen in einer leichten Vertiefung der westlichen Rippe, die durch den Beginn des Transversaltals gebildet wird. In frühislamischer Zeit wurde es Bab Mihrab Da'du Daoud (Tor von Davids Gebetsnische) genannt, ein Name, der von den Kreuzfahrern als Porta David übernommen wurde. Suleiman nannte es später Bab al-Khalil (Tor des Freundes) und verwies damit auf Abraham und Hebron. Der Name Jaffator wurde erst im 19. Jahrhundert gebräuchlich, als der Verkehr zu diesem Hafen an Bedeutung gewann. Die Fassade zeigt Muster, die dem Dekor des Damaskus- und des Löwentors ähneln, aber dezenter gehalten sind. Fast 20 Jahre lang (1948–1967) war es wegen der Waffenstillstandslinie unpassierbar.

Die Mauer zwischen dem Tor und der Zitadelle wurde 1898 niedergerissen, um Kaiser Wilhelm II. den Ritt in die Stadt zu ermöglichen.

Legende

Straßenmusikanten (links außen) spielen gerne im überfüllten Eingang des Jaffators.

S. 260–261, Herodes- und Ziontor

Diese Tore sind bescheidener als die Haupttore. Das Herodestor im östlichen Abschnitt der Nordmauer (links) stellt eine Verbindung mit der Salah-e-Din-Straße her; das Ziontor findet sich im westlichen Teil der Südmauer und führt zum Berg Zion.

Der offizielle Name des Herodestors (links) lautet Bab al-Zahera, Sha'ar HaPrachim (Blumentor). Es steht an der Stelle eines Kreuzfahrervorläufers. Sein ursprünglich L-förmiger Eingang wurde 1875 erweitert und begradigt. Das neue Tor liegt nahe der Nordwestecke der Stadtmauern und war in Suleimans Plan nicht vorgesehen. Es wurde 1889 auf Wunsch der christlichen Einrichtungen geöffnet, um den Zugang zur Neustadt zu erleichtern.

Der Zugang zum Berg Zion heißt Ziontor (rechts). Auf Arabisch wird es Bab al-Nabi Da'ud (Tor des Propheten David) genannt, weil nach der Legende sein Grab unter dem nahen Abendmahlsaal (S. 186) liegt. Es wurde auf den Fundamenten eines wesentlich größeren ayyubidischen Tores gebaut. Seine pockennarbige äußere Fassade ist ein Resultat der schweren Kämpfe um das jüdische Quartier im Krieg von 1948.

Legende

Das Herodestor (links) verbindet die Altstadt mit dem neuen Geschäftszentrum um die Salah-a-Din-Straße. Die Narben am Ziontor (rechts) stammen aus dem 1948er-Krieg.

S. 262–263, Äußere Erscheinung des Felsendoms

Suleimans drittes Bauprojekt war die Erneuerung der drei heiligen Stätten in Mekka, Medina und Jerusalem. Er veränderte das äußere Erscheinungsbild des Felsendoms radikal.

Suleiman restaurierte nicht nur das auffälligste Gebäude in Jerusalem, sondern unternahm zwischen 1545 und 1552 die monumentale Aufgabe, die abgenutzten umayyadischen Mosaiken durch 45'000 vielfarbige glasierte Kacheln zu ersetzen. Die meisten osmanischen Gebäude sind äußerlich schmucklos; die Idee, ein Gebäude mit einer Oberfläche aus farbig glasierten Kacheln zu überziehen, stammt aus Zentralasien und dem Iran. Allerdings gibt es eine Reihe von kaiserlichen Bauten aus der ersten Hälfte des 16. Jahrhunderts mit polychromen Kacheln. Es gibt Hinweise, dass persische Handwerker aus Tabriz im Nordwesten Irans die Kacheln direkt auf dem Haram al-Sharif herstellten.

Felder, die aus dekorativen Kacheln von etwa 19 Zentimetern Kantenlänge bestanden, wurden mit schmalen Kacheln eingefasst. Die Farbpalette kennt blau, gelb, grün und schwarz und das Schmuckrepertoire enthält eine Vielzahl von Blumenmotiven und Kreuzmustern (links außen). Zu den vielen Techniken der Kachelherstellung gehört die Cuerda-Seca-Technik, die das Zusammenlaufen verschiedener Glasurfarben beim Brennen durch dünne fettgetränkte Fäden zwischen den verschiedenen Farbfeldern verhindert. Diese Technik wurde im späten 14. Jahrhundert in Samarkand entwickelt und durch persische Töpfer in der Türkei (Bursa) eingeführt. Die gebrannten Kacheln wurden an Bronzehaken am Mauerwerk aufgehängt.

Das Band mit der Inschrift, das rund um das Achteck verläuft (oben links), enthält drei Reihen von Kacheln, die oben und unten von Schmuckkacheln eingefasst werden. Im Gegensatz dazu ist die Technik, die für die Inschrift rings um die Trommel verwendet wurde, ein Kachelmosaik, das Kachelfragmente von passender Form und Farbe benutzt.

Seit Suleimans Tagen sind die Kacheln des Felsendoms mehrfach erneuert worden. 1920 lud Sir Ronald Storrs, der damalige Gouverneur, David Ohannessian, einen armenischen Meistertöpfer aus Kütahya, ein, die abgenutzte Keramik zu erneuern (S. 385). Seine Werkstatt ist immer noch in Betrieb und wetteifert mit türkischen und italienischen Experten um die fortlaufende Aufgabe, die glänzende Haut des Felsendoms zu erhalten.

Legende

Sultan Suleiman änderte das Erscheinungsbild des Felsendoms drastisch, indem er die abgenutzten umayyadischen Mosaike auf der Außenseite durch glasierte Kacheln ersetzte (links).

S. 264–265, Via Dolorosa

Die Prozessionsstraße in der Altstadt folgt dem Weg Jesu, den er mit seinem Kreuz von der Gerichtshalle des Pilatus nach Golgatha ging. Die Route wurde erst in osmanischer Zeit endgültig festgelegt.

Pilger gedenken das ganze Jahr hindurch der Leiden Jesu (links), an Karfreitag aber in ganz besonders großer Anzahl. Die heutige Route von der Festung Antonia direkt nördlich des Haram al-Sharif bis zur Grabeskirche, eine Strecke von etwa 600 Metern, folgt Hadrians Decumanus, der von Ost nach West verlaufenden Hauptachse römischer Städte. In byzantinischer Zeit veranstalteten die Pilger eine Prozession ohne Stationen vom Ölberg zur Grabeskirche. Im Mittelalter wurden verschiedene Routen benutzt. Erst im 18. Jahrhundert wurde der Verlauf der Via Dolorosa durch die Franziskaner endgültig festgelegt und mehrere Stationen erhielten ihren festen Platz sogar erst im 19. Jahrhundert. Dass die heutige Route der historischen Realität entspricht, ist höchst unwahrscheinlich. Ein Verlauf von der Zitadelle über die Davidstraße und den Triple Suq nach Golgatha ist glaubhafter. Der heutige Verlauf der Via Dolorosa orientiert sich somit mehr am Glauben als an der Geschichte. Überraschenderweise ist der «Weg des Leidens» mit seinen 14 Stationen eine europäische Tradition, die erst durch Pilger nach Jerusalem gebracht wurde.

Es ist möglich, hier einen frommen Muslim zu beobachten, der einem christlichen Geistlichen ein Exemplar des Koran überreicht (rechts).

Legende

Jeden Tag, nicht nur an Karfreitag, gedenken Pilger auf der Via Dolorosa des Leidenswegs Christi, der hier sein Kreuz trug (links). An Freitagen führen Franziskaner den Zug an (unten). Ein frommer Muslim überreicht einem christlichen Mönch einen Koran (unten links).

S. 266–267, Kleinere Dome auf dem Haram al-Sharif

Drei frei stehende zerbrechliche Strukturen mit einer von Säulen und Bogen getragenen Kuppel stehen auf der Plattform in der Nähe des Felsendoms.

Seit dem Frühchristentum wurden heilige Orte durch Kuppeln, die Heiligkeit und Gedächtnis signalisieren, ausgezeichnet. Die Symbolkraft dieser architektonischen Form war in osmanischer Zeit noch durchaus lebendig.

Der Dom des Propheten (Qubbat al-Nabi, rechts außen) steht an der Stelle eines mutmaßlichen umayyadischen Vorläufers zwischen dem Felsendom und dem Dom der Himmelfahrt (S. 166). Er markiert die Stelle, an der Mohammed die Propheten im Gebet angeleitet hat, bevor er seine mystische Himmelfahrt antrat. Der heutige Bau dürfte vor 1621 entstanden sein.

Der Dom der Geister (Qubbat al-Arwah; rechts, Mitte) wurde vor 1627 errichtet. Er steht 100 Meter nordwestlich des Felsendoms. Hier sollen sich die Seelen der Gläubigen sammeln, wenn sie zum Jüngsten Gericht aufgerufen werden.

Die Qubbat al-Khidr (rechts) steht an der Nordwestecke der Plattform und erinnert an den islamischen Heiligen al-Khidr, der in Kleinasien mit dem heiligen Georg und in Armenien mit Johannes dem Täufer assoziiert wird. Seine Ursprünge reichen wahrscheinlich über die osmanische Zeit hinaus; die stilistische Analyse deutet auf das 16. Jahrhundert hin.

Unter den zahlreichen kleinen Gebäuden, die von lokalen Würdenträgern für den Unterricht und das tägliche Leben des Lehrers gegründet worden sind, besticht die Khalwat Ahmad Pascha von 1598 (links) an der Nordseite der Plattform durch ihre Eleganz. Ihr Mauerwerk aus vielfarbigen Steinen zeigt noch den Stil der Mamluken. Ihre Südfassade, die dem Felsendom gegenübersteht, weist eine dreifach überkuppelte Vorhalle auf, die von drei Spitzbogen gestützt wird.

Legende

Die Dome des Propheten (rechts außen), der Geister (rechts, Mitte) und al-Khidr (rechts) stammen aus der osmanischen Periode, hatten aber frühere Vorläufer.

Khalwat Ahmad Pascha (links) mit ihrer eleganten Vorhalle wurde 1558 als Schule für Recht und Religion gebaut.

S. 268–269, Die vier sephardischen Synagogen

Im Zentrum des jüdischen Viertels bilden vier miteinander verbundene Synagogen einen Komplex mit zwei überkuppelten und zwei Hallensynagogen, die das spirituelle Zentrum der sephardischen Juden in der Stadt bildeten.

Nachkommen der Flüchtlinge, die 1492 aus Spanien vertrieben worden waren, begannen 1610 mit dem Bau des Komplexes, nachdem 1586 die nahe gelegene Ramban-Synagoge (S. 204) gewaltsam geschlossen worden war. Die Sephardim stellten vor der Einwanderung von aschkenasischen Juden aus Europa im 19. Jahrhundert die Mehrheit in der jüdischen Gemeinde.

Der Komplex liegt unter dem Straßenniveau (rechts). Es ist unklar, ob dies auf der jahrhundertelangen Anhäufung von Zivilisationsschutt beruht oder auf dem osmanischen Gesetz, das nicht muslimischen Sakralbauten verbietet, die Höhe von Moscheen zu überragen. Die erste Synagoge besteht aus einer trapezförmigen Halle mit drei Kreuzgewölben (links oben). Sie ist nach Johanan ben Zakai benannt, dem großen Rechtsgelehrten und Gründer der Sanhedrin in Yavneh nach der Zerstörung des Zweiten Tempels. Sie weist ein zentral gelegenes Lesepult und einen von Boris Schatz, dem Gründer der Bezalel-Kunstakademie, geschaffenen Thoraschrein auf.

Legende

Der Komplex der vier sephardischen Synagogen liegt unter dem Straßenniveau (rechts) und wird durch die Yohanan-ben-Zakai-Synagoge (links) betreten.

S. 270–271, Die sephardischen Synagogen, Inneres

Die Elias-Synagoge (links außen) verdankt ihren Namen einer Legende, die besagt, dass der Prophet Elias am Abend von Jom Kippur als zehnter Mann zum Gebet erschienen sei, um den Minjan zu bilden, d. h. die minimale Anzahl von Männern, die für das gemeinschaftliche Gebet vorgeschrieben ist. Die Mittlere Synagoge (links), ursprünglich ein Hof, ist die kleinste der vier sephardischen Synagogen. Die überkuppelte Istanbuli-Synagoge (rechts) wurde in typisch osmanischem Stil von Juden aus der Türkei erbaut. Als größte der vier Synagogen wird in ihr der sephardische Oberrabbiner Israels inauguriert.

Nach dem Krieg von 1948 entheiligten die Jordanier die Synagogen. Als erstes Restaurationsprojekt in der Altstadt nach dem 1967er-Krieg beauftragte die Jerusalem Foundation den Architekten Dan Tanai mit ihrer Wiederherstellung. Die Synagogen wurden mit Möbeln und rituellen Gegenständen aus italienischen Synagogen, die im Zweiten Weltkrieg zerstört worden waren, versehen und 1972 den sephardischen und aschkenasischen Gemeinden zum Gebrauch übergeben.

Legende

Zusätzlich zur Yohanan-ben-Zakai-Synagoge (vorige Seite) enthält der Komplex die Elias-Synagoge (links), die Mittlere Synagoge (oben) und die Istanbuli-Synagoge (rechts).

S. 272–273, Hurva-Synagoge

Anhänger des deutschen Rabbiners Juda HeChasid (Speyer und Regensburg, um 1200) gründeten im frühen 18. Jahrhundert eine Synagoge im Zentrum des jüdischen Viertels.

1721 wurde die Synagoge von Muslimen zerstört und lag für über 140 Jahre in Trümmern, daher ihr Name: Hurva (Ruine). 1864 wurde sie von Peruschim (Schülern des Gaon von Wilna Elias ben Solomon Zalman) wieder aufgebaut und entwickelte sich zur wichtigsten aschkenasischen Synagoge der Stadt. Nach der Eroberung des jüdischen Viertels 1948 zerstörte die Arabische Legion sie erneut. Sie wurde später im byzantinischen Erneuerungsstil des 19. Jahrhunderts neu aufgebaut und 2010 als Synagoge und Haus des Lernens geweiht.

Legende

Die älteste aschkenasische Synagoge im jüdischen Viertel, Hurva (links), kam zu ihrem Namen (Ruine), weil sie kurz nach ihrer Gründung im frühen 18. Jahrhundert zerstört wurde. 1864 wieder aufgebaut, 1948 erneut zerstört und nach dem Sechs-Tage-Krieg abermals neu errichtet, ist sie heute ein Platz des Gebets und des Studiums (diese Seite).

S. 274–275, Islamische Textilien

Unter den vielen Künsten, die unter dem Islam florierten, spielte die Verarbeitung von Tuchen und Stoffen stets eine herausragende Rolle.

Textilien waren in islamischen Ländern allgegenwärtig und dienten als Kleidung, Wohnungsausstattung und tragbare Architektur (Zelte). Ihre Herstellung und der Handel damit beschäftigten anspruchsvolle und profitable Handwerkszweige oder sogar Industrien, die auf byzantinischen und persischen Traditionen beruhten. Textilien waren Luxusgüter. Mit ihren oftmals komplizierten Mustern und kostbaren Materialien signalisierten sie Reichtum und sozialen Status. Sie wurden auch in großen Mengen in den Westen exportiert und machten, zusammen mit Gewürzen, die Grundlage des Mittelmeerhandels aus.

Die Tradition wird heute von Bilal Abu Khalaf (unten links), einem Stoffhändler in dritter Generation, weitergeführt. Die kunstvollsten Textilien (links) stammen aus Damaskus, vor dem syrischen Bürgerkrieg kamen sie aus Palmyra. Sie bestehen aus Seide und werden von Hand gewebt; das Weben einer Zehn-Meter-Bahn dauert 40 Tage. Oft werden 14-karätige Goldfäden eingewoben und häufig zeigen die Stoffe Muster aus Saladins Zeit. Der Preis ist dementsprechend hoch. Solche Stoffe werden für Festgewänder verwendet, auch für Rabbiner, Imame und Priester (unten Mitte, rechts). Unter den Kunden finden sich Kardinäle, Luxushotels, Hollywood-Filmausstatter und Würdenträger aller Seiten, die in der Aftimosstraße im Muristan (S. 350) zusammentreffen und einmal mehr die Rolle unterstreichen, die der Handel als Friedensstifter spielt.

Legende

Luxusstoffe (diese Seite) haben eine lange Tradition in der islamischen Welt und werden heute von Bilal Aba Khalaf (rechts) im Muristan verkauft. Sie werden u. a. für zeremonielle Roben von Erzbischöfen und Oberrabbinern (rechts außen) verwendet.

S. 276–277, Armenischer Genozid

Mehr als eine Million Armenier wurden zwischen 1890 und 1923 von drei aufeinanderfolgenden türkischen Regierungen getötet, die meisten von ihnen waren Bürger des Osmanischen Reiches. Dies war der erste Genozid im 20. Jahrhundert.

Von den drei Millionen Armeniern, die als reiche Elite in den ländlichen Ostprovinzen und in Istanbul lebten, kamen 30–50 Prozent um. Die Türkei wehrt sich bis heute dagegen, für dieses Verbrechen gegen die Menschlichkeit den Begriff Genozid zu verwenden.

Ab der Mitte des 19. Jahrhunderts begannen die Armenier im Osmanischen Reich (Ost-Armenien wurde 1828 Teil des russischen Imperiums), ihren Status als Bürger zweiter Klasse zu hinterfragen, den sie als sogenannte Dhimmis mit den Juden teilten. Sie verlangten Reformen und orientierten sich an den europäischen Mächten, die auf die Hohe Pforte Druck ausübten. Osmanische Beamte entfachten, meist durch zu hohe Besteuerung, Rebellionen, die dann durch die Armee unterdrückt wurden. Dabei kam es nicht selten zu Massakern, die in den 1890er-Jahren über 100'000 Opfer forderten. Nach der Revolution der Jungtürken 1908 mit ihren extrem nationalistischen Ansichten, dem Balkankrieg von 1912, der mit der Massenvertreibung von Muslimen und der Ansiedlung von ca. 850'000 Menschen in Armenien endete, und der Proklamation des Heiligen Krieges (Jihad) gegen Christen durch einige Kleriker waren Armee und radikale Massen bereit für kriminelle Aktionen gegen die Armenier. 1914 trat die Türkei an der Seite der Mittelmächte in den Ersten Weltkrieg ein und 1915 erklärte das türkische Oberkommando unter dem Vorwand einer heimlichen armenischen Allianz mit Russland die Deportation der Armenier als Kriegsnotwendigkeit. In einer ersten Phase wurde die männliche Bevölkerung durch Massaker und Zwangsarbeit getötet und in einer zweiten Phase wurden Frauen, Kinder und Alte deportiert und ohne Wasser und Nahrung auf Todesmärsche durch die Wüste geschickt.

In Jerusalem führte der Genozid zu einer Masseneinwanderung von Flüchtlingen. Die Gemeinde wuchs von ca. 2000 Mitgliedern 1914 auf 20'000 in den 1920er-Jahren an. Seither hat die Zahl von Armeniern meistens durch Auswanderung drastisch abgenommen. Sie verließen das Land, weil sie den gleichen Schwierigkeiten wie die Palästinenser begegneten, nämlich Arbeitslosigkeit. Ein Mahnmal für den Genozid (rechts unten) wurde direkt gegenüber dem Eingang zum armenischen Konvent errichtet. Ein Erinnerungsgottesdienst, der jährlich am 24. April abgehalten wird, beginnt mit einer heiligen Messe in der St.-Jakobs-Kathedrale (rechts oben), auf die eine Zeremonie am Mahnmal folgt.

Zur gleichen Zeit wurde eine weitere Million griechischer und syrischer Christen Opfer des türkischen Nationalismus.

Legende

Jedes Jahr am 24. April wird mit einer Messe in der Kathedrale (oben) und einer Zeremonie am Mahnmal (rechts) an den armenischen Genozid erinnert.

S. 278–279, Europäischer Einfluss, Mitte des 19. Jahrhunderts bis 1917 (Titelseite)

Legende

Die deutsch-lutheranische Himmelfahrtkirche (Auguste Viktoria) thront wie ein Schloss auf dem Skopusberg und dominiert die Altstadt.

S. 280–281, Europäischer Einfluss, Mitte des 19. Jahrhunderts bis 1917

Ab Mitte des 19. Jahrhunderts beeinflussten die imperialistischen Mächte (Frankreich, Russland, England, Deutschland) und die jüdische Einwanderung die Entwicklung der Stadt. In dieser Zeitspanne durchlebte Jerusalem große demografische, soziale und ökonomische Veränderungen.

Zwischen 1830 und 1917 dehnte sich die Stadt über die einengenden Stadtmauern hinaus aus und die Bevölkerung wuchs um das Achtfache, einschließlich eines 20-fachen Wachstums der jüdischen Gemeinschaft. Das bebaute Gebiet dehnte sich mit der Gründung von überwiegend ethnischen Quartieren meist entlang vorhandener Straßen nördlich und westlich der Altstadt aus. Die frühesten Siedlungen wiesen eindrückliche religiöse und öffentliche Gebäude auf und wurden von verschiedenen christlichen Konfessionen gebaut. Juden gründeten hauptsächlich Wohnquartiere und wohlhabende Muslime bauten bemerkenswerte Residenzen. Genau wie heute setzte sich das Jerusalem des 19. Jahrhunderts aus einer Vielfalt von verschiedenen Ethnien zusammen. Die Entwicklung der Stadt wurde von Spannungen zwischen den verschiedenen Bevölkerungsgruppen mit grundsätzlich verschiedenen Lebensarten geprägt und die neuen Quartiere wurden nach Religion und Ursprungsland unterschieden. Allerdings gab es auch gemischte Quartiere, deren Zusammenhalt auf dem gleichen oder ähnlichen sozioökonomischen Status ihrer Bewohner beruhte. Diese Entwicklung wurde durch das Zusammenfallen mehrerer Faktoren ausgelöst:

Legende

Entwicklung der Stadt von 1855 (schwarz) bis 1875 (rot, links außen), von 1875 (schwarz) bis 1895 (rot, links) und von 1895 (schwarz) bis 1915 (rot, rechts).

1 Christuskirche, S. 287
2 Gobat-Schule, S. 289
3 Kerem Avraham, S. 291
19 Tiferet-Israel-Synagoge, S. 324
20 Haus von Johannes Frutiger, S. 325
21 Hansen-Haus, S. 326

4 Amerikanische Kolonie, S. 292
5 Schneller'sches Waisenhaus, S. 294
6 Mishkenot Sha'ananim, S. 296
7 Russenplatz, S. 299
8 Österreichisches Hospiz, S. 302
9 Batei Mahse, S. 304
10 Ticho-Haus, S. 307

11 St.-Alexander-Newski-Kirche, S. 308
12 Talitha Kumi, S. 310
13 Nahalat Shiv'a, S. 313
14 Paternosterkirche, S. 314
15 Me'a She'arim, S. 316
16 Deutsche Kolonie, S. 318
17 Nachlaot, S. 320
18 Haus von Conrad Schick, S. 323

22 Notre Dame de France, S. 328
23 St.-Louis-Hospital, S. 330

24 Maria-Magdalena-Kirche, S. 332
25 Bikur-Cholim-Spital, S. 333
26 Alte Eisenbahnstation, S. 334
27 St.-George-Kathedrale, S. 336
28 Äthiopische Paradiesbergkirche , S. 339
29 Yemin Moshe, S. 340

30 Erlöserkirche, S. 343
31 Bucharisches Quartier, S. 346
32 St. Etienne, S. 348
33 Muristan, S. 350
34 Auguste Viktoria, S. 278, 352
35 Dormitio-Abtei, S. 358
36 Italienisches Spital, S. 284, 359

S. 282–283

1. Die technischen Fortschritte der industriellen Revolution im Westen führten zur Ausdehnung des internationalen Handels und zu verbesserten Verkehrsmöglichkeiten (Suezkanal 1869). Dies resultierte in einem wachsenden Einfluss der europäischen Mächte im gesamten osmanischen Imperium.

2. Dieser Einfluss führte zu größerer Sicherheit für Leben und Besitz. Es begann mit der Gewährleistung der Glaubensfreiheit und mit der Lockerung der türkischen Gesetze, die es Nichtmuslimen verboten, Land zu erwerben. Diese Entwicklung zog wiederum verschiedene europäische religiöse Organisationen an und verstärkte parallel dazu die politische Einmischung ihrer jeweiligen Herkunftsländer. Religiös-ideologische Ziele und politisch-strategische Interessen ergänzten einander symbiotisch.

3. Ab ca. 1882 brachte die jüdische Immigration ungefähr 75'000 Menschen nach Palästina. Die großen ökonomischen Fortschritte zogen aber auch viele Araber aus den umliegenden Ländern an, die zur gewaltigen Bevölkerungszunahme beitrugen.

In Jerusalem begannen diese Entwicklungen mit der Verbesserung der Verkehrswege. 1868 konnte die erste Wagenstraße von Jaffa nach Jerusalem dem Verkehr übergeben werden und ab 1892 verband eine Bahnlinie Jaffa mit der Stadt. Trotzdem lebte Jerusalem nach wie vor hauptsächlich von seinen muslimischen, jüdischen und christlichen heiligen Stätten. Gleichzeitig wurden Infrastruktur und Dienstleistungen verbessert: In den 1860er-Jahren wurde eine Straßenbeleuchtung mit Kerosinlampen eingeführt, die in den 1920er-Jahren durch elektrische Beleuchtung ersetzt wurde. Die verschiedenen Kolonialmächte organisierten Postdienste, um das ineffiziente türkische Postsystem zu umgehen. Eine Reihe von Buchdruckereien, Hotels und Souvenirläden wurde eröffnet und neue Gewerbe wurden zusätzlich zu den traditionellen eingeführt, nicht zuletzt unter dem Einfluss der deutschen Templer (S. 318) und anderer kolonialer Einrichtungen. Vor allem erlaubten es neu gegründete Banken wie die Sephardi Valero Bank (1848–1915) oder die deutsch-schweizerische Frutiger Bank (1873–1894), die verbreitete osmanische Korruption und verfehlte Geldpolitik zu umgehen. Erst im späten 19. Jahrhundert machten die osmanischen Behörden Jerusalem zu einem administrativen Zentrum, um dem wachsenden Einfluss der Europäer entgegenzuwirken. Ab 1863 wurden verschiedene Räte als Vorläufer einer Stadtgemeinde ins Leben gerufen, die tatkräftig an der Entwicklung der Stadt mitwirkten.

Frankreich, Russland, England und Deutschland sowie Österreich, Italien und die USA, die eine zweitrangige Rolle spielten, versuchten aus strategischen, kolonialen und religiösen Gründen, ihren Einfluss zu vermehren. Diese imperialen Bestrebungen verliefen meist auf eine kompetitive Weise und nur selten kooperativ (wie z. B. bei der Gründung des gemeinsamen anglo-preußischen Bistums, 1841–1886, S. 287). Im Allgemeinen ging es darum, eine religiöse Präsenz zu schaffen, die mit karitativen Diensten wie Schulen oder Spitälern sowie Pilgerhospizen einherging, die nun ihrerseits durch Konsulate mit diplomatischem Status und weitreichender politischer Macht geschützt werden mussten. Verschiedene neu entstandene christliche Gemeinden und Gesellschaften, die missionarische Absichten verfolgten und enge Beziehungen zu ihren jeweiligen Regierungen unterhielten, unterstützten diese imperialen Bemühungen und arbeiteten eng mit ihnen zusammen. Im Gegensatz zur jüdischen Bautätigkeit, die sich auf öffentliche Gebäude (Synagogen und Spitäler) konzentrierte, und zur Entstehung von verstreuten Vorstadtsiedlungen arabischer Familien brachte der europäisch-christliche Einfluss eindrucksvolle Gebäude und große Komplexe hervor. Deren Dienstleistungen (Pilgerhospize, Spitäler und Schulen) waren der lokalen Konkurrenz weit überlegen. Diese Entwicklung begann in den 1830er-Jahren in der Altstadt und verlief parallel zur Bautätigkeit außerhalb der Mauern ab den 1850er-Jahren.

Legende

Die drei Türme auf dem Ölberg, die Jerusalems Stadtbild kennzeichnen, sind zurückzuführen auf russische Wallfahrten (Auffahrtskirche, rechts), deutsche

Machtprojektion (Auguste Viktoria, Mitte) und zionistische Einwanderung (Hebräische Universität, rechts).

S. 284–285

Der Zionismus, der gleichzeitig eine Ideologie und eine nationale Bewegung war, entstand gegen Ende des 19. Jahrhunderts als Antwort auf den wachsenden Antisemitismus in Europa, auf die zunehmende ökonomische Verelendung der Juden in Osteuropa und auf die Krise der modernen, aufgeklärten jüdischen Identität. Diese revolutionäre Auffassung des Judentums wurde von dem Wiener Journalisten Theodor Herzl formuliert und verfolgte das Ziel, eine zerstreute Gemeinschaft, die sich durch gemeinsame Texte und eine gemeinsame literarische Tradition definierte, zu einem dynamischen Volk und einem Staat auf dem Territorium des historischen Landes Israel zu vereinigen. Befürworter des Zionismus stellen ihn als nationale Befreiungsbewegung dar, seine Kritiker sehen darin eine kolonialistische Ideologie.

Die erste Welle der jüdischen Immigration (Erste Alija) bestand aus osteuropäischen, meist russischen Juden, die ab den 1870er-Jahren und in großer Zahl ab 1882 aus religiösen, sozialen und nationalistischen, aber sicher nicht politisch-zionistischen Beweggründen nach Palästina einwanderten. Diese Gruppe von Immigranten wurde Hovevei Zion (Enthusiasten für Zion) oder Bilu (ein hebräisches Akronym des Jesaja-Verses «Haus Jakobs, lass uns gehen») genannt. Die meisten davon gründeten landwirtschaftliche Siedlungen (Petah Tikva, Rishon LeZion, Rosh Pina, Zikhron Ya'akov). Mehrere Hundert Familien kamen aus dem Jemen und ließen sich in Silwan oder auf dem Hang des Ölbergs nieder. In der Zweiten Alija zwischen 1904 und 1914 wanderten 30'000 Juden, meist Russen, auf der Flucht vor Pogromen ein. Diese Gruppe war stark von sozialistischen Ideen beeinflusst und gründete 1909 den ersten Kibbuz, Degania Aleph. Angesichts der wachsenden arabischen Feindseligkeit entwickelten sich dort die ersten Verteidigungsorganisationen. Auch einige der Kernelemente eines unabhängigen Nationalstaates entstanden in dieser Periode: Hebräisch wurde als gesprochene Sprache wiederbelebt, was zur Publikation von hebräischer Literatur und hebräischen Zeitungen führte. Ferner etablierten sich politische Parteien und Gewerkschaften. Mit dem Ersten Weltkrieg endete diese Epoche jedoch.

1899 schrieb Yusuf al-Khalidi, Spross einer der vornehmsten Familien, langjähriger Bürgermeister von Jerusalem und Mitglied des osmanischen Parlaments, einen Brief an den französischen Oberrabbiner Zadok Kahn. Darin flehte er, motiviert durch eine «heilige Gewissenspflicht» und «im Namen Gottes» die Zionisten an, Palästina in Frieden zu lassen. Er sagte eine Volksbewegung gegen die Juden voraus, die von niemandem im Zaum gehalten werden könne, falls diese auf ihrem Vorhaben beharrten. Dieser Brief wurde Herzl überbracht und in seiner Antwort hob dieser die Vorteile hervor, die die jüdische Immigration dem Osmanischen Reich im Allgemeinen und der nicht jüdischen Bevölkerung Palästinas im Besonderen bringen würde. Er gab seiner Hoffnung auf das Verständnis des Sultans für seine Anliegen Ausdruck und fügte hinzu: «S'il n'acceptera pas nous chercherons – et croyez-moi nous trouverons – ailleurs ce qu'il nous faut». Beide waren kluge und weitsichtige Männer, die die Ängste und Hoffnungen ihrer jeweiligen Völker in Worte fassten. Und keiner von beiden versuchte, eine Brücke zu bauen.

Legende

Das Italienische Spital (S. 359) erinnert an das mittelalterliche Florenz mit dem Palazzo Vecchio. Heute kontrastiert es mit einem modernen Verwaltungsgebäude. In beiden ist das israelische Erziehungsministerium untergebracht.

S. 286–287, Christuskirche

Bischof Samuel Gobat weihte diese älteste protestantische Kirche im Nahen Osten 1849.

Sowohl in Großbritannien als auch in Preußen entstanden im frühen 19. Jahrhundert als Ableger der pietistischen Bewegung Gesellschaften, die sich die Bekehrung von Juden zum Ziel setzten. Ihre Tätigkeiten deckten sich mit den politischen Absichten beider Mächte, nämlich eine starke protestantische Anwesenheit im Heiligen Land zu etablieren. Daraus entstand das gemeinsame anglo-preußische protestantische Bistum Jerusalem, das natürlich auch dem Einfluss von Russland und Frankreich, die sich als Schutzmächte der Armenier und Griechen bzw. der lateinischen Kirche betrachteten, entgegenwirken wollte. Im Rahmen dieses Abkommens wurde ein jüdischer Konvertit, Michael Salomon Alexander, zum ersten Bischof ernannt (1842–1845). Sein Nachfolger war Samuel Gobat (1846–1879, S. 289), der bald zur Einsicht gelangte, dass seine missionarischen Bemühungen bei Juden und Muslimen erfolgslos blieben, und deshalb seine Tätigkeit auf karitative und pädagogische Gebiete lenkte. Das gemeinsame Bistum wurde 1886 wegen der wachsenden Rivalität zwischen England und Deutschland aufgelöst.

Die kreuzförmige Kirche im englisch-neugotischen Stil (oben links) wurde von speziell aus Malta herbeigeholten Steinmetzen erbaut. Das älteste Fenster über dem Eingang (rechts) weist auf die göttliche und menschliche Identität Jesu hin. Viele hebräische Inschriften spiegeln die starke Bindung an das Alte Testament und die ursprüngliche Absicht der Judenbekehrung. Der Kommunionstisch (unten links) zeigt unter der Oberkante Jesu Worte «Tut dies in Erinnerung an mich». Darunter sind die drei Embleme Christi angebracht: eine Krone mit Davidsstern und dem Wort «Immanuel», das lateinische IHS-Monogramm (Iesus Hominum Salvator) und die Zeichen Alpha und Omega (für Anfang und Ende). Die hebräischen Buchstaben bereiteten der Gemeinde im Jahr 1948 Schwierigkeiten, als die jordanischen Soldaten davon überzeugt werden mussten, dass hier eine Kirche und nicht eine Synagoge stand.

Legende

Die Christuskirche (oben) war die Bischofskirche des gemeinsamen anglo-preußischen Bistums (1841–1886). Hebräische Inschriften am Altar (links) zeigen die ursprüngliche Absicht der Gründungsgesellschaften, nämlich die Bekehrung von Juden zum Christentum. Das Fenster über dem Eingang (rechts) illustriert die göttliche und menschliche Wesenseinheit Christi.

S. 288–289, Gobat-Schule

Samuel Gobat, der zweite anglo-preußische protestantische Bischof von Jerusalem, gründete 1847 eine Schule, die einige Jahre später in das Gebäude neben dem protestantischen Friedhof auf dem Berg Zion umzog. Dieses Gebäude war eines der ersten Häuser außerhalb der Mauern der Altstadt. Heute beherbergt es das amerikanische Jerusalem University College.

Gobat wurde 1799 in Crémines im Berner Jura geboren und diente zunächst in der St.-Chrischona-Pilgermission bei Basel. Er ging nach Paris und London, wo er sich einige Kenntnisse in Arabisch und Ge'ez (Altäthiopisch) aneignete. Danach wurde er von der Church Missionary Society der anglikanischen Kirche nach Äthiopien entsandt. Nach zwei Aufenthalten in den 1830er-Jahren und seiner Heirat mit Marie Christine Zeller, der Tochter eines pietistischen Geistlichen, zwang ihn eine Krankheit, nach Europa zurückzukehren. Danach überwachte er als Missionar in Malta eine Übersetzung der Bibel ins Arabische.

1846 wurde Gobat im Rahmen des Abkommens zwischen Großbritannien und Preußen zur Errichtung eines gemeinsamen Bistums zum zweiten protestantischen Bischof von Jerusalem geweiht und war als solcher für Anglikaner, Lutheraner und Calvinisten in der Levante verantwortlich. Zu Beginn seiner Amtszeit setzte er die energische Missionstätigkeit seines Vorgängers fort, kam aber bald zur Ansicht, dass Muslime, denen nach religiösem und osmanischem Recht eine Konversion bei Todesstrafe untersagt war, und auch Juden, die strikt ihrem Glauben anhingen, nur schwer von einem Glaubenswechsel zu überzeugen waren. Er war der Erste, der seine Anstrengungen auf orthodoxe Bekenntnisse richtete, und rief mit Erfolg unter den lokalen Arabern eine beachtliche protestantische Gemeinde ins Leben. Darüber hinaus gründete er wohltätige Einrichtungen (Schulen, Spitäler, Waisenheime) für Anhänger aller Religionen, die vom Jerusalemsverein, den er zusammen mit seinen Freunden in Berlin gründete, finanziert wurden. Nur wenige Jahre später wurden solche Tätigkeiten von allen imperialen Mächten übernommen.

Legende

Der zweite anglo-preußische Bischof von Jerusalem, Samuel Gobat, gründete eine Schule, die 1853 das erste außerhalb der Altstadtmauern auf dem Berg Zion errichtete Gebäude (oben) bezog. Das Haus wurde auf Resten der hasmonäischen Befestigungen (links) erbaut. Gobats liturgischer Talar (oben rechts) wurde mit einem palästinensischen Ornament bestickt.

S. 290–291, Kerem Avraham

James Finn, der damalige britische Konsul in Jerusalem, erwarb in den 1850er-Jahren ein Grundstück, das einen Kilometer nordwestlich der Altstadt und direkt östlich des Schneller'schen Waisenhauses (S. 294) lag.

Finn war ein leidenschaftlicher Protestant und Mitglied der London Society for Promoting Christianity among Jews. Er kam als britischer Konsul für Jerusalem und Palästina 1845 ins Land. Als Schriftsteller, Philanthrop und Gelehrter, der sich selbst Hebräisch beibrachte, enthielt er sich jeglicher Missionstätigkeit bei den Juden. Stattdessen kaufte er für 250 Pfund ein Stück Land, das Abrahams Weinberg (Karm al-Khalil, Kerem Avraham) genannt wurde, und erbaute einen Betrieb, in dem er bis zu 200 Juden in der Landwirtschaft ausbildete. Dadurch gelang es ihm, aus Empfängern von Halukhah (Almosen aus dem Ausland, die damals das Haupteinkommen der Juden in Jerusalem darstellten) produktive Bürger zu machen. Dieses äußerst ideologische Projekt nahm die zionistischen Landwirtschaftssiedlungen des späten 19. Jahrhunderts vorweg.

Finn stellte jüdische Arbeiter ein, um dort 1855 das erste Haus, seine eigene Residenz (Fotos diese Seite), zu bauen, das mit Zisternen nach osmanischem Gesetz versehen war. Finns Haus (links) war nach der Gobat-Schule (S. 289) somit das zweite Gebäude außerhalb der Stadtmauer.

Wegen Insolvenz und wegen seiner fortwährenden Streitigkeiten mit Bischof Gobat wurde Finn 1863 abberufen. Nach seinem Tod 1872 gründete seine unternehmerische Witwe Elizabeth Ann eine Seifenfabrik und produzierte eine qualitativ hochwertige koschere Seife aus Olivenöl, die lokal und im Ausland verkauft wurde.

Im frühen 20. Jahrhundert wurde Kerem Avraham zu einem Quartier. In seinem autobiografischen Roman «Eine Geschichte von Liebe und Finsternis» beschreibt der Schriftsteller Amos Oz dessen Atmosphäre in den frühen 1950er-

Jahren durch die Augen eines Kindes. Heute ist es ein jüdisch-orthodoxes Quartier.

Legende

Der britische Konsul James Finn baute 1855 sein Haus (links) auf freiem Feld weit von der Altstadt entfernt. Heute steht es inmitten des Quartiers Kerem Avraham. Die Inschrift auf dem Türsturz (rechts) lautet: «Die Furcht Gottes ist ein Lebensquell» (Sprüche 14,27).

S. 292–293, American Colony Hotel

Wohlhabende muslimische Familien – die Husseini, Nashashibi, Nusseibeh und andere – waren die ersten Araber, die außerhalb der Altstadtmauern großzügige Villen errichteten. Bei den massiv gebauten Häusern stand das einfache Äußere im Gegensatz zu ihrem opulent möblierten und reich dekorierten Inneren.

Eines dieser Häuser wurde 1865 von Rabah al-Husseini an der Nablus Road in Sheikh Jerrah erbaut. Der Erbauer wohnte hier mit seinen Frauen und Dienern bis zu seinem Tod. Das Gebäude wurde im europäischen neoklassischen Stil mit vielen orientalischen Verzierungen erbaut und wies einen Meter dicke Mauern, Marmorböden und verzierte hölzerne Decken auf. Horatio Spafford, ein reicher Rechtsanwalt aus Chicago, und seine Frau Anna kauften das Haus 1894. Sie waren beide mit einer Gruppe von messianistischen, aber nicht missionarischen Christen nach Jerusalem gekommen. Die Gruppewidmete sich humanitären Aufgabenund errichtete einen Landwirtschaftsbetrieb, einen Souvenirladen und ein weitum bekanntes Fotogeschäft. Diese utopische Gesellschaft wurde als American Colony bekannt.

Plato von Ustinov, ein Hotelier aus Jaffa und Großvater des britischen Schauspielers Peter Ustinov, suchte einen Ort, an dem er Jerusalem-Reisende unterbringen konnte, und bat die Spaffords um Hilfe. Wenig später wurde aus dem Komplex ein Hotel. Sein reizender Innenhof wird häufig von Intellektuellen, Journalisten und Diplomaten besucht und das Hotel preist sich selbst als Oase der Ruhe im gegenwärtigen Konflikt.

Legende

Der Garten (unten) und die Lobby (links außen) des American Colony Hotel sind Orte, an denen ungestört private oder diplomatische Gespräche geführt werden können. Das Gebäude ist eine der ersten Villen, die von einem aus Jerusalem stammenden aristokratischen Araber außerhalb der Stadtmauern gebaut worden ist.

S. 294–295, Schneller'sches (syrisches) Waisenhaus

Zu den ersten Häusern, die außerhalb der Altstadt gebaut wurden, gehört auch diese protestantische Einrichtung, die Hunderten von verwaisten arabischen Kindern eine Schul- und Berufsausbildung ermöglichte. Sie war von 1860 bis 1940 in Betrieb.

Die Zöglinge erhielten hier eine vollständige Schulbildung und erlernten nebenbei ein Handwerk. Durch seine Absolventen, die das Prinzip von «Ordnung, Disziplin und deutscher Sprache» verbreiteten, übte das Schneller'sche Waisenhaus im ganzen Nahen Osten beträchtlichen Einfluss aus.

1860 massakrierten die Drusen Tausende von maronitischen Christen im Libanon und in Syrien. Johann Ludwig Schneller, ein lutheranischer Missionar aus Württemberg, brachte verwaiste Knaben von Beirut nach Jerusalem und richtete in seinem Haus ein Waisenhaus ein. Ab 1867 nahm das Waisenhaus auch Mädchen auf. Bis zu Schnellers Tod 1896 durchliefen 1500 Zöglinge sein Waisenhaus.

Das Hauptgebäude (links), das 1856 eröffnet wurde, zeigt einen Stil, der süddeutsche und arabische Elemente kombiniert, und enthält auf drei Stockwerken einen zentralen Speisesaal, eine Küche, eine Bibliothek mit Lesesaal, ein kleines Museum und eine lutheranische Kapelle. Seine Fassade ist mit Reliefs sowie deutschen und arabischen Epigrammen geschmückt (rechts unten).

1903 wurde eine Blindenschule (rechts oben) eröffnet. Als erste ihrer Art im Nahen Osten bot sie Platz für 40–50 Schüler sowie Werkstätten, um sie weben und spinnen zu lehren.

Zu Beginn des Zweiten Weltkriegs deportierten die Briten die deutschen Lehrer und machten aus dem Gelände eine Basis für ihre Armee. Zwischen 1948 und 2008 belegte die israelische Armee den Platz. Seit 2011 wird der Komplex weiterentwickelt, um Orthodoxen luxuriöses Wohnen zu ermöglichen.

Legende

Zwischen 1860 und 1940 leiteten Vater und Sohn Schneller das syrische Waisenhaus (links), das Waisenkindern zu einer Berufsausbildung verhalf. Später wurde dem Komplex eine Blindenschule hinzugefügt (rechts oben).

S. 296–297, Mishkenot Sha'ananim

Gegenüber dem Berg Zion liegt auf einem Hang des Hinnomtals das erste jüdische Quartier, das außerhalb der Mauern der Altstadt erbaut wurde.

Ein Geschäftsmann aus New Orleans, Josef Touro, hinterließ die enorme Summe von 40'000 Dollar und bestimmte Sir Moses Montefiore (S. 340) zum Testamentsvollstrecker. Um die von Verarmung und Übervölkerung geprägten Lebensbedingungen im jüdischen Viertel der Altstadt zu verbessern, wurde von diesem Geld die Siedlung Mishkenot Sha'ananim («friedvolle Behausungen») erbaut. 1860 war der erste von zwei Flügeln, die zusammen Wohnraum für 28 Familien schufen, vollendet. Es gab zwei Synagogen, eine für Aschkenasim und eine für Sephardim, eine Mikwe (rituelles Bad) und eine kleine Handpumpe aus England (ein modernes Wunder), private Gärtchen für jede Familie und eine Windmühle, die später zum Wahrzeichen wurde. Viele der hübschen Metallverzierungen wurden in Montefiores Heimatstadt Ramsgate produziert. Ein ungewöhnlicher achteckiger Stern und eine hebräische Inschrift, die an Touros und Montefiores Verdienste erinnert, schmücken die Spitze des Gebäudes. Obgleich die Gebäudegruppe von einer Mauer umgeben war und die von Zinnen geschmückte Fassade an eine Festung erinnerte, fürchteten die ersten Bewohner die Überfälle marodierender Beduinen und brauchten zusätzliche Anreize, um sich aus der Sicherheit der Stadtmauern herauslocken zu lassen.

Nach dem Krieg von 1948 grenzte der Bezirk an das Niemandsland und war den jordanischen Scharfschützen auf der Stadtmauer ausgesetzt. Diese Situation veranlasste viele Bewohner, Mishkenot Sha'ananim zu verlassen. Das Quartier verlor in der Folge an Wert und verkam zum Slum. 1973 wurde es renoviert und wandelte sich zu einem Zentrum kultureller, besonders musikalischer Anlässe und akademischer Begegnungen mit einem Gästehaus für Künstler und Gelehrte sowie einem Kongresszentrum.

Legende

Moses Montefiore erbaute das erste jüdische Quartier außerhalb der Altstadt mit Geld, das ihm von Joseph Touro (oben rechts) zu diesem Zweck hinterlassen worden war. Zwei langgestreckte Gebäude fassten Wohnungen für 28 Familien. Heute beherbergt der Komplex das Jerusalem Music Centre.

S. 298–299, Der Russenplatz

Das russische Viertel (Migrash HaRussim, al-Moskobiya) mit der mächtigen Dreifaltigkeitskathedrale liegt beim Zion-Platz etwas oberhalb der Jaffa Road.

Der weite Komplex wurde zwischen 1860 und 1864 auf einem ehemaligen türkischen Kavallerie-Übungsplatz errichtet und sollte den Tausenden von russischen Pilgern, die vor dem Ersten Weltkrieg Jerusalem vor allem zur Osterzeit besuchten, zur Verfügung stehen. Die Kaiserliche Orthodoxe Palästina-Gesellschaft, die ihr Emblem (links) auf jedem der sieben Gebäude angebracht hat, war die Auftrags- und Geldgeberin dieser «Stadt in der Stadt». Die Russen waren die einzige europäische Macht mit einer Präsenz in dieser Größe, was die Bewunderung und den Neid ihrer Konkurrenten beflügelte. Der Komplex war von einer Mauer mit Toren umgeben und strömte ein Gefühl der Sicherheit aus, das der Entwicklung der Neustadt als Kristallisationspunkt diente und jüdische Immigranten dazu bewegte, ihre Viertel in der Nähe zu bauen. So entstanden die neuen Quartiere Nahalat Shiv'a (S. 313) oder Me'a She'arim (S. 316).

Die Dreifaltigkeitskathedrale im Zentrum des Komplexes weist acht Türme auf, von denen jeder ein Kreuz trägt (unten rechts). Fromme Fresken zieren das Innere der Kuppel (links). Die Kathedrale ist umgeben von Nebengebäuden für das russische Konsulat, für ein Spital und separate Herbergen für Männer und Frauen mit insgesamt 2000 Betten.

Legende

Die Dreifaltigkeitskathedrale (rechts außen) mit ihren acht Türmen, von denen jeder ein Kreuz trägt, steht im Zentrum des weiten Areals. Die Bilder der Heiligen, die das Innere (rechts) und die Kuppel dekorieren, stammen aus dem 19. Jahrhundert. Alle Gebäude des Komplexes tragen das Emblem der Gründerin, der Kaiserlichen Orthodoxen Palästina-Gesellschaft (oben).

S. 300–301

Alle Gebäude wurden im damals modernen eklektischen Stil erbaut, der italienische Renaissance mit russisch-byzantinischen und klassische mit barocken Elementen mischt.

Das gesamte Baumaterial und die vollständige Möblierung der sieben Gebäude wurden auf Befehl des Architekten Martin Iwanowitsch Eppinger aus Russland hergeschifft. Dazu wurde eigens eine Schiffslinie gegründet, die später Pilger transportierte.

Das Kaiserliche Sergei-Hospiz, ein späteres Nebengebäude, das nach dem Onkel von Zar Nikolaus II. benannt war, wurde erst 1890 vollendet. Seine 25 luxuriös möblierten Räume waren für «reiche und respektable Gäste» gedacht. Hinter einer symmetrischen Renaissancefassade (rechts) mit ihrem Turm als Orientierungspunkt (links) öffnet sich ein wunderschöner Garten. Nachdem die israelische Regierung das Haus an Russland zurückgegeben hatte, öffnete die russische Regierung das Haus 2017 für orthodoxe Pilger.

Der ganze Komplex wurde während des Ersten Weltkriegs von den Türken beschlagnahmt und diente als Garnison. Der Pilgerstrom aus Russland versiegte nach der Machtergreifung durch die Kommunisten und der Komplex wurde zu einem Zentrum der britischen Verwaltung. Die Herberge für Frauen wurde zum zentralen Gefängnis der Mandatsmacht und beherbergt heute ein Museum für inhaftierte Mitglieder der zionistischen Untergrundgruppierungen Irgun und Lehi. Das frühere Männerhospiz wurde zur zentralen Polizeistation des Mandats und später Israels. Die Bezeichnung «Schlachthaus» verdankt es der Tatsache, dass hier die festgenommenen Palästinenser verhört werden. Im Missionsgebäude waren bis 1992 alle Gerichte Jerusalems einschließlich des Obersten Gerichts untergebracht.

Als der Metropolit Sergius 1927 die Autorität der Sowjets anerkannte, spaltete sich die russisch-orthodoxe Kirche in eine moskaubasierte «rote» Kirche und eine «weiße» Kirche außerhalb Russlands. Obwohl die beiden Kirchen nach dem Fall der Sowjetunion die kanonischen Beziehungen zum Moskauer Patriarchat wiederherstellten, blieb eine deutlich verkleinerte orthodox-autonome Kirche bestehen. Die Kathedrale wurde nach 1948 der Jurisdiktion des Moskauer Patriarchats übergeben; 2007 folgte das Sergei-Hospiz. Die «weiße» Kirche verwaltete die Kathedrale zwischen 1917 und 1948 und behält bis heute die Kontrolle über die nun in Jordanien liegenden Stätten, nämlich das Alexander-Hospiz (S. 308), die Himmelfahrtkirche auf dem Ölberg und die Maria-Magdalena-Kirche (S. 332). Beide Seiten setzen ihren Kampf um große Besitzungen fort und sind abhängig von der allgemeinen politischen Situation.

Legende

Das Kaiserliche Sergei-Hospiz, ein späteres Nebengebäude für adlige und reiche Gäste, zeigt eine Renaissancefassade (rechts) und einen charakteristischen Turm (links).

S. 302–303, Österreichisches Hospiz

In dieser ruhigen Oase an der Schnittstelle von Via Dolorosa und Tariq al-Wad erfreuen sich die Besucher unter den Bildern von Kaiser Franz Josef und Kaiserin Sissi an der Kaffeehausatmosphäre mit Sachertorte, Apfelstrudel und Wiener Melange.

Das Österreichische Hospiz zur Heiligen Familie wurde 1854 gegründet und 1863 als Gasthaus für Pilger aus dem österreichischen Reich eröffnet. Es wurde von Kaiser Franz Josef unterstützt, der sich hier auf seinem Weg zur Eröffnung des Suezkanals aufhielt, und diente dem österreichischen Konsul als Residenz. Im Einklang mit der imperialen Politik galt der konsularische Schutz nicht nur den wenigen österreichischen christlichen Klerikern im Land, sondern auch den vielen Juden, die aus der Habsburger Monarchie ausgewandert waren.

Die Geschichte des Hauses spiegelt die Konflikte in der Region wider. Während des Ersten Weltkriegs wurde es zu einem Klub und später zu einem Sanatorium für deutsche und österreichische Offiziere umgestaltet. Danach beschlagnahmte es die britische Militärregierung und machte daraus ein anglikanisches Waisenhaus. Nach seiner Rückgabe an den Erzbischof von Wien diente es als

Gasthaus für britische Offiziere und Verwaltungsbeamte. 1939 wurde es erneut beschlagnahmt, diente als Unterkunft für festgenommene deutsche und italienische Kleriker und später als Polizeistützpunkt. Während und nach dem Krieg von 1948 war es ein Spital und erst 1988 wurde es wieder seinem ursprünglichen Zweck als Pilgerherberge zugeführt. Neben der Beherbergung von Pilgern zelebriert das Hospiz Messen in der Hauskapelle (oben) und führt kulturelle Anlässe wie Lesungen, Ausstellungen und Konzerte im Salon durch.

Legende

Das Österreichische Hospiz, eine ruhige Oase in der Hektik der Altstadt, vermittelt immer noch ein imperiales Gefühl (links außen). In seinem Kaffeehaus kann man Apfelstrudel und Wiener Melange unter Bildern von Kaiser Franz Josef und Kaiserin Sissi (rechts) genießen. Sonntagsmessen werden in der eklektischen Hauskapelle (links) gehalten und Konzerte finden im Salon (unten links) statt.

S. 304–305, Batei Mahse, Rothschild-Haus

Im 19. Jahrhundert litt die jüdische Bevölkerung der Altstadt unter extremer Armut und Übervölkerung und war abhängig von Spenden aus dem Ausland. Batei Mahse («Unterschlupf für Bedürftige»), in der Südostecke des jüdischen Viertels gelegen, war das erste gemeinschaftliche Bauunternehmen.

Die Bautätigkeit zwischen 1860 und 1890 stand unter der Schirmherrschaft des österreichischen Konsuls auf einem Gelände, das von Kolel Hod, einer wohltätigen Gesellschaft mit Mitgliedern in Holland und Deutschland, erworben worden war. Der Komplex bestand aus etwa 100 Wohnungen und war um einen Platz herum angeordnet (unten). Zwei Zimmer und eine kleine Küche mit Wasser aus einer gemeinsamen Zisterne im Hof galten damals als hoher Lebensstandard.

Das geräumigste Gebäude, das Rothschild-Haus (rechts), wurde 1871 durch den Frankfurter Zweig der reichen Familie errichtet. Es ist immer noch mit dem Familienwappen geschmückt und beherbergt heute eine Grundschule und die Büros der Gesellschaft für die Rekonstruktion und Entwicklung des jüdischen Viertels.

Legende

Um die extreme Armut in der Altstadt zu lindern, finanzierten europäische Juden den Bau des Batei-Mahse-Kompexes im jüdischen Viertel (links unten). 1871 wurde das Rothschild-Haus (oben) hinzugefügt. Heute beherbergt es eine Schule (links oben).

S. 306–307, Ticho-Haus

Das zweistöckige Haus wurde 1864 von Agha Rashid al-Nashashibi erbaut. Sein Grundriss folgt dem charakteristischen arabischen Bauplan: ein großer zentraler Raum (Liwan), der als Wohnzimmer und Empfangsraum genutzt wurde, wird auf beiden Seiten von kleineren Zimmern für den Hausgebrauch flankiert.

1924 zogen der Ophthalmologe Abraham Ticho und seine Frau Anna dort ein. Dr. Ticho eröffnete eine Augenklinik, in der er die häufig auftretenden Augenkrankheiten der gesamten Bevölkerung Jerusalems behandelte. Anna Ticho arbeitete als Praxisassistentin mit ihrem Mann zusammen. Bekannt wurde sie durch ihre wunderschönen Zeichnungen und Gemälde der Hügel Jerusalems und ihre Porträts lokaler Menschen. Das Paar machte aus dem Haus ein kulturelles und soziales Zentrum der Stadt.

Später kam das Ticho-Haus unter die Obhut des Israel Museum (S. 444). Das Erdgeschoss wurde zu einer Galerie umgebaut, in der Ausstellungen und andere Anlässe stattfinden. Im Obergeschoss, in dem kürzlich die originalen Deckendekorationen entdeckt worden sind, findet sich das beliebte italienische Anna Café. Mit seiner Lage direkt neben der Jaffa Road ist der schöne Garten eine ruhige Oase im Zentrum der Neustadt.

Legende

Im Ticho-Haus (rechts), einer alten arabischen Villa, befindet sich das Anna Café, dessen Decken mit den ursprünglichen Malereien dekoriert sind (links). Es liegt mitten in einem reizenden Garten (unten).

S. 308–309, St.-Alexander-Newski-Kirche

Direkt neben der Grabeskirche liegt dieser russisch-orthodoxe Sakralbau. Die Kirche trägt den Namen des russischen Fürsten, der 1242 die Expansion des Katholizismus nach Osten durch seinen Sieg über die Ritter des Deutschordens in der sogenannten Schlacht auf dem Eis vereitelte.

Die russische Kaiserliche Orthodoxe Palästina-Gesellschaft erwarb das Grundstück 1857, um darauf ein Konsulat und eine Pilgerherberge zu bauen. Der Bau wurde durch den Fund historischer Überreste aus der römischen und byzantinischen Epoche (S. 85) unterbrochen. Schließlich wurden Konsulat und Herbergen außerhalb der Altstadt im Russenplatz (S. 299) errichtet und 1891 entstand eine Kirche auf den Ruinen des Suq al-Dabbagha.

Der Bau wird von der «weißen» Fraktion der russisch-orthodoxen Kirche (S. 300) verwaltet. Er enthält die Kapelle von St. Alexander Newski und die

Bernsteinkapelle (rechts). Unter den Ruinen wird die Schwelle des Gerichtstores (links) als Station des orthodoxen Kreuzweges verehrt. Allerdings datieren Archäologen diesen Stein auf Hadrians Forum zurück, das mehr als ein Jahrhundert nach der Kreuzigung entstand.

Legende

Höhepunkte der «weißen» russisch-orthodoxen Alexander-Newski-Kirche sind die Schwelle des Gerichtstores (links) und die Bernsteinkapelle (rechts).

S. 310–311, Talitha Kumi

1868 wurde das Talitha-Kumi-Waisenhaus für arabische Mädchen auf einem Grundstück, das heute an der King-George-Straße liegt, eröffnet. Das eindrückliche dreistöckige Gebäude wurde von Conrad Schick (S. 323) entworfen.

Das Waisenhaus wurde von den Kaiserswerther Diakonissen betrieben, einem wohltätigen lutheranischen Orden aus Düsseldorf, der sich der Kindererziehung und der Pflege der Kranken und Alten widmete. Vier Schwestern gründeten 1853 ein Waisenhaus in der Altstadt. Die Institution zeichnete sich durch hohe Erziehungs- und Pflegestandards aus und war so beliebt, dass sie sich in eine Schule und ein Spital (S. 333) aufspaltete. Beide mussten bald in neue Gebäude außerhalb der Altstadt umziehen. Das neue Internat nahm 90 Kinder auf und wurde in Anlehnung an Christi Erweckung des toten Mädchens mit den aramäischen Worten «Talitha, kumi» («Mädchen, steh auf») benannt. Seinen Haupteingang zierte eine Taube mit einem Olivenzweig, das Emblem der Kaiserswerther Diakonissen. Nach dem Krieg von 1948 zog die Schule nach Beit Jalla um, wo sie immer noch in Betrieb ist.

Nach einem erbitterten Kampf zwischen Denkmalschutz und Stadtplanern wurde der Bau 1980 niedergerissen. Der zentrale Teil des Obergeschosses mit der ursprünglichen Uhr wurde als Denkmal zwischen einer Busstation und einem Warenhaus wieder aufgestellt.

Legende

Die Fassadenteile des ersten und dritten Stockwerks der Talitha-Kumi-Schule wurden zu einem Denkmal (rechts) kombiniert, da das ursprüngliche Gebäude einem Warenhaus an der King-George-Straße weichen musste. Die Taube über dem Eingang (links) ist das Emblem der Kaiserswerther Diakonissen, die die Institution betrieben.

S. 312–313, Nahalat Shiv'a

Das dritte jüdische Quartier außerhalb der alten Stadtmauern wurde 1869 gegründet. Sein Name bedeutet «Anwesen der Sieben» und bezieht sich auf die sieben Gründerfamilien, die direkt gegenüber Russenplatz (S. 299) an der Jaffastraße (S. 368) Land erwarben.

In den 1970er-Jahren, als das Quartier auseinanderzufallen drohte, beschloss die Stadtgemeinde, es niederzureißen. Glücklicherweise widersetzten sich die Einwohner der Stadt diesem Beschluss. Nach einer grundlegenden Renovierung (und Gentrifizierung) finden sich heute viele Boutiquen und Restaurants entlang der Gassen mit Kopfsteinpflaster. Nachts, besonders an Donnerstagabenden, wird das Quartier zum Treffpunkt der Stadtjugend.

Legende

Nahalat Shiv'a, ein frühes jüdisches Quartier nahe dem Russenplatz, ist grundlegend renoviert worden. Heute ist es eine Fußgängerzone (rechts außen) mit vielen Restaurants, Läden und kulturellen Einrichtungen (oben). Nachts trifft sich hier die Jerusalemer Jugend.

S. 314–315, Paternosterkirche

Die Paternosterkirche auf dem Ölberg erinnert an den Ort, an dem Christus seinen Jüngern das Vaterunser gelehrt haben soll. An den Mauern um den Hof und im Kreuzgang sind auf Keramikkacheln Übersetzungen des Gebets in über 140 Sprachen angebracht (rechts).

Der Konvent der Karmeliterinnen wurde 1872 auf den Ruinen der Eleona-Basilika (griech. «Ölberg») aus dem 4. Jahrhundert gebaut. Als eine der drei Hauptkirchen Konstantins erinnerte sie ursprünglich an die Himmelfahrt Christi. In späteren Jahrhunderten wurde dieses Ereignis auf die nahe gelegene Auffahrtsmoschee (S. 170) verlegt und bis zur Kreuzfahrerzeit durch die Tradition des wichtigsten christlichen Gebets ersetzt.

Direkt westlich vor der Kirche liegt ein ummauerter Hof (oben), der auf den Fundamenten und im Umfang der byzantinischen Basilika errichtet wurde. Seine erhöhte Plattform liegt über der verehrten «Grotte der Unterweisung». Weiter westlich wurden die Überreste eines Narthex, eines Atriums und einer Eingangshalle ausgegraben.

Legende

Das Vaterunser hängt in über 140 Sprachen (oben) an den Wänden des Karmeliterinnenkonvents der Paternosterkirche auf dem Ölberg. Der Hof vor der Kirche (links) zeichnet den Grundriss der gewaltigen byzantinischen Eleona-Basilika nach.

S. 316–317, Me'a She'arim

Me'a She'arim wird von ultraorthodoxen Juden (Haredi) bewohnt, deren Leben um Gebet, Studium und strikte Einhaltung des jüdischen Gesetzes kreist.

Die traditionelle Kleidung der orthodoxen Bevölkerung mit schwarzem Gehrock und schwarzen Hüten für Männer und langärmligen Kleidern und verschiedenen Kopfbedeckungen einschließlich Perücken für Frauen erzeugt die Atmosphäre eines osteuropäischen Schtetl.

Me'a She'arim («hundert Tore») wurde 1874 von einem Baukonsortium von 100 Teilhabern nach Plänen des deutschen Architekten Conrad Schick (S. 323) gegründet. Als eines der ältesten Quartiere außerhalb der Stadtmauern war es von schützenden Mauern umgeben, deren Tore jeden Abend verschlossen wurden. Plakate, die dezente Kleidung und zurückhaltendes Betragen einfordern, hängen an jedem Zugang zu Me'a She'arim.

Legende

An den Zugängen zum ultraorthodoxen Quartier von Me'a She'arim hängen Plakate, die von Besuchern sittsame Kleidung verlangen (links). Auf der Straße kann man spielenden Schülern (unten) oder spazieren gehenden Jünglingen (links außen) begegnen.

S. 318–319, Deutsche Kolonie

Die Templergesellschaft, eine süddeutsche protestantische Sekte, glaubte, dass der Tag des Jüngsten Gerichts nahe sei. Sie gingen in das Heilige Land und ließen sich in Haifa, bei Tel Aviv und in Jerusalem nieder.

Die Templer versuchten, zusammen mit den Völkern des Buches und ohne missionarische Absicht ein spirituelles Königreich zu errichten. In Jerusalem gründeten sie 1873 entlang der heutigen Emek-Refa'im-Straße die deutsche Kolonie (HaMoshavah HaGermanit). Auf ihrem Höhepunkt um die Jahrhundertwende zählte sie ungefähr 400 Mitglieder, die in verschiedenen Gewerben tätig waren und wesentlich zur Entwicklung der Stadt beitrugen. Während des Ersten Weltkriegs lieferten sie den deutschen und österreichischen Truppen Versorgungsgüter und kamen dadurch zu ansehnlichem Wohlstand. Die vor Ort geborene zweite und dritte Generation wendete sich erstaunlicherweise uneingeschränkt den Nationalsozialisten zu. Die Kolonie endete mit dem Zweiten Weltkrieg, als die Briten die Templer nach Australien deportierten und ihren Besitz beschlagnahmten.

Viele der bescheidenen, aber geräumigen Häuser mit Dächern aus roten Ziegeln haben ihr ursprüngliches Aussehen bewahrt. Obgleich ursprünglich im schwäbischen Stil geplant, erhielten viele Gebäude durch den Gebrauch von lokalen Materialien – Stein anstelle von Holz – und durch die Kunstfertigkeit lokaler arabischer Handwerker ein modifiziertes Äußeres. Sie sind in gerader Linie entlang der Straßen angeordnet und verleihen dem Quartier ein ländliches Aussehen. Interessant sind die deutschsprachigen Bibelzitate, die in gotischen Lettern in die Türstürze gemeißelt worden sind (rechts).

Heute ist die Moshava, wie sie umgangssprachlich genannt wird, ein Quartier der gehobenen Preisklasse. Die Emek-Refa'im-Straße ist ein guter Ort, um das Nachtleben zu genießen, in ihren vielen Boutiquen einzukaufen oder eine Pause in einem der Restaurants oder Kaffeehäuser einzulegen.

Legende

Die Templer, eine deutsche protestantische Sekte, errichteten entlang der heutigen Emek-Refa'im-Straße und in ihrer Umgebung eine Kolonie von bescheidenen Einfamilienhäusern (oben links, rechts). Deutschsprachige Bibelzitate in gotischer Schrift schmücken die Türstürze (oben). Heute ist die Kolonie mit vielen Läden und Restaurants ein angesagtes Quartier (links außen).

S. 320–321, Nachlaot

Eine Ansammlung von 23 kleinen Quartieren, von denen jedes zwischen 1975 und 1925 von einer anderen Diasporagemeinde gebaut wurde, bildet zusammen eine von Jerusalems reizvollsten Gegenden mit engen Gassen und malerischen Steinhäusern, hübschen Höfen und einer Vielzahl von Synagogen.

Nachlaot war ein armes, von nordafrikanischen, kurdischen, sephardischen, griechischen, galizischen und jemenitischen Juden bewohntes Quartier. Die Gegend war früher äußerst religiös und soll die weltweit höchste Konzentration von Synagogen gehabt haben, von denen heute 100 erhalten sind. Die Tore der sephardischen Hesed-V'rachamim-Synagoge (unten links) in einer aschkenasischen Häusergruppe sind mit Silberreliefs der zwölf Stämme Israels überzogen.

Seit den frühen 1990er-Jahren, als ältere Bewohner auszogen, sind Künstler, Musiker und viele junge religiöse Juden aus den USA hierhergezogen. Eine sorgfältige Renovierung der alten Häuser machte den Ort zu einem Hotspot für Kreative mit einer religiösen Neigung. Hier wird der Unabhängigkeitstag auf dem Balkon (oben rechts) gefeiert und Hippies und traditionelle Gesellschaften leben (meist) in friedlicher Nachbarschaft zusammen.

Legende

Die Gegend von Nachlaot (oben) besteht aus 23 verschiedenen Quartieren. Ihre Gentrifizierung in den letzten 30 Jahren brachte eine besondere Mischung von Kunst und Religion hervor, die das Feiern des Unabhängigkeitstages auf dem Balkon (oben rechts) erlaubt. Die Tore der Hesed-V'rachamim-Synagoge (links) sind mit Silberreliefs, die die zwölf Stämme Israels zeigen, verziert.

S. 322–323, Der Mann, der alles über Jerusalem wusste

Conrad Schick (1822–1902) war ein deutscher Missionar und autodidaktischer Architekt, Kartograf, Modellbauer und Archäologe.

Er wurde von der Chrischona-Pilgermission als Missionar ausgesandt und ließ sich 1846 in Jerusalem nieder. Enorm einflussreich und mit einem unvergleichlichen Wissen über Jerusalem ausgestattet, vereinigte er alle europäischen Vorstellungen von Jerusalem in seiner Person.

Er plante und überwachte den Bau zahlreicher Gebäude wie z. B. – um nur einige wenige zu nennen – das Quartier von Me'a She'arim (S. 316), das Hansen-Spital (S. 326) und das deutsche Diakonissen-Spital (heute der Ostflügel des Bikur-Cholim-Spitals, S. 333). Berühmt wurde er als Mitglied und Experte bei vielen archäologischen Projekten (z. B. Haram al-Sharif, Siloah-Inschrift, S. 34) sowie als Autor vieler Artikel. Darüber hinaus bleibt er in Erinnerung als Erbauer zahlreicher detailgetreuer Modelle, z. B. des Tempelbergs (S. 52) oder der Grabeskirche. Und schließlich erbaute er eines der schönsten Häuser Jerusalems: seine eigene Residenz Tabor House (1882) an der Prophetenstraße 58. Heute beherbergt dieses schöne Gebäude das Schwedische Theologische Institut.

Legende

Tabor House (links) war die Residenz von Conrad Schick, einem autodidaktischem Alleskönner, der ein bleibendes Erbe in Jerusalem hinterlassen hat. Der Hinweis auf den Psalm (oben links) spiegelt seinen Wunsch nach einem ruhigen Haus wider.

S. 324, Tiferet-Israel-Synagoge

Ab dem 18. Jahrhundert wanderten mehrere osteuropäische jüdische Gemeinden nach Palästina und Jerusalem aus.

Chassidim aus Österreich und der Ukraine kauften in den 1840er-Jahren im jüdischen Viertel der Altstadt ein Stück Land, um eine Synagoge zu bauen. Wegen politischer und finanzieller Einschränkungen war es erst 1872 möglich, sie einzuweihen. Die Tiferet-Israel-Synagoge war bis zu ihrer Zerstörung im Krieg von 1948 (oben) das Zentrum der Ruschyn-chassidischen Gemeinde. Ihr Wiederaufbau wurde 2012 bewilligt, aber der Ort ist immer noch eine Baustelle.

Legende

Chassidische Einwanderer aus Osteuropa erbauten im jüdischen Viertel die Tiferet-Israel-Synagoge (links).

Mahanaim House (rechts) war die Residenz von Johannes Frutiger, einem aus Basel stammenden Bankier, der die Gründung vieler jüdischer Quartiere, den Bau der Jaffa-Jerusalem-Eisenbahn und vieler anderer Projekte ermöglichte.

S. 325, Der Mann, der alles möglich machte

Johannes Frutiger (1836–1899) war ein Schweizer Handelsmann und Bankier, der in der zweiten Hälfte des 19. Jahrhunderts als der reichste Mann in Palästina galt.

Er wurde in Basel geboren, erhielt dort eine kaufmännische Ausbildung und wurde von der Chrischona-Pilgermission als ihr Vertreter in geschäftlichen Belangen nach Palästina entsandt. Sehr bald beteiligte er sich an Bankgeschäften und 1873 gründete er seine eigene Bank. Um diese von der sephardischen Valero Bank (1848–1915) zu unterscheiden, nannte man sein Unternehmen die Deutsche Bank. Hoch angesehen von Gemeinden aller Glaubensrichtungen (die Juden nannten ihn einen deutsch-jüdischen Proselyten), betrieb er Geschäfte mit dem griechischen, lateinischen und armenischen Patriarchen, betreute die Finanzen mehrerer Klöster, verwaltete Gelder für die türkische Regierung und ermöglichte die Gründung vieler jüdischer Quartiere wie z. B. Me'a She'arim (S. 316) oder Mahane Yehuda (S. 381). Er bahnte den Weg für die Eisenbahn, die die Stadt mit Jaffa verband (S. 334), und finanzierte sie. Als Vorstandsmitglied zahlreicher europäischer Institutionen übte er einen beträchtlichen Einfluss aus. 1894 kehrte er mit seiner Familie wegen Krankheit nach Basel zurück.

Der Templer Theodor Sandel plante Frutigers Wohnhaus Mahanaim House an der Shivtei-Yisrael- und Prophetenstraße. Später wurde es nacheinander von der Evelina-Rothschild-Schule, Menachem Ussishkin, Direktor des Jüdischen

Nationalfonds, und Lord Herbert Plumer, Hochkommissar des britischen Mandats, bewohnt. Heute sind hier Büros des Erziehungsministeriums untergebracht.

S. 326–327, Hansen-Haus

Das frühere Hansen-Leprosorium liegt in Talbiyeh (S. 404), direkt vis-à-vis dem Jerusalem Theatre. Conrad Schick (S. 323) war der Architekt des symmetrischen Gebäudes, das als eines der schönsten Häuser Jerusalems aus dem 19. Jahrhundert gilt.

Das Jesus-Hilfe-Spital ist ein zweistöckiges Gebäude, das in einem ummauerten Garten liegt und dessen gewölbte Innenräume sich mit Arkaden zu einem Innenhof hin öffnen. Seit 1887 befand sich hier das Lepra-Spital, das auf eine Initiative des gemeinsamen anglo-preußischen Bistums (S. 287) zurückgeht. Es wurde von deutschen Diakonissen der Herrnhuter Brüdergemeinde betrieben. Das Spital war nach dem Arzt Gerhard Hansen, der das Lepra-Pathogen entdeckt hatte, benannt und pflegte in seinen 60 Betten Lepröse aller Religionen. Die meisten unter ihnen waren muslimische Araber, die einige Schwierigkeiten hatten, die strikten Regeln der Schwestern zu befolgen. Nachdem die Lepra heilbar geworden war, wurde das Spital im Jahr 2000 geschlossen.

Nach einer grundlegenden Renovierung wurde das Gebäude als Kulturzentrum für Design, Medien und Technologie wiedereröffnet und bietet heute verschiedene Programme mit stets wechselnden Ausstellungen an.

Legende

Die überwölbten Räume des früheren Lepra-Spitals (links außen) gehen auf einen zentralen Hof hinaus. Heute ist das Gebäude (links) ein Kulturzentrum mit stets wechselnden Ausstellungen (links außen, oben).

S. 328–329, Notre Dame de France

Notre Dame de France ist ein Hospiz für katholische Pilger. Es liegt direkt außerhalb des christlichen Viertels und gegenüber dem Neuen Tor und wurde 1888 eröffnet.

Seit der Zeit von Suleiman dem Prächtigen und Franz I. agierte Frankreich als Beschützer der Katholiken und die Franziskaner der Custodia Terrae Sanctae kümmerten sich 500 Jahre lang (1333–1847) um katholische Pilger und deren Interessen. Bis zur Mitte des 19. Jahrhunderts und besonders nach dem Krimkrieg spielte Frankreich für mehrere Jahrzehnte die einflussreichste Rolle im osmanischen Reich.

Frankreichs politischer und religiöser Ehrgeiz spiegelt sich exemplarisch in der monumentalen Architektur des Notre-Dame-Komplexes. Die Renaissancefassade des Hospizes bekrönt eine Statue der Jungfrau Maria.

Im Krieg von 1948 wurde der Komplex schwer beschädigt und diente danach als Stützpunkt für die israelische Armee. Das Gebäude wurde 1972 dem Vatikan zurückgegeben (deshalb weht dort die päpstliche Flagge) und als Herberge für Geistliche mit Restaurant und Konferenzräumen hergerichtet.

Legende

Die monumentale Notre Dame de France (oben links) spiegelt Frankreichs führende Rolle unter den Kolonialmächten wider. Die Marienstatue (links außen) ist eine Nachbildung der Notre Dame du Salut in Paris, die dem Gebäude 1904 aufgesetzt wurde. Im Krieg von 1948 wurde der Komplex schwer beschädigt. Heute ist er das Pilgerzentrum des Vatikans, erkennbar an der päpstlichen Flagge (oben).

S. 330–331, St.-Louis-Spital

Als der französische Baron de Piellat nach Jerusalem pilgerte, besuchte er das damals einzige katholische Spital, das aus drei überfüllten Räumen im lateinischen Patriarchat bestand. Entsetzt über die schrecklichen Zustände widmete er sich der Gründung einer angemessenen Krankenstation, des St.-Louis-Spitals.

Nach 15 Jahren Spendensammlungstätigkeit öffnete das Spital 1888 seine Türen für die Kranken, während die Bautätigkeit noch 20 weitere Jahre in Anspruch nahm. Es wurde nach einem Entwurf der französischen Architekten Guillemot und Planche in einem renaissance-barocken Stil auf einem Grundstück gegenüber der Nordwestecke der Stadtmauer und neben Notre Dame de France (S. 328) gebaut.

Heute hat das Spital 60 Betten und pflegt ältere und chronisch kranke Patienten aller Religionen und Nationalitäten. Katholische Nonnen und Schwestern pflegen die Patienten ehrenamtlich.

Zwischen 1948 und 1967 war der dünne Streifen Land zwischen dem Spital und der Stadtmauer Teil des Niemandslandes. Es wird erzählt, dass eines Tages die falschen Zähne eines Patienten aus dem Fenster in die umstrittene Zone gefallen seien. Bei der Rückholaktion seien Soldaten zweier verfeindeter Armeen, eine UNO-Eskorte und eine weiße Flagge im Einsatz gewesen.

Legende

Das St.-Louis-Spital ahmt einen Renaissance-Palazzo nach und liegt direkt neben Notre Dame de France (S. 328) und gegenüber den Stadtmauern der Altstadt. Pfleger gönnen sich auf einem schattigen Balkon eine Pause (links außen).

S. 332, Maria-Magdalena-Kirche

Sieben goldene Zwiebeltürme, jeder mit einem russischen Kreuz versehen, machen die Kirche auf dem Hang des Ölbergs zu einem Wahrzeichen der Stadt.

Die Kirche steht direkt über dem Garten Gethsemane und der Kirche aller Nationen (S. 388). Sie wurde im Stil der Moskowiter Kirchen des 16. Jahrhunderts entworfen und 1888 von Zar Alexander III. dem Andenken an seine Mutter geweiht. Die Überreste zweier gemarterter Heiliger, Großherzogin Elisabeth (Schwester der letzten Zarin) und deren Begleiterin Barbara, die beide während der Revolution von 1918 ermordet wurden, sind hier begraben. Im Konvent leben heute russisch-orthodoxe Nonnen aus verschiedenen Ländern unter der Jurisdiktion der russisch-orthodoxen Kirche außerhalb Russlands.

S. 333, Bikur-Cholim-Spital

Der Krankenbesuch ist ein halachisches Gebot, also vom jüdischen religiösen Gesetz vorgeschrieben. Orthodoxe Peruschim (S. 272), Schüler des Gaon von Wilna, gründeten vor beinahe 200 Jahren ein Spital dieses Namens in der Altstadt.

Nach vielen Aufs und Abs meist finanzieller Natur zog das Spital 1924 in ein neues Gebäude an der Ecke der Strauß- und Prophetenstraße um. Im Ostflügel des früheren Spitals der Kaiserswerther Diakonissen (S. 310), das direkt gegenüber liegt, war seit 1948 die Geburtsabteilung untergebracht. Ihr Spital (rechts) wurde 1892 nach einem Entwurf von Conrad Schick (S. 323) erbaut und weist ein charakteristisches Türmchen auf. 2012 hat das Sha'are-Zedek-Spital Bikur Cholim übernommen. Da es nahe den religiösen Quartieren Me'a She'arim und Ge'ula liegt, nimmt es vorwiegend orthodoxe Juden auf und wird nach deren Bedürfnissen betrieben. Seine Lage in der Innenstadt hat sich in Zeiten von Terrorattacken als nützlich erwiesen. Während die anderen Spitäler Jerusalems weit vom Zentrum entfernt liegen, konnte Bikur Cholim viele Leben retten.

Legende

Die «weiß-» russische Maria-Magdalena-Kirche am Hang des Ölbergs (links) erinnert an mittelalterliche russische Kirchen. Das frühere Spital der Kaiserswerther Schwestern (rechts) wurde von Conrad Schick erbaut und beherbergte zeitweise Teile von Bikur Cholim, einer jüdischen wohltätigen Gesellschaft, die sich der Krankenpflege widmete.

S. 334–335, Alte Eisenbahnstation

Die alte Eisenbahn, die Jerusalem mit Jaffa verband, folgte dem «Eselspfad», d. h. der alten Route, die von der Küstenebene über den Nahal Soreq und durch das Tal Repha'im nach Jerusalem aufstieg.

Der historische Bahnhof liegt nahe der deutschen Kolonie (S. 318) zwischen der Hebron Road und der Bethlehem Road und war von 1892 bis 1998 in Betrieb. Die Züge verkehrten selten und waren langsam – Zugfahren war deshalb nicht beliebt. Nachdem er viele Jahre lang vernachlässigt worden war, wurde der Bahnhof 2013 unter dem Namen The First Station (HaTachanah HaRischonah) als Zentrum für kulturelle und kulinarische Vergnügen sowie Unterhaltung eröffnet (ganz oben). Er geht über in einen Park, in dem ein Fahrrad- und Fußweg entlang der früheren Eisenbahnschienen verläuft oben). Der Plan für das Gebäude wurde auch für die Bahnhöfe in Jaffa und Ramla verwendet.

Legende

The First Station, Jerusalems früherer Bahnhof (oben), ist heute ein Kultur- und Unterhaltungszentrum (links, ganz oben) mit vielen Restaurants. Die verwaisten Schienen wurden in einen öffentlichen Park umgewandelt (unten links).

S. 336–337, St.-George-Kathedrale

Der neogotische Komplex sieht aus, als wäre er von Cambridge oder Oxford hierher verfrachtet worden. Er ist nach dem Schutzheiligen Englands benannt.

1881, nach der Auflösung des gemeinsamen protestantischen Bistums (S. 287), erwarb die anglikanische Kirche ein Grundstück an der Abzweigung der Saladinstraße von der Nablusstraße etwa 700 Meter nördlich des Damaskustors. Man betritt den Komplex von Westen durch einen Torturm (rechts außen). Die wichtigsten Gebäude umgeben eine Plaza mit der 1898 geweihten Kathedrale, der Wohnung des Bischofs und Unterkünften für die Kleriker, die heute als Gästehaus genutzt werden. Der Stil des nach dem Entwurf von George Jeffery gebauten College-Hofs erinnert an die englische Gotik des Spätmittelalters. In der dreischiffigen Kathedrale (links) hängt im linken Querschiff das königliche Wappen (oben rechts), das bis 1948 den Sitz des Hochkommissars (S. 360, 396) schmückte. Um die Akustik zu verbessern, wurde das Dach mit einer hölzernen Decke verkleidet.

Im Ersten Weltkrieg wurde der Komplex zum Hauptquartier von Djemal Pascha, dem türkischen Oberkommandanten in Jerusalem. Heute ist die Kathedrale die spirituelle Heimat einer Gemeinschaft von englischen Auswanderern und der palästinensischen Anglikaner, von denen die meisten konvertierte griechisch-orthodoxe Christen sind.

Legende

Ein Torturm (rechts) gibt Einlass in den Hof vor der neugotischen St.-George-Kathedrale (links). Das königliche Wappen (oben) wird im Querschiff zur Schau gestellt.

S. 338–339, Äthiopische Paradiesbergkirche

Äthiopische Kirchen werden typischerweise nach einem kreisförmigen Grundriss gebaut. Drei konzentrische Ringe von zunehmender Heiligkeit umgeben ein quadratisches Heiligtum im Zentrum.

Die Kidane-Mehret-Kirche (altäthiopisch «Konvent der Gnade»), die Teil des Debre-Genet-Klosters (Heiligtum des Paradieses) ist, liegt in der Äthiopienstrasse, einer Seitengasse der Prophetenstraße. Der ummauerte Komplex wurde von Kaiser Yohannes IV. gegründet und mit der Beute aus seinem Krieg gegen die Khediven von Ägypten bezahlt. Die Kirche mit der schwarzen Kuppel ist umgeben von Mönchszellen. Sie wurde von Conrad Schick (S. 323) entworfen und zwischen 1874 und 1901 gebaut.

Die äthiopische Kirche zählt zusammen mit den Armeniern, Syrern, Jakobiten und Kopten zu den ostorthodoxen (monophysitischen, S. 323) Kirchen. Ihr Ursprung führt ins 1. Jahrhundert zurück; um 330 wurde sie zur Staatsreligion erhoben. Zum Judentum bestanden enge Beziehungen, die bis auf die Königin von Saba, die nach der Überlieferung König Salomon besucht hat, zurückgehen. Deren gemeinsamer Sohn soll der Stammvater der herrschenden Dynastie gewesen sein. Ursprünglich war die äthiopische Kirche Teil der koptischen Kirche von Ägypten. Sie trennte sich aber 1959 von dieser, als die Beziehungen zwischen Präsident Nasser und Kaiser Haile Selassie sich verschlechterten; ein Disput, der bis heute Unfrieden stiftet.

Legende

Die runde äthiopische Kirche in der Neustadt (rechts) ist Teil eines ummauerten Komplexes mit einem Kloster (links).

S. 340–341, Yemin Moshe

Sir Moses Montefiore (1784–1885), ein britischer Bankier, Freimaurer, Aktivist und Philanthrop, besuchte Jerusalem sieben Mal. Er repräsentierte das, was die Engländer seiner Zeit als «edlen Hebräer» bezeichneten.

Er wurde in eine sephardische Familie aus Livorno, Italien, geboren und heiratete in die Rothschild-Familie ein. Als Börsenmakler im Auftrag der Rothschilds machte er ein Vermögen. Erst nach seiner ersten Reise nach Jerusalem (1827) wurde er zu einem strenggläubigen Juden. Er hielt Verbindung zu den Sozialreformern in England, beteiligte sich an politischen Initiativen und spielte eine wichtige Rolle in Kreisen, die sich für die Abschaffung der Sklaverei sowie die Entschädigung der Sklavenhalter einsetzten. In den 1830er-Jahren zog er sich von den Geschäften zurück und widmete sich der Philanthropie. Seine Anstrengungen, das Los der osteuropäischen und levantinischen Juden zu verbessern, machten ihn weitherum beliebt, brachten ihm den Adelstitel ein und werden als bahnbrechend für den Protozionismus betrachtet. In Palästina ermutigte er die Juden, einer produktiven Arbeit nachzugehen, und gründete sich selbst versorgende, hygienische Siedlungen wie z. B. Mishkenot Sha'ananim (S. 296). Die charakteristische Windmühle dort beherbergt heute ein kleines Museum zu seinen Ehren. Auch sein restaurierter privater Reisewagen, der ein beliebtes israelisches Lied inspirierte, wird dort gezeigt.

Direkt neben Mishkenot Sha'ananim (S. 296) wurde zwischen 1892 und 1894 die Siedlung Yemin Moshe gebaut und an Montefiores siebtem Todestag nach ihm benannt. Das Land war bereits früher vom Josef Touro Fonds erworben worden. Die schönen Steinhäuser, obgleich immer noch bescheiden, waren geräumiger als die in Mishkenot Sha'ananim. Aufgrund seiner Lage direkt gegenüber den Stadtmauern wurde das Quartier während und nach dem Krieg von 1948 zu einem Grenzstützpunkt. Dies resultierte in seinem Niedergang. Nach 1967 wurde das Quartier grundlegend renoviert und die neuen, wohlhabenden Besitzer engagieren sich im Erhalt seines einzigartigen Charakters.

Legende

Yemin Moshe (oben), das etwa 30 Jahre später als das benachbarte Mishkenot Sha'ananim (S. 296) erbaut wurde, erhielt seinen Namen von dem Philanthropen Sir Moses Montefiore. Seine kleinen Häuser werden von der weithin sichtbaren Windmühle bewacht. Heute ist das Quartier eine sehr wohlhabende Gegend, deren Gassen als Hintergrund für jüdische Familienfotos (rechts außen) oder arabische Abschlusszeremonien (oben rechts) dienen.

S. 342–343, Erlöserkirche

Die lutheranische Kirche wurde 1898 in Gegenwart des deutschen Kaisers Wilhelm II. eingeweiht. Das Gebäude steht in der Nordostecke des Muristan (S. 350) auf einem Grundstück, das der Sultan Preußen geschenkt hatte.

Die neuromanische Kirche, deren Plan von St. Anna (S. 168) inspiriert wurde, ist das Zentrum der deutsch- und arabischsprachigen lutheranischen Kirchen in Jerusalem. Der Glockenturm gewährt einen Blick über das ganze Gebiet (oben). Als jüngste Kirche in der Altstadt bildet sie ein Gegengewicht zur ältesten, St. Johannes (S. 146), in der gegenüberliegenden Ecke des Muristan. Ausgrabungen unter dem Fußboden und ein Museum im Kreuzgang zeigen alle historischen Schichten bis zur frühesten Geschichte der Stadt.

Legende

Die lutheranische Erlöserkirche (links) wurde in Gegenwart des deutschen Kaisers Wilhelm II. geweiht. Der Glockenturm (links außen) bietet einen großartigen Blick (oben) über die Altstadt und ihre Umgebung.

S. 344–345, Erlöserkirche

Die Kirche wurde auf den Grundmauern der alten Klosterkirche St. Maria Latina erbaut.

An der Stelle, an der heute die Kirche steht, soll nach einer alten syrischen und von den Kreuzfahrern übernommenen Überlieferung Maria während der Kreuzigung gestanden haben. Der Haupteingang der mittelalterlichen Kirche hat sich in der Nordmauer erhalten (oben). Obwohl durch muslimische Ikonoklasten beschädigt, zeigen die Verzierungen die zwölf personifizierten Monate, die durch Sonne und Mond im Scheitelpunkt (oben, Mitte) getrennt werden. Eine recht gut erhaltene Figur stellt einen Drescher mit seinem Flegel als personifizierten August dar (oben rechts). Der mehrmals restaurierte Kreuzgang (rechts) ist einer der wenigen ruhigen Rückzugsorte in der Altstadt. Nach Saladins Eroberung wurden im Kloster eine Madrasa und eine Moschee untergebracht. Das schöne Doppelfenster aus der Mitte des 13. Jahrhunderts (oben links) wurde 1898 in das Treppenhaus der pröpstlichen Verwaltung verbracht.

Legende

Der Kreuzgang des Klosters (rechts) ist einer der wenigen ruhigen Orte in der Altstadt. Zu den Überresten einer mittelalterlichen Vorgängerkirche gehört ein Portal, das mit den personifizierten zwölf Monaten sowie Sonne und Mond im

Scheitelpunkt (oben Mitte) verziert war. Die Darstellung des Monats August ist trotz Beschädigungen gut als Drescher mit Flegel erkennbar (oben rechts). Ein mamlukisches Fenster (oben links) wurde 1898 ins Verwaltungsgebäude des Propstes verlagert.

S. 346–347, Bucharisches Quartier

Die ersten jüdischen Einwanderer aus Buchara, Taschkent und Samarkand kamen in den 1870er- und 1880er-Jahren nach Jerusalem. Viele unter ihnen waren reiche Kaufleute, die ihr Vermögen dem Handel entlang der Seidenstraße verdankten.

Der Grundriss des Quartiers stammt von Conrad Schick (S. 323) und folgt einem wohlhabenden europäischen Stil mit breiten Straßen, die von Eukalyptusbäumen und großen Häusern mit geräumigen Höfen gesäumt sind. Der schachbrettartige Plan stand im Gegensatz zur beengten Architektur zeitgleicher jüdischer Quartiere. Bis zur Jahrhundertwende galt das bucharische Quartier als das schönste der Stadt.

Reiche Kaufleute aus Turkmenistan beauftragten italienische Architekten mit dem Bau ihrer Häuser, die meist als Sommerresidenzen für den Aufenthalt der Familien in Jerusalem dienten. Das ansehnlichste Gebäude ist Beth Yehudayoff-Hefetz (oben rechts), das 1907 durch die gleichnamige Kaufmannsfamilie bezogen wurde. Wegen seiner Größe und seiner luxuriösen Ausstattung wurde es als «derPalast» bezeichnet. Seine neoklassische Fassade, gegliedert durch Pfeiler mit korinthischen Kapitellen, ist bewusst nicht symmetrisch, da das östliche Judentum Perfektion als göttliches Attribut versteht, das Sterblichen nicht zieme. Ein anderes schönes Beispiel ist das Davidoff-Haus (1906, links) mit seinem italienischen Renaissanceäußern und seinem zweistöckigen Dach.

Mit der Zeit zog die ursprüngliche Einwohnerschaft weg und die soziale Struktur veränderte sich. Das Quartier verfiel und wurde immer schäbiger. In vielen der größeren Gebäude wurden religiöse und pädagogische Einrichtungen untergebracht. Eine neuere lokale Initiative möchte das Quartier retten und zu seiner früheren Schönheit zurückführen.

Legende

Beit Yehudayoff-Hefetz (rechts) und Beit Davidoff (links) sind zwei der schönsten Gebäude im bucharischen Quartier. Sie wurden um die Jahrhundertwende durch reiche Kaufleute errichtet. Italienische Architekten brachten europäisches Flair in das damals moderne und elegante Quartier. Das Foto rechts ist wegen der Enge der Straße vor dem Palast aus sieben separat aufgenommenen Bildern zusammengesetzt.

S. 348–349, St. Etienne

Nach der Legende wurde Stephanus, der erste christliche Märtyrer, direkt außerhalb des Damaskustors gesteinigt. Im 5. Jahrhundert errichtete Kaiserin Eudokia hier zu seinen Ehren eine Basilika, die aber bereits 614 von den Persern zerstört wurde.

Viele Jahrhunderte später erwarben die Dominikaner dieses Grundstück neben dem Gartengrab. Ihre dem heiligen Stephanus (frz. St. Etienne) geweihte Kirche wurde 1900 auf den Fundamenten des byzantinischen Vorläufers errichtet. Ihr eklektischer Stil kombiniert neugotische Strebepfeiler, die die Mauern einer neuromanischen Kirche stützen, mit Bogen, die von der Mesquita in Cordoba inspiriert sind.

Der Komplex beherbergt die berühmte École biblique et archéologique française de Jérusalem, ein Institut, das sich der wissenschaftlichen Erforschung der Bibel verschrieben hat und Disziplinen wie Geschichte, Archäologie und semitische Sprachwissenschaften umfasst. Es hat viele Ausgrabungen durchgeführt, war an der Publikation der Schriftrollen vom Toten Meer beteiligt und koordinierte die Jerusalem-Bibel, eine kritische Edition der biblischen Texte.

Legende

Die französischen Dominikaner bauten die Kirche St. Etienne (Stephanskirche) zu Ehren des ersten christlichen Märtyrers an der Stelle eines byzantinischen Vorläufers. Das Innere (rechts) zeigt einen für die Zeit um 1900 typischen Stilmix.

S. 350–351, Muristan, Suq Aftimos

Die geschäftige Ansammlung von Läden und Restaurants erstreckt sich von Norden nach Süden zwischen der Grabeskirche und der Davidstraße.

Im 2. Jahrhundert baute Hadrian das Forum von Aelia Capitolina wie in römischen Städten üblich an der Kreuzung von Cardo und Decumanus. Dieser Raum ist heute der Muristan. Im 5. Jahrhundert scheint hier ein christliches Pilgerzentrum bestanden zu haben. Um 800 erlaubte es die Freundschaft zwischen Harun al-Raschid und Karl dem Großen, das Hospiz zu vergrößern und eine Bibliothek hinzuzufügen. Der Komplex wurde von dem fatimidischen Kalifen al-Hakim zerstört und im 10. Jahrhundert von Kaufleuten aus Amalfi wieder errichtet. Auf diese Zeit können die Kirchen von St. Johannes (S. 146) und Maria Latina (S. 244) datiert werden. Während der Kreuzfahrerzeit diente der Platz den Rittern des Johanniterordens als Wohnsitz.

Während der folgenden Jahrhunderte verfiel die Gegend. Als die Deutschen die Erlöserkirche (S. 343) bauten, wurde das verbleibende Grundstück an das griechisch-orthodoxe Patriarchat verkauft. Archimandrit Aftimos baute 1903 einen Markt für Touristen, der heute nach ihm benannt ist. Der Name Muristan leitet sich vom falsch ausgesprochenen persischen Wort «Bimarestan» ab, das Spital bedeutet.

Legende

Im Zentrum des Muristan, an der Stelle, an der sich die beiden Hauptstraßen kreuzen, steht ein mächtiger Brunnen (oben). Die Ziertore (oben rechts) führen zum Aftimos-Markt, der sich auf Souvenirs für Touristen und Pilger (unten rechts) spezialisiert hat.

S. 352–353, Auguste Viktoria

Zwischen 1907 und 1914 von der Kaiserin-Auguste-Viktoria-Stiftung als Zentrum für die deutsche protestantische Gemeinde in Palästina erbaut, thront der Komplex wie eine Festung auf dem Ölberg. Mit einer Höhe von 50 Metern ist der Glockenturm ein charakteristisches Wahrzeichen der Stadt und hebt sich klar vom Horizont ab.

Der Komplex umfasst ein Spital, die deutsch-protestantische Himmelfahrtkirche, ein Zentrum für Pilger und Touristen mit Café, den Jerusalemer Zweig des Deutschen Evangelischen Instituts für Altertumswissenschaft des Heiligen Landes und einen interreligiösen Kindergarten.

Benannt ist das Ganze nach der Gattin Kaiser Wilhelms II. Der Architekt Robert Leibnitz, der auch das Hotel Adlon in Berlin erbaute, errichtete den Komplex in wilhelminisch-byzantinischem Stil. Die Gebäude einschließlich der Kirche umgeben einen weiten zentralen Hof. Von 1914 bis 1917 war hier das türkisch-deutsche Oberkommando in Palästina stationiert, von 1917 bis 1927 die britische Mandatsverwaltung, und von 1939 bis 1950 befand sich hier ein britisches und später jordanisches Militärspital.

Heute verfügt das Spital über 120 Betten und versorgt Palästinenser mit speziellen medizinischen Bedürfnissen. Zu seinen Abteilungen gehört ein Krebszentrum mit Radiotherapie, das einzige Spital mit dieser Behandlungsmethode für ungefähr vier Millionen Palästinenser. Außerdem umfasst es eine Einheit für Knochenmarktransplantation, ein pädiatrisches Zentrum und eine Dialysestation. Seit 1950 wird es gemeinsam vom Lutherischen Weltbund und der UNWRA (United Nations Relief and Works Agency) finanziert.

Legende

Der Auguste-Viktoria-Komplex ist nach der Gattin Kaiser Wilhelms II. benannt und umfasst die lutheranische Himmelfahrtkirche mit ihrem dominierenden Glockenturm (lkinks, rechts) und ein Spital für Palästinenser. Im Hof befinden sich zwei Bronzestatuen des Kaisers und der Kaiserin in Kreuzfahrerkleidung (unten rechts). Mächtige deutsche Reichsadler (rechts außen) schützen den Zugang zur Kirche.

S. 354–355, Auguste Viktoria, Himmelfahrtkirche

Das großzügig dekorierte Innere zeigt einen Stilmix aus verschiedenen Epochen und kombiniert Elemente aus romanischer, byzantinischer, Renaissance- und Jugendstilzeit.

Typisch für den Jugendstil sind die Reliefengel (rechts), die den Chor flankieren. Bemerkenswert sind die Deckengemälde und die Mosaiken in der Chorapsis (links). Beide wurden in Deutschland entworfen und zum Teil auch dort hergestellt.

Die Mosaiken der Apsis, die auf goldenem Hintergrund Christi Himmelfahrt zeigen, sind die kostbarsten Ausschmückungen. Der Künstler Hermann Scharper verwendete Motive von byzantinischen Mosaiken in Ravenna, Rom, Venedig und Sinai. Die flache Holzdecke, ein Merkmal früher romanischer Kirchen, wurde von Otto Vitali entworfen. Ein mächtiges Kreuz erstreckt sich über die ganze Länge der Kirche mit ihren drei Räumen. Im Zentrum ist Christus Pantokrator (All- oder Weltherrscher), umgeben von Evangelisten, Erzengeln und Aposteln (links) zu sehen. Über dem Chor wird die heilige Stadt Jerusalem von vier Kreuzfahrerkönigen bewacht. Das Feld über der Orgel zeigt das kaiserliche Paar in mittelalterlicher Kleidung mit einem Modell der Kirche. Die Ecken bilden prominente Kreuzfahrer ab, darunter etwas willkürlich Friedrich II., der den freien Zugang zu den heiligen Stätten für Pilger auf friedliche Art bewirkte. Wilhelm II. sah sich durchaus in der Nachfolge dieses Kaisers.

Legende

Das Gemälde auf der hölzernen Decke und die Mosaiken der Apsis (links) zeigen die für die Zeit typische Mischung von Stilen. Dem Jugendstil entsprechen die den Chor flankierenden Engel (oben).

S. 356–357, Dormitio-Abtei

Das kreisförmige Gebäude mit vier Türmen und einem allein stehenden Glockenturm (links) dominiert den Berg Zion und ist von fast überallher sichtbar.

Während seines Jerusalembesuchs 1898 kaufte Kaiser Wilhelm ein Grundstück auf dem Berg Zion und schenkte es dem (katholischen) Deutschen Verein vom Heiligen Lande. Die Kirche und das Benediktinerkloster in neuromanischem Stil, der an deutsche Kathedralen erinnert, wurden 1910 geweiht. Der deutsche Architekt Heinrich Renard setzte den Komplex sorgfältig in Beziehung zur Altstadtmauer und zum Minarett der Nabi-Da'ud-Moschee und stellte sicher, dass die imperialen Ambitionen der wilhelminischen Zeit (1888–1918) klar vermittelt wurden – und das tun sie bis zum heutigen Tag.

Direkt neben der früheren byzantinischen und Kreuzfahrerkirche mit dem Abendmahlsaal (S. 185) wurde eine kreisförmige Kirche mit Chor und sechs von deutschen katholischen Gemeinden gestifteten Altarnischen erbaut. Die große Höhe des Innenraums (34 m) und die glänzenden Mosaiken wurden mit Macht und Größe assoziiert. Im Zentrum der Krypta liegt eine Statue der schlafenden Maria, Jesu Mutter, die nach christlicher Überlieferung auf dem Berg Zion gestorben sein soll. Der Klang der vier Glocken ist mit den Glocken der Erlöserkirche (S. 343) und der Auguste Viktoria (S. 354) abgestimmt.

Neben anderen christlichen Stätten ist auch die Dormitio-Abtei zunehmend das Ziel von Vandalismus durch extremistische nationalzionistische Jugendliche.

Legende

Die deutsch-katholische Dormitio-Abtei, ein charakteristisches Wahrzeichen auf der Spitze des Berges Zion, besteht aus einem runden Gebäude mit vier Türmen (links). Das Innere mit einem Chor und sechs Seitenaltären ist verschwenderisch mit Mosaiken geschmückt (rechts).

S. 358–359, Italienisches Spital

Der Turm an der Prophetenstraße erinnert an den Palazzo Vecchio in Florenz und trägt zur europäischen Silhouette Jerusalems bei.

Von den europäischen Mächten war Italien die letzte, die sich eine physische Anwesenheit in der Stadt verschaffte. Da Frankreich bemüht war, Italien in die Entente cordiale einzubinden, unterstützte es die Forderung Italiens, das seine eigenen katholischen Staatsbürger und deren beinahe ausschließlich religiösen Einrichtungen vertreten wollte. Zwischen 1910 und 1919 baute Antonio Barluzzi einen Spitalkomplex mit 100 Betten, der eine stark nationalistische Architektur aufweist. Die leeren Quadrate über den Fenstern (links) trugen einst die Wappen italienischer Familien, die an den Kreuzzügen beteiligt waren. Ultraorthodoxe Juden aus dem benachbarten Me'a She'arim zwangen die Stadtverwaltung, alle Kreuze und Symbole «irrelevanter» Geschichte zu entfernen.

Im Zweiten Weltkrieg diente der Komplex der britischen Royal Air Force. Im Krieg von 1948 war er heftig umkämpft und wurde schwer beschädigt. 1963 kaufte Israel das Spital und brachte darin das Erziehungsministerium unter.

Legende

Das Italienische Spital erinnert an den Palazzo Vecchio (rechts, S. 284) und italienische Kirchen aus dem Mittelalter (oben). Die leeren quadratischen Löcher im ehemaligen italienischen Konsulat (links) nahmen ursprünglich die Wappenschilde italienischer Kreuzfahrer auf. Sie mussten auf Druck ultraorthodoxer Juden aus dem benachbarten Me'a She'arim entfernt werden.

S. 360–361, Britisches Mandat, 1917–1948 (Titelseite)

Legende

Der tiefer liegende Garten des Government House, der Residenz des britischen Hochkommissars.

S. 362–363, Britisches Mandat, 1917–1948

Das Völkerbundmandat für Palästina an Großbritannien, ein Resultat des Zusammenbruchs des Osmanischen Reiches nach dem Ersten Weltkrieg, hinterließ viele Spuren, die die Entwicklung der Stadt bis heute prägen. Diese kurze Periode von 30 Jahren war Zeuge der Entstehung zweier Nationen, einer jüdischen und einer palästinensischen, die beide Selbstbestimmung forderten.

Im Ersten Weltkrieg (1914–1918) vertrieben die britischen Streitkräfte unter General Allenby und die von Hussein Ibn Ali al-Hashemi, Scherif von Mekka (S. 213), angeführte Arabische Revolte die Türken aus der Levante. 1922 legitimierte der Völkerbund die britische Administration und erteilte England ein Mandat zur vorübergehenden Verwaltung Palästinas «bis zur der Zeit, in der sie allein stehen können». Die Situation war von Anfang an verworren: Einerseits gab es das britische Versprechen, die arabischen Bestrebungen nach Unabhängigkeit zu honorieren. Diese Zusicherung wurde von den beiden Seiten unterschiedlich interpretiert. Andererseits teilten Großbritannien und Frankreich im Sykes-Picot-Abkommen von 1916 die Levante unter sich auf – aus arabischer Perspektive ein klarer Bruch des Versprechens. Und zusätzlich gab es noch die Balfour-Erklärung von 1917, eine öffentliche Stellungnahme, die die «Errichtung einer nationalen Heimstätte für das jüdische Volk» unterstützte. Zusammen mit dem Erstarken einer arabischen und jüdischen nationalen Bewegung führten die sich widersprechenden Versprechungen, Abkommen und Erklärungen zum sofortigen Konflikt zwischen den beiden Bevölkerungsgruppen und zum Widerstand gegen die britischen Behörden. Die arabischen Unruhen von 1920–1929 und die Revolte von 1936–1939 richteten sich gegen jüdische Einwanderung, jüdischen Landerwerb und die englische Verwaltung, die aus palästinensischer Sicht die jüdische Seite zu begünstigen schien. Die jüdische Seite verteidigte politisch und militärisch Leben und Besitz gegen arabische Verstöße und lehnte die Briten ab, nachdem diese der zionistischen Bewegung ihre Unterstützung entzogen hatten (die Weißbücher von 1930 und 1939 beschränkten jüdische Einwanderung und Landerwerb). Nach dem Zweiten Weltkrieg entluden sich die Spannungen im Krieg von 1947–1949 (S. 410).

In der Mandatsperiode entwickelten sich unabhängig voneinander eine arabische und eine jüdische Gesellschaft, jede mit ihren eigenen Wohlfahrts-, Erziehungs- und Kulturinstitutionen sowie militärischen Organisationen im Untergrund. Während dieser 30 Jahre änderte sich die Demografie Palästinas grundlegend: Die Einwohnerzahl wuchs von 600’000 auf 1,8 Millionen an, wobei sich die arabische Bevölkerung verdoppelte, die jüdische hingegen verzehnfachte. Diese Diskrepanz erklärt sich aus der massiven jüdischen Einwanderung. Zwischen 1919 und 1923 brachte die Dritte Alija im Kielwasser des Ersten Weltkriegs 40’000 Juden aus Osteuropa ins Land. Diese ideologisch motivierten Pioniere (Halutzim) siedelten in landwirtschaftlichen Gemeinden. Mit der Vierten Alija (1924–1929) kamen 82’000 Juden, die meisten auf der Flucht vor Antisemitismus in Polen. Diese Kohorte bestand hauptsächlich aus Mittelschichtfamilien, die sich in den Städten niederließen und kleine Geschäfte eröffneten. Zwischen 1929 und 1939

Legende

Die 30 Jahre britischer Herrschaft bescherten der Stadt und dem ganzen Land eine funktionierende westliche Infrastruktur. Diese schloss auch sehr britische Vorlieben ein, die in einem trockenen Klima beträchtlichen Aufwand erforderten, z. B. den wunderschönen Rosengarten in der Residenz des Hochkommissars.

S. 364–365

sorgte der Aufstieg des Nationalsozialismus für weitere 250’000 Einwanderer aus Deutschland, Polen, Österreich, der Tschechoslowakei und Griechenland nach Palästina: die Fünfte Alija. In dieser Gruppe waren viele Ärzte, Anwälte und Wissenschaftler, die dem europäischen kulturellen und wissenschaftlichen Leben in der Stadt kräftigen Auftrieb verliehen. Illegale Immigration (Aliyah Beth) begann 1933 und hielt bis zur Gründung des Staates Israel 1948 an. Unter Umgehung der britischen Blockade gegen, diese Form der Immigration, erreichten schätzungsweise 110'000 Flüchtlinge Palästina.

Während des Zweiten Weltkriegs verhielt sich die arabische Bevölkerung neutral oder suchte auf der Basis eines gemeinsamen Antisemitismus oder Antizionismus eine Verständigung mit den faschistischen Achsenmächten. Diese Fraktion erlangte durch die Zusammenarbeit des Großmuftis von Jerusalem, Muhammad Amin al-Husseini, mit Deutschland und Italien zu unrühmlicher Bekanntheit. Die jüdische Seite löste das Dilemma durch Ben Gurions pragmatische Haltung, «die britischen Kriegsanstrengungen zu unterstützen, als ob es kein Weißbuch gäbe[,] und das Weißbuch zu bekämpfen, als ob es keinen Krieg gäbe».

Das vom Staat Israel übernommene Vermächtnis des Mandates umfasste u. a. ein funktionierendes Straßen- und Eisenbahnnetz,

Legende

Entwicklung der Stadt von 1917 (schwarz) bis 1929 (rot, rechts außen), von 1929 (schwarz) bis 1938 (rot, rechts) und von 1939 (schwarz) bis 1948 (rot, links).

1 Jaffa Road, S. 368
2 Das Dreieck, S. 375
3 Mahane-Yehuda-Markt, S. 381
4 Britischer Kriegsfriedhof, S. 538
5 Kirche aller Nationen, S. 388
6 Hebräische Universität, S. 390
7 St. Peter in Gallicantu, S. 392
8 St.-Andrew's-Kirche, S. 394
9 Government House, S. 360, 396
10 YMCA, S. 398
11 Rockefeller Museum, S. 401
12 Haus der Nationalen Institutionen, S. 402
13 Schocken-Bibliothek, S. 407
14 Turjeman-Stützpunkt, Mandelbaumtor, S. 423

S. 366–367

ein entwickeltes Post- und Transportsystem, die Elektrifizierung des Landes und ein System von Regierungs- und Justizverwaltungsstrukturen.

Als General Edmund Allenby am 11. Dezember 1917 in Jerusalem einmarschierte, beendete die britische Armee die 1200-jährige muslimische Herrschaft, die nur kurz durch das Kreuzfahrerintermezzo unterbrochen worden war. Wieder übernahmen Christen die Herrschaft über die Stadt und machten sie zur Hauptstadt Palästinas. Jerusalem musste sich weitreichenden Veränderungen unterziehen. Auf politischer Ebene wurde die Herrschaft der lokalen Notabeln durch eine britische und später durch eine zionistisch-jüdische Administration ersetzt. Auf sozialer Ebene unterlief (oder verdrängte) die Entwicklung einer modernen Stadt mit westlicher kultureller Ausrichtung und westlicher Stadtplanung den arabischen Charakter der Stadt. Noch entscheidender war die demografische Verschiebung von 34'000 Juden und 28'000 Arabern im Jahr 1922 (54 zu 45 %) zu 97'000 Juden und 60'000 Arabern (62 zu 38 %) 1944.

Während dieser 30 Jahre verwandelte sich die einst osmanische Provinzstadt in ein administratives, politisches, religiöses und kulturelles Zentrum. Die Bautätigkeit wurde sofort wieder aufgenommen und Jerusalem dehnte sich weiter nach Norden, Süden und Westen aus (S. 364–365). Bauregulationen und Planungsrichtlinien (links) wurden erlassen. Die Engländer nahmen Jerusalem hauptsächlich und primär als heiligen historischen Ort wahr und strebten einen Erhalt der romantischen Atmosphäre an, die die Stadt in den Augen westlicher Stadtplaner ausmachte. Dieses Ideal spiegelt sich in einem Baustopp entlang der Stadtmauern und in der Begrenzung der Gebäudehöhe wider. Am berühmtesten ist die Vorschrift, die auf Betreiben von Sir Ronald Storrs, dem britischen Stadtgouverneur (1917–1926), zustande kam, wonach alle Bauten in Jerusalem den lokalen Jerusalemstein verwenden mussten. Dieses Dekret ist zumindest teilweise bis heute in Kraft und verleiht der Stadt ihre unkonventionelle Besonderheit. Storrs war der Gründer und wichtigste Geldbeschaffer der Pro-Jerusalem-Gesellschaft, einer Vorläuferin der Jerusalem Foundation (S. 483). Deren Ziel war es, durch öffentliche Bauten und Einrichtungen und durch die Erhaltung der Altertümer einen gemeinsamen Geist ?unter? den verschiedenen Bevölkerungsteilen der Stadt zu schaffen. Viele öffentliche Bauten (Government House, S. 360, 396; Rockefeller Museum, S. 401; Hauptpost, S. 371) wurden von den Engländern erstellt; christliche Institutionen errichteten (semi-)religiöse Bauten wiez. B. Terra Sancta; St.-Andrew's-Kirche, S. 394; YMCA, S. 398; Kirche aller Nationen, S. 388) und zionistische Organisationen bauten jüdische öffentliche Gebäude (Jewish Agency, S. 402; Hebräische Universität, S. 390; das alte Hadassah-Spital). Repräsentative kommerzielle Gebäude und private Residenzen wurden von englischen, jüdischen (King David Hotel) und arabischen (Palace Hotel, Villa Karameh) Besitzern errichtet. Außerhalb der Altstadtmauern entstanden neue Quartiere (Rehavia, S. 404; Beth HaKerem; Talbiyeh; Katamon; Abu Tor; Bak'a).

Legende

Durch die Mandatsverwaltung wurde erstmals in der Geschichte Jerusalems eine kohärente und umfassende Stadtplanung vorangetrieben. Die Karte von 1944 (oben) zeigt den damaligen Entwicklungsstand.

S. 368–369, Jaffa Road

Die wichtigste Arterie der Neustadt verläuft vom Jaffator nach Westen zur Hauptstraße von Jerusalem nach Tel Aviv. Sie erhielt in der ersten Hälfte des 20. Jahrhunderts ihr Gesicht.

Über Tausende von Jahren verband diese Straße, die viele Sehenswürdigkeiten streift, Jerusalem mit dem Meer und der Hafenstadt Jaffa. Mit ihren zahlreichen Restaurants, Läden und Geschäften ist sie der Ort zum Sehen und Gesehenwerden (unten, rechts außen). Sie verbindet Zahal-Platz (S. 370), Safra-Platz (S. 451), das Dreieck (S. 375), Zion-Platz (S. 373) und Davidka-Platz (S. 378), den Mahane-Yehuda-Markt (S. 381) und den zentralen Bus- und Zugbahnhof (S. 503). An der Calatrava-Brücke (S. 486) geht sie in die Autobahn nach Tel Aviv über.

Zwischen 2002 und 2011 wurde die Jaffa Road in eine Fußgängerzone mit Tramlinie (rechts) umgestaltet. Während dieser Zeit, die durch gesetzliche, technische und finanzielle Schwierigkeiten noch verlängert wurde, litt die Stadt unter einem erheblichen Verkehrschaos sowie unter Luft- und Lärmverschmutzung.

Legende

Die alte Straße nach Jaffa ist die Nabelschnur der Neustadt. Heute ist sie als Fußgängerzone mit Tramverbindung (oben) der Ort zum Sehen und Gesehenwerden (links, rechts).

S. 370–371, Jaffa Road, Ostabschnitt

Direkt westlich der Altstadt wird die Straße von einer Reihe öffentlicher britischer Bauten gesäumt.

Am Zahal-Platz und gegenüber der alten Stadtbefestigungen steht die alte Stadtverwaltung, die in den 1930er-Jahren errichtet wurde. Barclays Bank übernahm die Baukosten und bezog den abgerundeten Abschnitt gegenüber der Stadtmauer (links außen). Dieser Gebäudeteil, der auf die Waffenstillstandslinie blickte und zwischen 1947 und 1967 ein Stützpunkt der Armee war, zeigte bis vor Kurzem noch die Narben, die er aus dem Krieg von 1948 davongetragen hat (oben links).

Die Anglo-Palastine Bank war eine Tochtergesellschaft des Jewish Colonial Trust, des Finanzinstituts der zionistischen Organisation. Später wurde daraus Bank Le'umi, Israels Nationalbank. Das Gebäude (oben rechts) wurde 1939 als einer der ersten mehrstöckigen Bauten in Jerusalem von Erich Mendelsohn entworfen. Später diente es als Geschäftsstelle der Stadtverwaltung und wurde an einen Investor verkauft.

Die Hauptpost (rechts) wurde vom britischen Chefarchitekten Austen Harrison 1938 als funktioneller, rechteckiger Block mit klaren Linien geplant. Der schwarze Streifen aus Basalt betont die horizontalen Linien.

Legende

Barclays Bank (links) zeigt immer noch die Narben aus dem Krieg von 1948 (oben). Die frühere Anglo-Palestine Bank (oben rechts) und die Hauptpost wurden im Internationalen Stil entworfen.

S. 372–373, Generali- und Sansour-Gebäude

Diese beiden Bauten dominieren jeweils eine wichtige Kreuzung und wurden zur selben Zeit gebaut; sie unterscheiden sich aber grundlegend in ihrem Stil.

Das Generali-Gebäude (links) nimmt die Häuserzeile, die von der Bank Le'umi und der Hauptpost gebildet wird, auf und beendet sie an der geschäftigen Kreuzung von Jaffa Road und Shlomzion-HaMalkah-Straße. 1935 entwarf der italienische Chefarchitekt Marcello Piacentini das Gebäude im faschistisch-rationalistischen Stil für die Jerusalemer Niederlassung der Assicuarzioni Generali. 1946 wurde es von den Briten enteignet und bildete einen Teil der befestigten Sicherheitszone am Ende der Jaffa Road, die von den Einheimischen nach dem Außenminister Bevingrad benannt wurde. Mit dem Ende des Mandats wurde das Gebäude von der jüdischen Untergrundorganisation Irgun erobert und dann von der neuen Administration übernommen.

Die Seiten des dreieckigen Gebäudes formen ein V und kehren dem Platz die Ecke zu. Der geflügelte Löwe auf dem Dach symbolisiert den heiligen Markus, den Schutzpatron von Venedig, und zugleich das Emblem der Versicherungsgesellschaft. Die römischen Ziffern darunter beziehen sich auf deren Gründungsdatum (1831).

Im Gegensatz dazu wurde das kommerzielle Sansour-Gebäude (rechts), das am Zion-Platz an der Ecke von Jaffa- und Ben-Yehuda-Straße steht, in einem eklektischen Stil konstruiert, der Elemente von Neorenaissance und Klassizismus kombiniert. Diese Mischung erfreute sich in der damaligen arabischen Architektur großer Beliebtheit. Es wurde 1929 von einem reichen Unternehmer aus Bethlehem, der sein Vermögen mit Tabak aus San Salvador gemacht hatte, erbaut.

Legende

Das Generali-Gebäude (links) wurde im faschistisch-rationalistischen Stil erbaut, während das Sansour-Gebäude (rechts) Neorenaissance- und klassizistische Elemente mischt.

S. 374–375, Das Dreieck

Das Herz der Neustadt, das Geschäfts-, Einkaufs-, Gastronomie- und Unterhaltungszentrum, befindet sich in der Form eines Dreiecks zwischen Jaffa-, King-George- und Ben-Yehuda-Straße.

Im britischen Entwicklungsplan war das Gebiet eigentlich als Geschäftsviertel vorgesehen und die einzelnen Grundstücke wurden an jüdische und arabische Unternehmer verkauft, die hier eine ausgesprochen europäische Atmosphäre schufen. Das Dreieck erlebte seinen Höhepunkt zwischen den 1930er- und 1970er-Jahren und erfuhr mit der Ausdehnung der Stadt nach dem 1967er-Krieg einen Niedergang. Es wurde durch die Schaffung einer Fußgängerzone wiederbelebt und seine Straßencafés erfreuen sich heute bei jungen Leuten und Touristen großer Beliebtheit.

Die vielen Menschen im Dreieck machten es zum Ziel einer ganzen Reihe von palästinensischen Terroranschlägen sowohl 1948 als auch während der Zweiten Intifada.

Legende

Das Dreieck, das Herz der Neustadt, wird von der Jaffa-, der King-George- und der Ben-Yehuda-Straße (oben) begrenzt. Der nostalgische Brunnen an der Ben-Yehuda-Straße (rechts) erinnert an einen europäischen Kurort zur Zeit der Jahrhundertwende.

S. 376–377, Sabbat-Abend

Die Ankunft des Sabbats bringt das Leben im jüdischen Jerusalem zum Erliegen. An dem Tag, an dem die Bilder aufgenommen wurden, begann der Sabbat um 16:48 Uhr. Die geschäftige Ben-Yehuda-Straße beruhigte sich zusehends, bis sie, mit Ausnahme einiger ungläubiger Burschen, menschenverlassen dalag (von links nach rechts).

S. 378–379, Jaffa Road, Westabschnitt

Dieser Teil verbindet Kikar HeHeruth (links) mit der Mahane-Yehuda-Polizeiwache (oben rechts) und dem Sonnenuhr-Haus (oben links).

Die Kreuzung der Jaffa Road mit der Prophetenstraße heißt offiziell Freiheitsplatz (Kikar HeHeruth); Einheimische nennen sie aber Davidka («kleiner David»). Ein Denkmal erinnert an die selbst hergestellte Waffe, die diesen Namen trägt: ein einfacher Mörser (links außen), der bei der Verteidigung Jerusalems im Krieg von 1948 zum Einsatz kam. Die Waffe war nicht sehr zielgenau, machte aber durch ihren donnerähnlichen Lärm großen Eindruck.

Etwas weiter westlich steht ein Gebäude aus dem 19. Jahrhundert, das durch zwei Steinlöwen hervorsticht und britische Macht symbolisiert (oben rechts). Es wurde vom englischen Konsul Noel Temple errichtet und 1920 in eine Polizeiwache umgewandelt.

Das Sonnenuhr-Haus (oben links) wurde 1917 vollendet und war mit seinen vier Stockwerken damals der höchste Bau in Jerusalem. Die Sonnenuhr war für orthodoxe Juden von äußerster Wichtigkeit, denn die genaue Kenntnis der Zeit von Sonnenaufgang und Sonnenniedergang war wichtig für die Gebete und das Anzünden der Sabbat-Kerzen.

Legende

Der Davidka-Platz (diese Seite), die Löwen der Polizeiwache (rechts außen) und das Sonnenuhr-Haus sind Wahrzeichen im westlichen Abschnitt der Jaffa Road.

S. 380–381, Mahane-Yehuda-Markt

Als die Bauern noch zur Altstadt wanderten, um dort ihre Erzeugnisse zu verkaufen, so erzählt die Legende, pflegten sie an der Jaffa Road, eine halbe Stunde vor dem Jaffator, zu rasten. Die Einwohner der noch neuen jüdischen Quartiere kamen hierher, um einzukaufen. Dies war der Anfang des heutigen Marktes in der Neustadt (Shuk).

Ronald Storrs, der britische Gouverneur von Jerusalem, entwarf eigenhändig einen Plan für dieses Gebiet zwischen Jaffa- und Agripasstraße. Der Markt besteht aus etwa zehn überdachten sowie Freiluftstraßen, die von Läden gesäumt sind. Der Markt ist bei Einheimischen und Touristen beliebt und bietet seinen Besuchern von Tomaten über Schuhe und Schraubenzieher bis hin zu Eisschränken alles zum Kauf an. Die spezielle Atmosphäre ist voll von Gerüchen, Lärm und Farben. An Freitagen, wenn die Käufer ihre Vorräte für den Sabbat auffüllen, ist es hier besonders voll. In letzter Zeit hat sich der Shuk als weiteres Zentrum des Nachtlebens mit Bars und Livemusik etabliert.

Legende

Es gibt kaum etwas, das auf dem bunten und lärmigen Markt nicht erhältlich ist. Seine überdachten Straßen (rechts) stammen aus den 1920er-Jahren.

S. 382–383, Britischer Kriegsfriedhof

Der britische Kriegsfriedhof ist die letzte Ruhestätte für 2515 Soldaten aus dem ganzen Commonwealth, die im Ersten Weltkrieg gefallen sind.

Der Friedhof liegt am nordwestlichen Ende des Skopusbergs direkt neben dem alten Hadassah-Spital und enthält die Gräber von etwa einem Viertel aller zwischen 1914 und 1917 in Palästina gefallenen Soldaten. In seinem Zentrum erinnert das Jerusalem Memorial an 3300 Soldaten aus dem Commonwealth, die im gleichen Krieg gefallen sind, aber keine bekannte Grabstätte haben. Die Stätte wird sorgfältig von der Commonwealth War Graves Commission unterhalten, die sich um die britischen Kriegstoten in 153 Ländern kümmert.

Eine Steinpyramide im muslimischen Bab-al-Rahma-Friedhof südlich des Löwentors erinnert an 198 nicht identifizierte Hilfssoldaten aus dem ägyptischen Labour Corps, die im Ersten Weltkrieg gefallen sind und hier bestattet wurden (links außen).

Legende

Ein Viertel der ungefähr 10'000 britischen Soldaten, die während des Ersten Weltkriegs in Palästina gefallen sind, wurden im Kriegsfriedhof auf dem Skopusberg (rechts außen) begraben und erhielten einen Grabstein (oben rechts). Die gefallenen ortsansässigen Hilfssoldaten wurden in einem Massengrab auf dem Bab-al-Rahma-Friedhof (oben links) bestattet.

S. 384–385, Armenische Keramik

1919 kamen die armenischen Künstler David Ohannessian, Neshan Balian und Megerdish Karakashian nach Jerusalem. Sie kamen aus Kütahya in Anatolien, das seit dem 16. Jahrhundert ein Zentrum für Keramik war.

Sie waren von der britischen Verwaltung beauftragt worden, die Keramikplatten am Felsendom zu renovieren. Die drei Familien ließen sich in Jerusalem nieder, integrierten sich in die armenische Gemeinschaft und eröffneten kurz darauf eine gemeinsame Werkstatt an der Via Dolorosa. In Jerusalem trafen sie auf ein reiches armenisches Erbe und lernten Mosaikböden, Architektur, alte Manuskripte und Chatschkare (Kreuzsteine, S. 172) kennen. Megerdish Karakashian, der begabte Maler der ersten Generation, wandelte Keramik von Kütahya in Jerusalemer armenische Keramik mit einzigartigen Motiven um.

Ein Beispiel ihrer Arbeit von 1927 ist eine Nische im Gästehaus von St. Andrew's (links, S. 394), die von David Ohannessian in einen gebetsnischenartigen Brunnen umgewandelt wurde. Im Einklang mit der Kommission, die einen islamischen Stil wünschte, setzte er einen oberen Teil mit türkisen Stalaktiten (Muqarnas) ins Zentrum.

Später entstanden mit der Übernahme durch die zweite und dritte Generation zwei Ateliers: das von den Karakashians betriebene «Jerusalem Old City» an der Via Dolorosa und die «Palestine Pottery» der Familie Balian an der Nablusstraße.

Legende

Drei armenische Künstler kamen nach dem Genozid (S. 276) auf britische Einladung nach Jerusalem. Hier kombinierten sie die alte Töpfertradition Anatoliens mit dem armenischen Erbe. Ein einzigartiges Beispiel ihrer Kunst ist ein Brunnen in islamischem Stil im Gästehaus von St. Andrew's (links). Eine Kopistin bemalt einen Teller im Balian Atelier (rechts).

S. 386–387, Marie Balian, eine armenische Keramikerin

Die führende Künstlerin der zweiten Generation, Marie Balian, entwickelte die Jerusalemer Motive und machte sie zum Kennzeichen der lokalen Kunst.

Marie, die Frau von Setrak Balian, wurde in Frankreich geboren und studierte Kunst in Lyon. Sie entwickelte die traditionelle Ikonografie wie z. B. diese Nachzeichnung eines umayyadischen Mosaiks aus dem Hisham-Palast in Jericho (links). Sie begann auch, große Tafeln, die aus mehreren Kacheln zusammengesetzt wurden, für ihre Kompositionen zu verwenden. Die «Versuchung der Datteln» (rechts) kombiniert traditionelle Gazellen und Vögel mit einer stilisierten Palme.

Legende

Unter den Arbeiten von Marie Balian, der hervorragendsten Künstlerin der zweiten Generation, finden sich traditionelle Motive wie z. B. ein frühislamisches Mosaik (links), aber auch Kompositionen auf großen, aus mehreren Kacheln zusammengesetzten Tafeln (rechts).

S. 388–389, Kirche aller Nationen

Im Garten Gethsemane im Kidrontal soll Jesus in der Nacht vor der Kreuzigung gebetet haben. An dieses Ereignis erinnert die Basilika der Agonie (Todesangstbasilika, Kirche aller Nationen).

Die katholische Kirche wurde zwischen 1919 und 1924 auf byzantinischen und Kreuzfahrerfundamenten erbaut. Der italienische Architekt Antonio Barluzzi entwarf eine dreischiffige Basilika mit einer düsteren Atmosphäre, die an die Dunkelheit der Agonie erinnern soll. Spenden für den Bau wurden von verschiedenen Ländern aufgebracht und die Wappen von zwölf von ihnen sind in die Decke eingefügt (rechts außen: Spanien), jedes in einer separaten kleinen Kuppel auf sternenbesetztem blauem Hintergrund.

Wenngleich die alten Olivenbäume im Garten (rechts) die ältesten der Wissenschaft bekannten Exemplare sind, stammen sie nicht aus Jesu Zeiten. Radiokarbondatierungen ergeben ein Alter von etwa 900 Jahren, was natürlich nicht die Möglichkeit ausschließt, dass die Bäume aus älteren Wurzeln gesprossen sind. Allerdings fällt es schwer zu glauben, dass die 25'000 römischen Soldaten, die während der Belagerung von 70 u. Z. ein tägliches Herdfeuer zu besorgen hatten, die Stämme verschont haben.

Legende

Die Basilika der Agonie oder Kirche aller Nationen (links) wurde von vielen Nationen finanziert. Zwölf von ihnen zeigen ihre Wappen in jeweils einer der zwölf Kuppeln (rechts außen). Die alten Olivenbäume im Garten Gethsemane sind «nur» 900 Jahre alt und stammen nicht aus der Zeit Jesu.

S. 390–391, Hebräische Universität

Die Gründung einer jüdischen Universität im Land Israel war ein Leuchtturmprojekt der zionistischen Bewegung.

Im letzten Viertel des 19. Jahrhunderts entstanden in präzionistischen und zionistischen Bewegungen verschiedene Ideen zur Gründung einer Hochschule. Der Campus der Hebräischen Universität auf dem Skopusberg wurde aber erst 1925 in einer Galaveranstaltung eingeweiht. Durch die Berücksichtigung nationalistischer und religiöser Aspekte und durch die Übernahme des Hebräischen als Unterrichtssprache ging die Bedeutung der Universität weit über eine einfache Akademie in Jerusalem hinaus. In den Anfangsjahren war Yehuda Magnes, der der Universität zunächst als Kanzler, dann als Präsident diente, der treibende Geist, der für ihre Entwicklung zu einem Zentrum akademischer Exzellenz mit Einrichtungen für Forschung und Lehre verantwortlich war. Während des Krieges von

1948 und nach dem Massaker am Hadassah-Konvoi (S. 419) waren der Campus und das benachbarte Hadassah-Spital vom jüdischen Jerusalem abgeschnitten und wurden evakuiert. Der Skopusberg wurde zu einer israelischen Exklave in dem von Jordanien okkupierten Gebiet mit einer beschränkten Polizeipräsenz, aber ohne akademische Aktivitäten.

Die wenigen übrig gebliebenen Gebäude aus der Zeit vor 1948 wurden in den neuen Campus eingegliedert (S. 484). Das Amphitheater, in dem die Eröffnungszeremonie stattfand, bietet einen atemberaubenden Blick in die judäische Wüste (oben). Das Wolffsohn-Gebäude aus den späten 1920er-Jahren beherbergte die National- und Universitätsbibliothek. Ihr großer Saal (rechts außen) diente als Veranstaltungsort für besondere Anlässe. Heute befindet sich hier die Bibliothek der Juristischen Fakultät.

Legende

Das Amphitheater der Universität bietet einen überwältigenden Blick in die judäische Wüste (oben). In der früheren Nationalbibliothek befindet sich heute die Bibliothek der Juristischen Fakultät (links, rechts).

S. 392–393, St. Peter in Gallicantu

Auf dem östlichen Hang des Zionbergs, knapp außerhalb der Mauern der Altstadt, stehen eine Kirche und ein Kloster der Assumptionisten. Sie erinnern an Jesu Gericht vor Kaiphas und an die Verleugnung des Petrus.

Der Ort wird verehrt, weil er die Stelle bezeichnen soll, an der Jesus vor dem Hohepriester Kaiphas erschien, von den Sanhedrin zum Tode verurteilt und von Petrus dreimal verleugnet wurde, «bevor der Hahn kräht» (daher der Name «Gallicantu»). Eine erste Kirche wurde um 460 wahrscheinlich von Kaiserin Eudokia erbaut und später wiederholt zerstört: 614 von den Persern und 1009 durch den fatimidischen Kalifen al-Hakim. Aus dieser Zeit wurden zwei Mosaiken ausgegraben. Eine zweite Kirche wurde von den Kreuzfahrern errichtet, erhielt damals ihren heutigen Namen und war ungefähr 200 Jahre lang in Gebrauch. Eine der vielen Höhlen unter der Krypta, die in herodianischer Zeit als Keller, Zisternen und Mikwe (rituelles jüdisches Bad) dienten, soll das Gefängnis Christi nach seiner Verhaftung gewesen sein.

Die heutige Kirche wurde von dem Assumptionisten Fr. Etienne Boubet in neobyzantinischem Stil entworfen und 1930 geweiht. Ihr farbenfrohes Inneres enthält große Mosaiken mit Szenen aus den Evangelien. Eine Besonderheit ist das farbige, kreuzförmige Glasfenster in der Kuppel (links). Passenderweise sitzt ein Hahn auf der Kuppel (oben rechts).

Legende

St. Peter in Gallicantu erinnert an Petrus' dreifache Verleugnung von Jesus, «ehe der Hahn kräht». Das Innere ist mit großen Mosaiken geschmückt; das Mosaik im Chor zeigt einen gefesselten Jesus, der im Haus des Kaiphas verhört wird (links). Die Kuppel wird durch ein großes kreuzförmiges Fenster erhellt (links außen) und von einem Kreuz, auf dem ein Hahn sitzt, gekrönt (oben rechts).

S. 394–395, St.-Andrew's-Kirche

Von der Spitze des Glockenturms weht die blaue Flagge mit dem weißen Andreaskreuz und bezeugt die Anwesenheit Schottlands an einer weithin sichtbaren Stelle über dem Hinnomtal gegenüber dem Berg Zion.

Zur Erinnerung an die schottischen Soldaten, die in den Schlachten um Palästina im Ersten Weltkrieg starben, wurden 1930 die Kirche und das Gästehaus von St. Andrew's eröffnet. Feldmarschall Allenby legte den Grundstein. Die Gebäude kombinieren nach einem Entwurf von Clifford Holliday östliche und westliche Architekturelemente. Der armenische Künstler Ohannessian wurde beauftragt, die Nischen und Steinbänke im Geiste der islamischen Architektur (S. 384) zu dekorieren. Der Ort gestattet einen schönen Blick auf die Altstadt und den Berg Zion. Während des Mandats war St. Andrew's ein beliebter Treffpunkt der schottischen Bevölkerung Jerusalems. Nach dem Krieg von 1948 befand sich St. Andrew's knapp westlich der grünen Waffenstillstandslinie und war von den meisten christlichen Gemeinden in der Altstadt abgeschnitten. Heute empfängt es Pilger und beteiligt sich an pädagogischen Bestrebungen, ein besseres Verständnis der Probleme im Heiligen Land zu vermitteln.

Legende

Die Architektur der St.-Andrew's-Kirche (oben) kombiniert westliche (rechts außen) und orientalische (rechts) Elemente. Ihr Architekt Clifford Holliday war ein Berater der Mandatsadministration in Sachen Stadtplanung.

S. 396–397, Government House

Die Residenz des britischen Hochkommissars, ein Symbol des Imperialismus, ist seit 1948 das Hauptquartier der United Nations Truce Supervision Organization (UNTSO).

Das Government House (Arnon HaNatziv) steht auf dem Berg des bösen Rates und ist das monumentalste und eleganteste Gebäude aus der Mandatszeit (S. 360). Der zweite Hochkommissar, Lord Herbert Plumer, überzeugte das Colonial Office in London, eine größere Summe für eine repräsentative Residenz einzuplanen. Mit der Planung wurde Austen Harrison, der Architekt des Rockefeller Museum (S. 401), beauftragt und das Gebäude konnte 1933 eingeweiht werden. Es zeigt Harrisons charakteristische Mischung von damals modernen Entwicklungen und nahöstlichen Themen. Angesichts seines atemberaubenden Blicks auf die Stadt (S. 483) kann man sich leicht opulente Festlichkeiten im großen Ballsaal und luxuriöse Cocktailpartys im windgeschützten tiefer liegenden Garten (rechts) vorstellen. Mitglieder der arabischen und jüdischen guten Gesellschaft trafen sich dort mit den Spitzen der britischen Verwaltung. Die Diskussionen mögen sich um die Zukunft des British Empire und, mit ängstlichen Witzen, um die Beziehungen zwischen den örtlichen Gemeinschaften gedreht haben. Ein Multi-Millionen-Dollar-Facelift aus der jüngeren Zeit soll das Gebäude stabilisieren und seine frühere Pracht wiederherstellen.

Legende

Die Residenz des britischen Hochkommissars kombiniert klassische orientalische Themen mit einem modernen Stil (links). Der tiefer liegende Garten (rechts) bietet Schutz vor der kühlen Abendbrise.

S. 398–399, YMCA

Mit seinen Kuppeln, Bogen und einem 45 Meter hohen Turm ist das Jerusalemer YMCA-Gebäude ein wichtiges Wahrzeichen im Stadtbild.

Die YMCA (Young Men's Christian Association) in Jerusalem wurde in der Nähe des Jaffators gegründet und zog nach vielen Stationen und jahrelangen Anstrengungen ihres damaligen Sekretärs Archibald C. Hart, die nötigen Gelder zu beschaffen, 1933 in den neuen Komplex ein. Mit ihren vielen kulturellen, pädagogischen und sportlichen Veranstaltungen möchte die YMCA ein Zentrum für Menschen aller Religionen und Nationalitäten sein. Sie ist einer der wenigen multikulturellen Orte in der Neustadt, an dem sich Palästinenser und Israelis treffen können.

Der Komplex liegt direkt gegenüber dem King David Hotel und wurde von Arthur Loomis Harmon, dem Architekten des Empire State Building, geplant. Sein eklektischer Entwurf zitiert Motive aus der byzantinischen, romanischen und muslimischen Kultur. Das YMCA-Dreieck – Gesundheit an Seele, Geist und Körper – spiegelt sich in den drei Hauptflügeln, die über gedeckte Durchgänge miteinander verbunden sind, wider: der zentrale Glockenturm und die drei Kapellen (Seele), das Auditorium und der Konzertsaal (Geist) und die Sportanlagen (Körper). Zusätzlich beherbergt der Komplex ein Hotel und ein Restaurant.

Die Fassade zeigt Skulpturen und Inschriften auf Hebräisch, Englisch und Arabisch. Das Relief am Turm, ein sechsflügeliger Seraph, bezieht sich auf einen Vers aus Jesaja. Motive der Innenausschmückung stellen die drei monotheistischen Religionen dar.

Legende

Das YMCA-Gebäude mit seinem hohen Turm (rechts außen) und seinen Kuppeln (links) ist eine eklektische Stilmischung. Der sechsflügelige Seraph am Turm (oben rechts) bezieht sich auf einen Vers aus Jesaja. Mit ihren kulturellen und sportlichen Aktivitäten gelingt es der YMCA, ein Zentrum für Menschen aller Nationalitäten zu sein.

S. 400–401, Rockefeller Museum

Das frühere Palestine Archaeological Museum wurde von dem Architekten Austen Harrison gebaut und von dem Philanthropen und Ölmagnaten John D. Rockefeller finanziert. Es zeigt eine prächtige Kollektion von Antiquitäten aus Palästina.

Mit seiner prominenten Lage auf dem Hügel vis-à-vis der Nordostecke der Stadtmauer sticht der weiße Kalksteinbau von überall her ins Auge. Er beherbergt Tausende von Fundstücken, die während der Mandatsperiode ausgegraben worden sind, von der prähistorischen bis in die osmanische Zeit reichen und in chronologischer Reihenfolge ausgestellt sind. Zu seinen wichtigsten Schaustücken gehören die Holzpaneele aus der Al-Aksa-Moschee (S. 116), die Stuckaturen aus dem Hisham-Palast in Jericho und die Marmortürstürze aus der Grabeskirche (S. 160–161).

Harrison, der Chefarchitekt im Palästina der Mandatszeit und Architekt des Government House (S. 396), konzipierte ein helles Kalksteingebäude mit orientalischen und westlichen Elementen. Es wurde 1938 eröffnet.

Legende

Austen Harrison, der Chefarchitekt der Mandatsverwaltung, entwarf das Rockefeller oder Palestine Archaeological Museum (links). Die Sammlungen umfassen alle Perioden bis in die osmanische Zeit. Als Beispiele sollen hier ein byzantinischer Guter Hirte (rechts) und eine römische Glasvase (rechts außen) dienen.

S. 402, Haus der Nationalen Institutionen

Der gekrümmte Komplex an der King-George-Straße enthält u. a. die Zionistische Weltorganisation, die Jewish Agency und den Jüdischen Nationalfonds.

Das dreiflügelige Gebäude liegt am Rande des Quartiers Rehavia und diente als Hauptquartier für die zionistische Führung des zukünftigen Staates. Nach einer der schlimmsten Bombenattacken im Krieg von 1948 musste es teilweise neu aufgebaut werden.

Der Architekt Eugen Rattner konzipierte den Komplex 1936. Er kombinierte den Internationalen Stil mit klassischen Bestandteilen. Die geraden Linien und der weite offene Hof geben ihm ein formelles und funktionales Aussehen. Sein bescheidener Charakter steht im Kontrast zu Gebäuden, die gleichzeitig von anderen religiösen Gruppen errichtet wurden, z. B. das muslimische Palace Hotel oder die christliche YMCA (S. 390).

S. 403, Straßenschilder in der Altstadt

Armenische Kacheln verleihen den Straßenschildern in der Altstadt ihr besonderes Aussehen. Ihre Gestaltung änderte sich über die Zeit und spiegelt die Präferenzen der jeweils herrschenden Macht wider.

Ronald Storrs, der erste britische Stadtgouverneur, ist für die Straßenschilder in der Altstadt verantwortlich. Er beauftragte den armenischen Künstler David Ohannessian (S. 385) damit, die Keramikkacheln zunächst am Jaffator und dann in allen Gassen zu restaurieren. Sein Konzept sah ein dreisprachiges Layout vor: zuoberst Englisch, in der Mitte Arabisch und unten Hebräisch. Nach dem 1948er-Krieg behielten die Jordanier die Keramik bei, änderten aber die Reihenfolge der Sprachen: oben stand nun das Arabische, gefolgt von Englisch, während die hebräische Bezeichnung wegfiel. Nach dem Krieg von 1967 brachte die israelische Stadtverwaltung zusätzliche Streifen mit der hebräischen Beschriftung über den jordanischen Schildern mit Arabisch und Englisch an (unten). Später wurden diese zusammengesetzten Schilder nach und nach durch neue ersetzt, in denen alle drei Sprachen – mit dem Hebräischen zuoberst – zu einem einzigen Schild zusammengefasst sind.

An einigen Orten findet der derzeitige Kampf um die Identität der Altstadt auf den Straßenschildern statt. Je nachdem werden die hebräischen oder die arabischen Namen zerstört und gelegentlich fallen sogar beide Namen dem politischen Protest zum Opfer.

Legende

Der nüchterne Stil des Hauses der Nationalen Institutionen (links) kontrastiert mit dem Eklektizismus, der zeitgenössische Bauten anderer religiöser Gruppen charakterisiert.

Seit den Zeiten des frühen Mandats bestehen die Straßenschilder in der Altstadt aus armenischen Kacheln (rechts). Die Anordnung der drei Sprachen änderte sich mit dem Wechsel der Regierungen.

S. 404–405, Gartenquartiere

Unter dem britischen Mandat nahmen Stadtplanung und Bautechniken einen funktionellen Stil an. Gut illustrieren lässt sich dieser Trend durch die jüdischen Gartenquartiere (Beit HaKerem, Bayt Vegan, Rehavia) und die wohlhabenden arabischen Quartiere (Talbiyeh, Bak'a).

Diese Zonen bestehen aus Privathäusern mit eigenem Grundstück, kleinem Garten und breiten, baumbestandenen Straßen (oben rechts).

In jüdischen Quartieren wurden die Häuser in dem von jüdischen Architekten aus Mitteleuropa importierten sogenannten Internationalen Stil gebaut. Rehavia, das 1924 von dem einflussreichen Architekten Richard Kaufmann geplant wurde, ist ein gutes Beispiel. Ursprünglich war es ein Quartier für wohlhabende sephardische Juden, mit der Ankunft deutscher Intellektueller in den 1930er-Jahren entwickelte es sich aber zu einer Insel deutscher Sprache und Kultur. Dies ging so weit, dass Rehavia nach dem wohlhabenden Berliner Viertel das «Grunewald im Orient» genannt wurde. Das Bonem-Haus im Bauhausstil (rechts außen) entstand in den 1930er-Jahren für eine Arztfamilie und ist heute die Filiale der Bank Le'umi in Rehavia.

Der Internationale Stil wurde gelegentlich auch von arabischen Bauherren übernommen. Dieses Wohnhaus in Talbiyeh (oben links) wurde in den 1930er-Jahren von dem Unternehmer Constantine Salameh errichtet.

Legende

Neue jüdische Quartiere wie z. B. Rehavia wurden im Internationalen Stil mit baumbestandenen Straßen (oben) gebaut. Das Bonem-Haus (rechts) zeigt einen vom Bauhaus inspirierten Stil, wie er von arabischen Bauherren selten verwendet wurde. Ein Gegenbeispiel ist dieser Apartmentblock in Talbiyeh (oben links).

S. 406–407, Schocken-Bibliothek

Salman Schocken (1877–1959) war ein Sammler seltener jüdischer Bücher und Manuskripte. Er war Kaufmann, Zionist und Gelehrter und machte ein Vermögen als Mitgründer einer großen Kaufhauskette in Deutschland.

Seine bedeutende Sammlung bildet den Kern der heutigen Schocken-Bibliothek, die als eine der schönsten Bibliotheken mit Judaika gilt. Nach Schockens Tod ging sie an das Jewish Theological Seminary of America über. Schocken hatte eine enge Beziehung zu dem bahnbrechenden Architekten Erich Mendelsohn, der für ihn eine Reihe modernistischer Kaufhäuser in Deutschland entwarf. Beide emigrierten in den frühen 1930er-Jahren nach Palästina. Schocken bat Mendelsohn, eine Bibliothek mit Forschungsinstitut zu bauen. Das expressionistische, bauhausähnliche Gebäude beweist eine große Aufmerksamkeit für das Detail. Es wurde 1935 bezogen.

Schocken stand im Zentrum des intellektuellen Lebens seiner Zeit. Nach Gesprächen mit Martin Buber, Franz Rosenzweig, Walter Benjamin und anderen gründete er 1931 seinen eigenen Verlag, kaufte 1935 die Zeitung «Haaretz» und eröffnete mit Hannah Arendts Hilfe Schocken Books in New York. Gershom Sholem und Shmuel Yosef Agnon gehörten zu den von ihm unterstützen jüdischen Schriftstellern und Dichtern. Er diente als Vorstandsmitglied der Hebräischen Universität und des Jüdischen Nationalfonds. 1940 verließ er mit seiner Familie Jerusalem und ließ sich in den USA nieder.

Legende

Eine der schönsten Bibliotheken mit Judaika ging aus der Sammlung von Salman Schocken hervor. Der reiche Kaufhausbesitzer errichtete dafür ein eigenes Bauwerk im Bauhausstil (links). Der Architekt schenkte jedem Detail große Aufmerksamkeit (rechts).

S. 408–409, Arabische Quartiere

Im Gegensatz zum Internationalen Stil der neuen jüdischen Quartiere zogen arabische Architekten einen von der traditionellen orientalischen Baukunst inspirierten eklektischen Stil vor.

Die meisten der großzügigen Familienvillen und Wohnblocks, die überwiegend von christlich-palästinensischen Architekten geplant wurden, liegen in den begüterten arabischen Quartieren Talbiyeh, Katamon, Abu Tor und Bak'a. Der Grundplan des Hauses ist abgeleitet vom traditionellen Modell mit einem großen zentralen Raum, der zu beiden Seiten durch Nebenräume ergänzt wird (oben).

Die Kombination von maurischen und Renaissanceelementen mit armenischer Keramik (S. 385) bildete einen einzigartigen Stil heraus, der eine besondere Atmosphäre verbreitet. Die Bedeutung, die arabische Hausbesitzer der Grenze zwischen privatem und öffentlichem Raum beimessen, zeigen einige Türen im gehobenen Quartier von Talbiyeh (links).

Legende

Der traditionelle Hausplan basiert auf einem großen, zentralen Raum, der auf beiden Seiten von weiteren Zimmern flankiert wird (rechts außen). Arabische Bauherren zogen ihn allen anderen vor und verwendeten eklektische Dekorationen. Die Eingangstür als Grenze zwischen dem öffentlichen und privaten Raum erfreute sich besonderer Aufmerksamkeit (diese Seite).

S. 410–411, Unabhängigkeitskrieg / al-Nakba, 1947–1949

Die kriegerische Auseinandersetzung, die Israelis ihren Unabhängigkeitskrieg und Palästinenser al-Nakba («die Katastrophe») nennen, hatte die Entstehung des Staates Israel und die Vertreibung von ungefähr 700'000 Palästinensern zur Folge.

Nach dem Zweiten Weltkrieg hatte Palästina eine Bevölkerung von beinahe zwei Millionen Menschen, die sich aus 1,2 Millionen Muslimen, 650'000 Juden und 150'0000 Christen zusammensetzte. Ein Teil der arabischen Bevölkerung lebte seit Generationen im Land, andere waren im 19. und 20. Jahrhundert mit dem wachsenden Wohlstand Palästinas aus benachbarten Ländern zugewandert. Auf der anderen Seite wuchs die jüdische Bevölkerung durch die zionistische Einwanderung seit 1800 massiv, beinahe um das Hundertfache, konzentrierte sich aber auf eine beschränkte Fläche. Die Notwendigkeit, die Menschen, die den Holocaust überlebt hatten, aufzunehmen, machte angesichts des arabischen Widerstands den Zusammenstoß zwischen den beiden Völkern unausweichlich.

Der Konflikt hatte sich seit den 1920er-Jahren intensiviert. Eine Vielzahl von unterschiedlichen Lösungsvorschlägen einschließlich eines binationalen Staates und einer Teilung des Landes (Peel Commission 1937, rechts) endete im Misserfolg. Die Vereinigten Nationen (UN) stimmten am 29. November 1947 für die Gründung eines arabischen und eines jüdischen Staates in Palästina mit Jerusalem als besonderer Einheit unter internationaler Kontrolle (links). Die jüdische Seite nahm die UN-Resolution widerstrebend an, die Araber wiesen sie kurzerhand zurück. Unmittelbar danach verschärfte sich der bewaffnete Konflikt zwischen der jüdischen Untergrundarmee Haganah und locker organisierten arabischen Gruppen, die nach der Unabhängigkeitserklärung vom 14. Mai 1948 durch die regulären Armeen von fünf arabischen Staaten verstärkt wurden. Der

Krieg endete mit den Waffenstillstandsabkommen von 1949, die separat zwischen Israel, Ägypten, Libanon, Transjordanien und Syrien unterzeichnet wurden (links außen). Die Waffenstillstandslinie, die «Grüne Linie», sprach Israel 78 Prozent von Mandats-Palästina zu, während der Gazastreifen und das Westjordanland von Ägypten und Jordanien besetzt wurden. Der Verlust von Menschenleben war enorm: Israel verlor mehr als 6000 Menschen, ungefähr ein Prozent seiner Bevölkerung, eine Zahl, die die britischen Verluste während des Zweiten Weltkriegs überstieg. Die genaue Zahl der arabischen Verluste ist unbekannt, Schätzungen bewegen sich zwischen 6000 und 15'000 Todesopfern.

Legende

Mögliche Teilungen von Palästina in Originaldokumenten: Vorschlag der Peel Commission von 1937 (rechts), die UN-Resolution 181 von 1947 (links) und die Waffenstillstandslinie von 1949.

S. 412–413, Al-Nakba (die Katastrophe)

Eine Konsequenz des Krieges von 1948 war der Exodus von ca. 700'000 Palästinensern aus ihren Wohnungen. Seither ist die Anzahl der Flüchtlinge auf 5,3 Millionen angewachsen. Diese große Zahl an Flüchtlingen ist eines der unlösbaren Probleme des Konflikts.

War der Exodus eine Vertreibung oder eine kalkulierte Flucht? Nach der traditionellen israelischen Ansicht verließen die Palästinenser auf Befehl der einmarschierenden arabischen Armeen ihre Häuser freiwillig. Nach arabischer Ansicht wurden sie durch eine bewusste ethnische Säuberung von den Israelis vertrieben. Die Fakten sagen uns, dass beide Narrative teilweise wahr und teilweise auf einem Auge blind sind. Der «Plan D» der Haganah hatte zum Ziel, die Gebiete, die im UN-Teilungsplan als jüdische gekennzeichnet waren, unter israelische Kontrolle zu bringen und, wenn auch vage formuliert, von einer möglicherweise feindlichen Bevölkerung zu räumen. Dies ist geschehen, aber nicht überall. Andererseits gab es keinen palästinensischen oder arabischen Aufruf zur Flucht, obgleich niemand ein Interesse daran hatte, diese zu verhindern – ganz im Gegenteil. Deshalb verließ ungefähr die Hälfte der arabischen Vorkriegsbevölkerung das Land.

Seit den späten 1980er-Jahren haben Israels «neue Historiker» die traditionelle zionistische Version infrage gestellt. Aufgrund von deklassifizierten Dokumenten lehnten sie viele der Mythen um die Geburt des Staates Israel ab, Mythen, die in der westlichen Welt weitgehend akzeptiert waren. Hinsichtlich der Flüchtlingsfrage kamen sie zum Schluss, dass der Exodus ein Nebeneffekt eines langen und erbittert geführten Krieges war. 1986 publizierten sie einen Bericht des Haganah-Nachrichtendienstes zur «Emigrationsbewegung der Araber aus dem Land Israel zwischen dem 1. Dezember 1947 und 1. Juni 1948». Das Dokument nennt die geschätzte Zahl von 70 Prozent der arabischen Bevölkerung, die das Land aufgrund jüdischer Militäroperationen verlassen haben. Der Originalbericht ist heute «verschwunden», höchst wahrscheinlich durch die Bemühungen der Sicherheitsabteilung des israelischen Verteidigungsministeriums (Malmab). Diese Einheit gibt sich große Mühe, alle Dokumente, die im Zusammenhang mit dem Exodus der Araber von 1948 stehen, systematisch zu entfernen oder zu verbergen.

Recht auf Rückkehr oder Recht auf Existenz? Zusätzlich zur UN-Erklärung der Menschenrechte und zum UN-Pakt über bürgerliche und politische Rechte begründen die Palästinenser ihren Anspruch auf Rückkehr auf Artikel 11 der UN-Resolution 194 von 1948, der besagt, dass «Flüchtlingen, die in ihre Heimat zurückzukehren und mit ihren Nachbarn in Frieden zu leben wünschen, [...] dies zum frühestmöglichen Zeitpunkt erlaubt sein» sollte. Die Rückkehr einer erheblichen Anzahl von Flüchtlingen stellt aber Israels Recht auf Existenz als jüdischer Staat infrage.

Ist der Flüchtlingsstatus erblich? Da die UNRWA (das UN-Hilfswerk für Palästina-Flüchtlinge) auch die Nachkommen der Flüchtlinge von 1948 erfasst, ist ihre Anzahl bis 2017 auf 5,3 Millionen angewachsen. Israel lehnt einen Spezialstatus für Palästinenser ab: Während alle anderen Flüchtlinge vom UNHCR (United Nations High Commissioner for Refugees) betreut werden, profitieren die Palästinenser von einer speziellen UN-Geschäftsstelle, die den Flüchtlingsstatus auf nachfolgende Generationen überträgt. Im Oktober 2018 erklärte die UNO, dass «völkerrechtlich [...] Kinder von Flüchtlingen und deren Nachfahren als Flüchtlinge betrachtet werden, bis eine dauerhafte Lösung gefunden wird». Der UNHCR richtet seine Arbeit auf die Flüchtlingskonvention von 1951 aus, die eine dauerhafte Lösung für Flüchtlinge sucht. Dieses Erfordernis besteht hingegen nicht für die UNRWA. Deshalb wollen sowohl die Palästinenser als auch ihre Gastländer eine Integration der Flüchtlinge in ein Drittland verhindern. Zusätzlich dazu verliert nach dem Flüchtlingsabkommen eine Person, die das Bürgerrecht eines Gastlandes annimmt, ihren Flüchtlingsstatus. Würde diese Regel auf UNRWA-Flüchtlinge angewandt, würde die Zahl der Flüchtlinge drastisch reduziert, da z. B. fast alle der 2,2 Millionen Palästinenser, die in Jordanien leben, einen jordanischen Pass haben.

Ein Abkommen zur Flüchtlingsfrage ist schwierig, scheint aber nicht unmöglich. Bereits 1949 schlug Israel vor, 100'000 Flüchtlingen die Rückkehr zu gestatten, ein Vorschlag, der von den arabischen Staaten zurückgewiesen wurde, da ein begrenztes Recht auf Rückkehr implizit auch die Anerkennung einer Zwei-Staaten-Lösung beinhaltet. Als Alternative verlangte Jassir Arafat eine Anerkennung des prinzipiellen Rechts auf Rückkehr, was die israelische Seite wiederum zurückwies. Neben dem Status von Jerusalem und den jüdischen Siedlungen im Westjordanland ist die Auseinandersetzung um eine Rückkehr eine der schwierigsten Fragen im israelisch-palästinensischen Konflikt. Überraschenderweise werden die 600’000 Juden, die nach 1948 aus den arabischen Ländern flüchten mussten und – nicht ohne große Probleme – in den neuen Staat integriert worden sind, kaum erwähnt.

Die jüdischen Siedlungen um Jerusalem und das jüdische Viertel in der Altstadt, die im Krieg von 1948 in die Hand der Arabischen Legion gefallen waren, wurden zerstört und ihre Synagogen und Friedhöfe dem Erdboden gleichgemacht. Die jüdischen Einwohner, die nicht das Glück hatten, zu entkommen, wurden ermordet oder gefangen genommen. Jordanien gestattete keinem der Überlebenden, nach dem Krieg zurückzukehren. Die arabischen und die gemischten Quartiere im israelischen Westteil der Stadt wurden von ihren arabischen Bewohnern gesäubert (S. 421) und ihre leeren Häuser wurden jüdischen Einwanderern zugesprochen.

S. 414–415, Die Schlacht um Jerusalem

Die religiöse, spirituelle und ideologische Bedeutung von Jerusalem für beide Seiten führte zu erbitterten Kämpfen sowohl innerhalb der Stadt als auch um die Straßen, die sie mit dem jüdischen Kernland in der Küstenebene verbanden.

Gleich zu Beginn des Krieges geriet Jerusalem unter schweres Feuer. Die Straße durch Sha’ar HaGai / Bab al-Wad, die Nabelschnur der Stadt nach Westen, verläuft durch ein gewundenes Tal mit steilen Abhängen. Der größte Teil davon befand sich unter arabischer Kontrolle. Das kleine arabische Dorf Castel (S. 417), heute Motza, war ein zusätzliches Hindernis. Auf diesen sechs Kilometern wurden die gepanzerten Konvois mit Militäreskorten, die das jüdische Jerusalem versorgten, häufig durch irreguläre arabische Truppen angegriffen. Die Kämpfe an dieser Straße gehörten zu den heftigsten des Krieges und viele zerstörte Fahrzeuge blieben am Straßenrand als Mahnmale liegen: eine Insel mitten im stetigen Autoverkehr auf der Autobahn (rechts). Nach dem Abzug der Engländer trat die jordanische Arabische Legion in den Krieg ein, besetzte die Gegend von Latrun und drohte, Jerusalem abzuschneiden. Lange und schwere Kämpfe um Latrun endeten mit einer Niederlage für die jüdischen Truppen. Sie waren allerdings in der Lage, die neu gebaute «Burma-Straße», die Latrun und den Westteil von Sha’ar HaGai umging, zu sichern.

In Jerusalem selbst gelang es den jüdischen Truppen, die meisten arabischen Quartiere und Dörfer im Westteil der Stadt gegen den starken Widerstand der irregulären arabischen Einheiten und der Arabischen Legion einzunehmen. Das jüdische Viertel in der Altstadt fiel allerdings an die Jordanier. Versuche der Haganah, es zu entsetzen, scheiterten und hinterließen ihre Spuren am Ziontor (S. 261).

Legende

Der heutige Verkehr fließt an den zerstörten Lastwagen und improvisierten gepanzerten Fahrzeugen vorbei, die versuchten, die monatelange Blockade Jerusalems von November 1947 bis Juni 1948 zu durchbrechen.

S. 416–417, Castel und Abd al-Qadir al-Husseini

Als einer der höchsten Punkte in den westlichen judäischen Hügeln beherrscht dieser Ausguck die Straße nach Jerusalem.

Das arabische Dorf al-Qastal (Castel) lag acht Kilometer westlich des Stadtzentrums und wurde im Frühjahr 1948 von der «Armee des Heiligen Krieges», wie sich die irregulären palästinensischen Truppen nannten, als Basis genutzt. Die Harel-Brigade des Palmach griff das Dorf an, das anschließend mehrere Male die Hand wechselte. Zu einer endgültigen Entscheidung kam es, als der verehrte und charismatische Anführer im Jerusalemer Sektor, Abd al-Qadir al-Husseini, in einer der Schlachten getötet wurde. Viele der arabischen Kämpfer verließen ihre Stellungen, um am Begräbnis von Abd al-Qadir teilzunehmen. Am gleichen Tag fiel das von Verteidigern verlassene Castel endgültig an den Palmach.

Heute ist der Ort ein Nationalpark (links). Abd al-Qadirs Grab befindet sich im Haram al-Sharif (rechts). Der damalige Kommandant der Palmach-Brigade, Yitzhak Rabin, unterschrieb als israelischer Premierminister die Oslo-Abkommen und bezahlte den Friedensprozess mit seinem Leben. Er wurde 1995 von einem Extremisten ermordet und ist auf dem Herzl-Berg (S. 430) begraben.

Legende

Abd al-Qadir al-Husseini, der charismatische Anführer der irregulären arabischen Truppen, fiel in der Schlacht um Castel, einen Hügel, der die Straße nach Jerusalem beherrschte (links). Als palästinensischer Nationalheld wurde er auf dem Haram al-Sharif begraben (rechts).

S. 418–419, Deir Yassin, Sheikh Jerrah

Beide Seiten begingen Gräueltaten. Die zwei berühmtesten Ereignisse waren das Massaker von Deir Yassin und der schwere Angriff auf den Hadassah-Konvoi. Beide Begebenheiten fanden direkt unter den Augen des britischen Militärs statt.

Am 9. April 1948 griffen die revisionistischen, zionistischen paramilitärischen Gruppen Lehi und Irgun (dessen Kommandant der spätere Premierminister Menham Begin war) Deir Yassin an, ein arabisches Dorf mit etwa 600 Einwohnern, das nordwestlich von Jerusalem im heutigen Quartier Har Nof lag. Nach intensivem mehrstündigem Häuserkampf, und am Schluss sich auf die Hilfe der Haganah verlassend, nahmen die Lehi- und Irgun-Soldaten das Dorf ein. Während und nach dem Kampf wurde eine beträchtliche Zahl von Frauen und Kindern getötet. Die genaue Anzahl war über Jahrzehnte heftig umstritten. Schätzungen beider Seiten bewegen sich zwischen 107 und 250. Heute ist es zweifellos bewiesen, dass es viele Fälle von Verstümmelungen gab und dass mehrere gefangene Dorfbewohner getötet wurden, nachdem sie einen Spießrutenlauf durch die Straßen Westjerusalems über sich ergehen lassen mussten.

Obwohl das Massaker von der Haganah und der Jewish Agency sofort verurteilt wurde, verbreitete es Schrecken und Terror unter den Palästinensern und überzeugte sie von der Notwendigkeit der Flucht. Zusätzlich war es ein Hauptgrund für die Entscheidung der arabischen Regierungen, in den Kampf zu intervenieren, was sie fünf Wochen später auch taten. Der Vorfall wurde zu einem wichtigen Element im arabisch-israelischen Konflikt und jede Seite verdrehte ihn nach ihren Bedürfnissen. Heute sind die verbliebenen Häuser von Deir Yassin hinter einem massiven Zaun versteckt (oben links), der die psychiatrische Klinik von Kfar Sha'ul umgibt.

Vier Tage später, am 13. April 1948, geriet ein Konvoi von Mitarbeitern des Hadassah-Spitals mit medizinischem und militärischem Material in einen Hinterhalt durch palästinensische Truppen. Ambulanzen, Busse, Lastwagen und zwei gepanzerte Eskortfahrzeuge, insgesamt zehn Fahrzeuge, waren unterwegs auf der engen Straße durch Sheikh Jarrah zum Skopusberg. Nach der Detonation einer Mine, die den Konvoi stoppte, wurden die Fahrzeuge stundenlang mit Gewehrfeuer, Handgranaten und Molotow-Cocktails angegriffen, bis die Engländer eingriffen. 78 Ärzte, Schwestern, Studenten und Kämpfer der Haganah wurden getötet. Die meisten Leichen waren bis zur Unkenntlichkeit verbrannt.

Danach wurde das Spital evakuiert und geschlossen. Die Gegend wurde unter dem Waffenstillstandsabkommen zu einer demilitarisierten israelischen Exklave. Nach dem Krieg von 1967 nahm das Hadassah-Spital auf dem Skopusberg seinen Betrieb wieder auf. Im Inneren des Spitals wurde ein Mahnmal an das Massaker errichtet (unten links).

Legende

Zwei grausame Taten, die sich im April 1948 ereigneten, prägten das Narrativ beider Konfliktparteien: das Massaker an den Einwohnern von Deir Yassin durch jüdische Truppen und der Angriff auf den Hadassah-Konvoi durch irreguläre arabische Einheiten. Arabische Häuser von Deir Yassin sind auf dem Gelände einer psychiatrischen Klinik erhalten geblieben (oben links). Im alten Hadassah-Spital erinnert ein Mahnmal an den Konvoi (unten links).

S. 420–421, Geteiltes Jerusalem

Das Waffenstillstandsabkommen, das Jerusalem von Nord nach Süd in zwei Hälften zerschnitt, wurde am 3. April 1949 unterzeichnet. Es teilte die Stadt für 18 Jahre zwischen Israel und Jordanien auf.

Die unnatürlich verlaufende Waffenstillstandslinie mit dem Niemandsland dazwischen spiegelt die militärische Lage am Ende des Krieges wider (links). Von Nord nach Süd verlief sie zwischen Sanhedria und Ammunition Hill zur Shmu'el-HaNavi-Straße zum Mandelbaumtor (dem einzigen Grenzübergang für Diplomaten, S. 423) und durchquerte dann das Viertel Musrara/Morasha bis zu den Altstadtmauern, denen sie bis zum Ziontor folgte und den Berg Zion zweiteilte. Sie stieg dann ins Hinnomtal ab und kletterte auf die Höhe von Abu Tor, das ebenfalls zweigeteilt wurde. Government House lag im Niemandsland und wurde zum Hauptquartier der UN-Truppen im Nahen Osten. Der Skopusberg mit den Bauten des Hadassah-Spitals und der Hebräischen Universität blieb eine israelische Exklave.

Die gesamte Altstadt kam unter jordanische Herrschaft, während Israel den Westteil der Stadt behauptete. Gelegentliche Feuerwechsel waren tägliche Routine. Entlang der Linie wurde Stacheldraht gespannt, es wurden Minen vergraben und militärische Stützpunkte auf beiden Seiten eingerichtet. An einigen besonders gefährdeten Stellen wurden Betonwände zum Schutz gegen Gewehrfeuer errichtet.

Beide Seiten hatten bereits während des Krieges die Bevölkerung der Gegenseite vertrieben. Das Waffenstillstandsabkommen garantierte Juden den Zugang zur Westmauer zum Beten – eine Klausel, die nie eingehalten wurde. Alle jüdischen Synagogen in der Altstadt wurden systematisch zerstört. Grabsteine des alten jüdischen Friedhofs wurden entweiht und zum Bau von Straßen, Unterkünften und eines Hotels auf der Spitze des Ölbergs verwendet. Arabische Gebäude in den gemischten oder arabischen Quartieren, die an Westjerusalem fielen, wurde neuen Immigranten zugewiesen und jüdische Häuser in Ostjerusalem wurden palästinensischen Flüchtlingen übergeben. Der muslimische Friedhof von Mamilla wurde im Zuge von Straßenbauten beschädigt und verkleinert.

Legende

Nach dem Krieg trennten die Waffenstillstandslinie (grün) und das Niemandsland West- und Ostjerusalem. Sowohl Jordanien als auch Israel vertrieben die «feindliche» Bevölkerung aus ihrem jeweiligen Territorium. Zu den von Juden bewohnten Teilen Ostjerusalems (blau) gehörten das jüdische Viertel in der Altstadt (1) und Teile von Sheikh Jarrah (2). Die meist christliche arabische Bevölkerung floh oder wurde vertrieben aus Musrara (3), Talbiyeh (4), Qatamon (5), aus der griechischen Kolonie (6), Bak'a (7) und Teilen von Abu Tor (8). Darüber hinaus wurden die arabischen Dörfer westlich der Stadt entvölkert: Lifta (9), Sheikh Badr (10), Deir Yassin (11) und Maliha (12).

S. 422–423, Turjeman Post und Mandelbaumtor

18 Jahre lang war Turjeman Post ein israelischer Stützpunkt gegen die jordanischen Truppen in Ostjerusalem. Er sicherte das Mandelbaumtor, den einzigen Übergang zwischen Israel und Jordanien, der aber nur für Diplomaten, UN-Personal und Kleriker offen war.

1930 verkaufte Hassan Bey Turjeman, ein Mitglied einer der ältesten palästinensischen Familien in Jerusalem, das Grundstück an Anton Baramki, einen griechisch-orthodoxen palästinensischen Architekten, der sich darauf ein stattliches Haus in arabisch-griechischem Stil baute (links). 1947 floh Baramkis Familie aus Jerusalem und die Haganah machte aus dem dreistöckigen Haus eine Festung (links außen, links unten), die bis 1967 in Gebrauch war. 1981 wurde hier ein Museum eröffnet, das die Teilung der Stadt zum Thema hatte. Während des Oslo-Prozesses in den 1990er-Jahren wurde es in ein Museum für zeitgenössische Kunst umgewandelt (Museum of the Seam; dt. Saum). Die mit der Botschaft des Museums verbundene Hoffnung – Toleranz und gegenseitiges Verständnis in einer ethnisch und politisch diversen Gesellschaft (unten) – hat sich nicht verwirklicht.

Das Mandelbaumtor wurde zum Symbol der geteilten Stadt. Der damalige Bürgermeister Teddy Kollek ordnete seine Zerstörung unmittelbar nach dem Krieg von 1967 an. Eine einfache Sonnenuhr neben den Tramschienen erinnert an den Ort (rechts außen).

Legende

Turjeman Post (links) war ein arabisches Haus, das zu einem Stützpunkt zum Schutz der Waffenstillstandslinie und des Mandelbaumtors umgebaut wurde. An den einzigen Übergang zwischen Israel und Jordanien erinnert eine Sonnenuhr neben den Tramschienen (rechts außen). Heute befindet sich im Gebäude das Museum of the Seam für zeitgenössische Kunst (rechts).

S. 424–425, Geteiltes Jerusalem, 1948–1967 (Titelseite)

Legende

Der neue Giv'at-Ram-Campus der Hebräischen Universität (S. 458) war eines der Leuchtturmprojekte des jungen Staates Israel. Das Glasgemälde von Mordecai Arnon in der Bibliothek stellt Jesajas Vision vom ewigen Frieden dar.

S. 426–427, Geteiltes Jerusalem, 1948–1967

Einen der besten Blicke auf den Westteil der Stadt, nun die Hauptstadt des neu gegründeten Staates Israel, hat man von jenem Hügel aus, auf dem später die südliche Vorstadt Gilo gebaut wurde (oben).

Das Tal des Nahal Refa'im, eines Nebenflusses des Nahal Soreq, steigt auf der linken Seite vom Teddy-Kollek-Fußballstadium nach rechts auf, wo direkt unter dem Ölberg mit seinen drei Türmen Emek Refa'im. mit den Quartieren Bak'a sowie der griechischen und der deutsche Kolonie liegt. Von dort ausgehend teilt die nach links aufsteigende Hauptwasserscheide die Quartiere Talbiyeh und Rehavia. In derselben Ebene in der Mitte des Bildes und durch das Tal des Nahal Rehavia getrennt befindet sich das Regierungsviertel mit Knesset, Israel Museum (beide im roten Kreis, links, Mitte), Verwaltungsgebäuden und Hebräischer Universität. Im Hintergrund erscheinen über dem Horizont die Hochhäuser des neuen Stadtzentrums und ganz links stehen die Türme mit den luxuriösen Wohnungen des Holyland-Komplexes. Im Zusammenhang mit dem Bau der Türme wurde ein gigantischer Bestechungsskandal aufgedeckt, einer der vielen Kriminalfälle, deren der frühere Premierminister und Bürgermeister Ehud Olmert angeklagt wurde.

Große Teile der israelischen Hauptstadt waren in der Periode von 1948 bis 1967 dem feindlichen Feuer ausgesetzt. Gilo und die benachbarte arabische Stadt Beit Jala, die zwei Kilometer südlich und 50 Meter höher liegt, gehörten nach dem Waffenstillstand zu Jordanien. Von hier aus hätten Heckenschützen und Maschinengewehrfeuer den Waffenstillstand verletzen und die Einwohner von Westjerusalem bedrohen können, was an dieser Stelle jedoch nicht geschah. Schüsse, hauptsächlich von der Stadtmauer aus, kosteten jedoch Menschenleben im Stadtzentrum und in den nördlichen Stadtvierteln.

Folglich wurde eine Reihe von Schutzmaßnahmen ergriffen: Der Haupteingang zur Knesset, der eigentlich auf der Südseite (hier im Schatten) geplant war, wurde nach Norden verlegt. Die exponierten Wände der Knesset und des Israel Museum (roter Kreis oben, links, Mitte) wurden verstärkt, um das Innere durch eine kugelsichere Verschalung zu schützen. Fenster im gefährdeten Außenquartier Gonen (gelber Kreis oben, links unten) wurden so hoch angebracht, dass potenzielle Kugeln über den Köpfen der Bewohner durchfliegen konnten.

Legende

Der Blick von der heutigen Vorstadt Gilo, die zwischen 1948 und 1967 jordanisch war, zeigt die Verwundbarkeit Westjerusalems (oben). Die Knesset und das Israel Museum (oben, roter Kreis; Mitte links) wurden mit verstärkten Wänden auf der südlichen, exponierten Seite versehen und in Gonen (oben, gelber Kreis; unten links) wurden die Fenster mindestens zwei Meter über dem Fußboden angebracht, um die Kugeln über den Köpfen der Bewohner durchfliegen zu lassen.

S. 428–429

Westjerusalem wurde 1950 zur Hauptstadt Israels. Weil diese Erklärung dem UN-Teilungsplan widersprach, anerkannten sie viele Staaten nicht und beließen ihre Botschaften in Tel Aviv. Trotz eines gewaltigen Baubooms im Westen mit vielen großen Staats- und Regierungskomplexen blieben beide Teile der Stadt größenmäßig überschaubar und entwickelten sich weniger als ihre jeweiligen Zentren. Im Westen beruhte dies auf der isolierten und peripheren Lage, im Osten auf bewusster Vernachlässigung zugunsten von Amman.

In Westjerusalem führte der mächtige Ansturm von Neu-Einwanderern in den 1950er-Jahren zu einer gewaltigen Nachfrage nach Wohnraum, was in einer Ausdehnung der bebauten Fläche um 50 Prozent resultierte. Beinahe die gesamte Ausdehnung fand im Westen und Südwesten der Stadt statt, da Jerusalem nun im Norden, Osten und Süden von Jordanien umgeben war. Die Mehrzahl dieser Neubauten bestand aus eintönigen Wohnblöcken, wie sie auch anderswo in Israel zu finden waren. Neue Quartiere wie das neue Katamon und Kiryat Hayovel entstanden in dieser Periode, gefolgt in den 1960er-Jahren von Talpiot im Süden, Kiryat Menachem im Westen und Shmuel HaNavi im Norden. Es wurden nur wenige Privathäuser gebaut, während sich ältere Stadtteile wie Beit HaKerem oder Rehavia nach und nach mit Wohnblöcken füllten.

Durch die Bedürfnisse des neu gegründeten Staates Israel änderte sich das Gesicht Jerusalems vollständig. Als Leuchtturmprojekte entstanden in Giv'at Ram am Westrand der neuen Hauptstadt die Kirya (Regierungskomplex) mit vielen Regierungsbüros, die Knesset (das Parlament, S. 454), das Israel Museum (S. 444) und die Hebräische Universität (S. 458). Weiter im Westen wurde der Herzl-Berg in einen nationalen Denkmalkomplex umgewandelt. Dazu gehören neben dem Grab von Theodor Herzl, dem Begründer des Zionismus, ein Militärfriedhof und das Yad Vashem Holocaust Memorial (S. 432). Die Architektur dieser mächtigen Staatsbauten, die in ihrem symbolischen Wert unbestritten waren, löste heftige Debatten über das Gleichgewicht zwischen Funktionalität, repräsentativer Botschaft und «Harmonie mit dem Geist der Landschaft» aus. Die Bescheidenheit des frühen zionistischen Ethos traf hier auf einen neuen Anspruch auf Größe, die ein souveräner Staat scheinbar benötigte.

Der östliche Teil der Stadt wurde von Amman vernachlässigt und erlebte keine vergleichbare Entwicklung. Der Bau einer zusätzlichen Kirche auf dem Ölberg, Dominus Flevit (S. 437), war das bemerkenswerteste Ereignis.

Legende

Ausdehnung der Stadt von 1948 (schwarz) bis 1958 (rot) und von 1958 (schwarz und rot) bis 1967 (grau).

1 Herzl-Berg, S. 430
2 Yad Vashem, S. 432
3 Dominus Flevit, S. 438
4 Hadassah-Spital, S. 440
5 Israel Museum, S. 444
6 Knesset, S. 454
7 Hebräische Universität, Giv'at Ram, S. 458
8 Heichal Shlomo, Große Synagoge, S. 461
9 Ammunition Hill, S. 465

S. 430–431, Herzl-Berg

Einer der höchsten (831 m) Hügel um Jerusalem, ein Sporn über dem Nahal Soreq im Westen der Stadt, wird Herzl-Berg oder Har HaZikaron (Berg der Erinnerung) genannt.

Auf dem Hügel liegt Israels Militärfriedhof (oben rechts), auf dem seit 1949 die Kriegstoten des Landes begraben werden. Später machte die Regierung den Ort zum Hauptfriedhof für Mitglieder der Streitkräfte, die im Dienst gefallen sind. Die nationale Erinnerungshalle steigt wie eine Fackel in den Himmel und erinnert auf einem Backstein an den Namen jedes einzelnen Soldaten (oben links). Im Erinnerungspark befinden sich die Gräber der führenden Politiker des Staates Israel. Die meisten Staatspräsidenten und Premierminister sind hier begraben.

Auf der Spitze des Hügels liegt das Grab von Theodor Herzl, dem berühmten Begründer des Zionismus (ganz rechts). Herzl starb 1904 in Wien und wurde zunächst dort begraben. 45 Jahre später wurden seine Gebeine in den neu gegründeten Staat Israel überführt und in Jerusalem begraben. Ein einfacher schwarzer Granitstein mit seinem Namen bezeichnet die Stelle.

Legende

Israels Nationalfriedhof (oben links) ehrt das Gedächtnis der gefallenen Soldaten. Jeder einzelne Name wird auf einem Backstein in der Erinnerungshalle festgehalten (links außen). Hier ist auch Theodor Herzl, Begründer des politischen Zionismus, begraben (oben).

S. 432–433, Yad Vashem

Die Internationale Holocaust Gedenkstätte Yad Vashem wurde nach einem Vers aus Jesaja benannt und bedeutet «ein Denkmal und ein Name». Hier soll jener jüdischen Opfer gedacht werden, deren Andenken sonst verloren ginge.

Zwischen 1941 und 1945 ermordete Nazideutschland systematisch etwa sechs Millionen Juden – rund zwei Drittel der europäischen Juden oder ein Drittel der jüdischen Weltbevölkerung. Dieser Höhepunkt in der jahrhundertelangen Geschichte des Antisemitismus hinterließ ein kollektives Trauma, das überall in der israelischen Bevölkerung spürbar ist.

Das Denkmal wurde 1953 auf dem Westhang des Herzl-Bergs errichtet. Es bewahrt das Andenken an die Toten, erforscht das Phänomen des Holocaust und ehrt die Juden, die gegen die Naziunterdrücker kämpften, sowie Nichtjuden, die verfolgten Juden beigestanden haben. Sehr wichtig ist für Yad Vashem die Organisation eines breiten didaktischen Programms mit professionellen Kursen für Lehrer und Curricula für Schüler und Studenten. Der Campus enthält ein Museum (rechts), verschiedene Erinnerungsstätten wie z. B. die Halle der Erinnerung (links), ein Lernzentrum und ein Forschungsinstitut mit Archiv. Zusätzlich ehrt die Institution im Garten der Gerechten unter den Völkern nicht jüdische Menschen, die Juden vor dem Genozid gerettet haben.

Das Museum der Geschichte des Holocaust wurde von dem kanadisch-israelischen Architekten Moshe Safdie entworfen und besteht aus einer 180 Meter langen dreieckig-prismatischen Struktur, die den Kamm des Hügels durchschneidet. Das zentrale Rückgrat (unten rechts) dient als Gehweg, von dem auf beiden Seiten Galerien abzweigen. Das Gebäude wird über die ganze Länge der Achse von Tageslicht, das durch eine gläserne Decke fällt, erhellt (oben rechts).

Die Ausstellung ist chronologisch angeordnet und beginnt mit jüdischem Leben und jüdischer Kultur in Deutschland vor der Nazizeit. Die Besucher werden mit dem wachsenden Antisemitismus konfrontiert und bis zu dessen Kulmination geführt: dem Schrecken der industriellen Ermordung von Juden aus dem einzigen Grund, dass sie Juden waren. Am Ende der Ausstellung öffnen sich die Wände des Prismas zu einem Panoramablick auf die Jerusalemer Hügel und verbinden so den Holocaust metaphorisch mit dem Gelobten Land.

Legende

Die eindrücklichsten Orte des Holocaust-Erinnerungszentrums Yad Vashem sind die Halle der Erinnerung (links) mit einem Boden aus Bronze, auf dem die wichtigsten Konzentrationslager genannt werden, und das Museum der Geschichte des Holocaust (rechts), das von der Entwicklung und dem Höhepunkt des Antisemitismus erzählt.

S. 434, Wandrelief

An einer Wand des zentralen Hofes hängt Naftali Bezems Relief «Vom Holocaust zur Wiedergeburt» mit den vier Tafeln Zerstörung, Widerstand, Einwanderung nach Israel und Wiedergeburt (oben, von links nach rechts).

Dieses Kunstwerk spiegelt die zionistische Auffassung des Holocaust wider. Sie findet Ausdruck im Yad-Vashem-Gesetz von 1953, das offiziell das Ziel verfolgt, «die Erinnerung in der Heimat wachzuhalten an all diejenigen Mitglieder des jüdischen Volkes, die ihr Leben hergaben oder aufgestanden sind, um den Nazifeind zu bekämpfen …». Dieses Narrativ verlangt, dass die Geschichte des Holocaust im gleichen Atemzug mit der Geschichte des Zionismus erzählt wird. Die Glorifizierung des Aufstands im Warschauer Ghetto korreliert mit dem Zorn und den Schuldgefühlen, die der junge Staat Israel angesichts seines Unvermögens, dem Angriff auf jüdisches Leben und jüdische Identität mit Gewalt entgegenzutreten, empfand.

Es gibt jedoch Alternativen zu dieser zionistischen Vorstellung. Auf dem Berg Zion liegt ein bescheidenes Museum, die Kammer des Holocaust, die den Holocaust als göttliche Strafe für die Sünden der Juden betrachtet und religiöse Aspekte wie die Gebete der Opfer vor dem Tod betont. Die Botschaft des United States Holocaust Memorial Museum, das, wie Yad Vashem, eine prominente Lage an der National Mall in Washington einnimmt, ist wieder eine andere: Der Holocaust gehe über den jüdischen Zusammenhang hinaus und müsse, neben der politischen Schuld, die er bei Zionisten erwecke, bei allen Nichtjuden das Bewusstsein einer moralischen Schuld wachrufen. Diese Auffassung stimmt mit dem modernen soziologischen Diskurs überein, der die Entwicklung des Holocaust-Verständnisses in der nicht jüdischen Welt von der Geschichte eines Kriegsverbrechens zu dessen Interpretation als Inbegriff des Bösen nachzeichnet. Die Aufgabe des Holocaust-Gedenkens liegt demnach in der Ächtung und Verhinderung zukünftiger Genozide.

S. 435, Halle der Namen

6'000'000, die Zahl der Opfer des Holocaust, ist eine abstrakte Zahl, die schwer vorstellbar ist.

Die unzähligen Ordner, die in schier endlosen Reihen in der Halle der Namen aufgereiht nebeneinanderstehen, enthalten Aufzeichnungen von und über die Opfer. Sie geben eine bessere Vorstellung von dieser Zahl (rechts). Durch die vielen Porträts auf der Innenseite der Kuppel erhalten diese Namen zusätzlich ein Gesicht (oben rechts). 4,3 Millionen Opfer konnten bis heute identifiziert werden; ein reziproker Kegel, der tief in die Erde hinabreicht, erinnert an jene, deren Name nie bekannt sein wird.

Legende

Das Relief im Hof (oben links) illustriert die zionistische Auffassung des Holocaust: Zerstörung, Widerstand, Einwanderung nach Israel und Wiedergeburt (von links nach rechts). Zwei Kuppeln in der Halle der Namen (rechts) stehen für die sechs Millionen Toten. Die Porträts in der oberen Kuppel geben den Namen ein Gesicht, während ihr abwärts gerichtetes Spiegelbild diejenigen ehrt, deren Namen niemals bekannt sein werden. Daten über die 4,3 Millionen identifizierten Opfer werden in unzähligen Ordnern gesammelt (unten).

S. 436–437, Yad Vashem

Das Tal der verlorenen Gemeinden (links) ist ein Labyrinth von Höfen und Mauern, die in der Form Europas in den Felsen gegraben wurden. Über 5000 Namen von Gemeinden, deren jede an eine ausgelöschte oder brutal dezimierte jüdische Gemeinde erinnert, sind in die 107 Steinmauern eingegraben.

Ein Viehwagen am Rande des Abgrunds (links außen) symbolisiert als Denkmal für die Deportierten die Reise in die Vernichtung. Es erinnert an die Millionen Juden, die durch Eichmanns Organisation von überall aus Europa zu den Vernichtungslagern getrieben wurden.

Das Kinderdenkmal (rechts) ist eine der bewegendsten Stätten und eine Huldigung an die 1,5 Millionen Kinder, die im Holocaust ermordet wurden. Eine Erinnerungskerze, die nach jüdischer Sitte zur Erinnerung an Tote entzündet wird, wird unendlich reflektiert und schafft eine Unzahl leuchtender Sterne auf dunklem Hintergrund.

Legende

Im Tal der verlorenen Gemeinden (oben rechts, rechts) sind die Namen der ausgelöschten jüdischen Orte auf Felswänden eingemeißelt. Das Denkmal für die

Deportierten (oben) symbolisiert mit einem Viehwagen die Reise in die Vernichtungslager und das Kinderdenkmal (rechts außen) zeigt eine unendlich oft reflektierte Erinnerungskerze.

S. 438–439, Dominus Flevit

Die römisch-katholische Kapelle mit ihrer charakteristischen Kuppel in Form eines Tränentropfens auf dem Abhang des Ölbergs wurde 1955 geweiht.

Nach dem Lukasevangelium weinte Jesus (Dominus Flevit = der Herr weinte) über die zukünftige Zerstörung Jerusalems, während er bei seinem triumphalen Einzug an Palmsonntag auf einer Eselin in die Stadt ritt. Die Kapelle steht auf den Ruinen einer byzantinischen Kirche aus dem 5. Jahrhundert, deren Mosaiken teilweise erhalten werden konnten. Archäologische Ausgrabungen entdeckten ein byzantinisches Kloster und viele Gräber aus kanaanitischer, hellenistischer und byzantinischer Zeit. Pilger begannen den Ort erst nach der Kreuzfahrerzeit zu verehren.

Die Kapelle stammt vom Reißbrett von Antonio Barluzzi, dem Architekten des Italienischen Spitals (S. 248, 359) und der Kirche aller Nationen (S. 388). Die ungewöhnliche Orientierung nach Westen bietet ein beliebtes Panorama der Altstadt, ein Motiv für zahllose Fotos und Postkarten (rechts).

Legende

Die Kapelle Dominus Flevit mit ihrer Kuppel in Form eines Tränentropfens (links) gewährt einen atemberaubenden Blick auf die Altstadt (rechts).

S. 440–441, Hadassah-Spital, Fenster von Chagall

Das Hadassah-Spital auf dem Skopusberg war nach dem Krieg von 1948 nicht mehr zugänglich. Deshalb wurde in Ein Kerem am Rand Jerusalems ein neues Gesundheitszentrum errichtet.

Marc Chagall schuf für die Synagoge zwölf Glasfenster und porträtierte in jedem einen der Söhne Jakobs. Dazu benutzte er neue Techniken, die von seinen Assistenten Charles und Brigitt Marq entwickelt worden waren.

An der Einweihungszeremonie von 1962 hielt der Künstler fest: «Dies ist mein bescheidenes Geschenk an das jüdische Volk, das immer von biblischer Liebe, Freundschaft und Friede unter den Völkern geträumt hat. Dies ist mein Geschenk an das Volk, das hier für Tausende von Jahren unter anderen semitischen Völkern gelebt hat.»

Legende

Zwölf gemalte Glasfenster von Marc Chagall (rechts, S. 442–443), je eines für jeden Stamm Israels, schmücken die Synagoge des neuen Hadassah-Spitals in Ein Kerem (oben).

S. 442

Legende (von links nach rechts)

Nordseite	Ruben, Simeon, Levi
Südseite	Naftali, Josef, Benjamin

S. 443

Legende (von links nach rechts)

Ostseite	Dan, Gad, Ascher
Westseite	Juda, Sebulon, Issachar

S. 444–445, Israel Museum

Das 1965 gegründete Israel Museum steht auf einem hervorstehenden Sporn in Giv'at Ram zwischen der Hebräischen Universität und der Knesset. Es ist die bedeutendste Kultureinrichtung in Israel.

Das Museum wurde auf einem Landstück in der Nähe des früheren arabischen Dorfes Sheikh Badr als eine Ansammlung von Pavillons auf einem Hügel ähnlich einem arabischen Dorf nach einem Entwurf der Architekten Alfred Mansfeld und Dora Gad konzipiert. Es ist eines der weltweit führenden Museen mit umfangreichen Sammlungen, darunter der Schrein des Buches mit den Schriftrollen vom Toten Meer. Das Museum umfasst je einen Flügel für Archäologie, bildende Kunst sowie Kunst und Leben der Juden.

Neben seinen Dauerausstellungen betreibt das Museum ein umfassendes Programm von Sonderausstellungen und Einzelanlässen. Ein eigener Flügel für ästhetisch-kulturelle Bildung organisiert eine große Zahl von Veranstaltungen für jährlich über 100'000 Schulkinder. Damit unterstreicht das Museum die Bedeutung, die es der Kunstvermittlung beimisst. Spezielle Programme fördern das interkulturelle Verständnis zwischen jüdischen und arabischen Schülern.

Legende

Das Israel Museum war eines der Leuchtturmprojekte des jungen Staates. Es ist die bedeutsamste kulturelle Institution in Israel.

S. 446–447, Schrein des Buches

Die ältesten Bibelmanuskripte, die Schriftrollen vom Toten Meer, sind in einem eigenen, unverwechselbaren Bau untergebracht. Sie stellen eine der Hauptattraktionen des Museums dar.

Nach einem Entwurf von Armand Bartos und Frederick Kiesler von 1965 besteht der Schrein des Buches aus einer weißen Kuppel. Sie gleicht den Deckeln der Tonkrüge, in denen die Rollen gefunden worden sind, und kontrastiert mit einer schwarzen Mauer aus Basalt (unten). Die Farben und Formen sind abgeleitet von der Rolle «Krieg der Söhne des Lichts gegen die Söhne der Dunkelheit», einem heiligen Text der Sekte der Essener, die die Rollen geschrieben haben sollen.

Eine Nachbildung der Jesaja-Rolle, die 1947 in Qumran entdeckt worden ist, wird unter allen Rollen und Kodizes an hervorgehobener Stelle ausgestellt. Sie ist beinahe vollständig und von allen Rollen die größte (734 cm) und die am besten erhaltene. Die 54 Kolumnen enthalten alle 66 Kapitel der hebräischen Version des Buchs Jesaja und stimmen beinahe vollständig mit der masoretischen (traditionellen) Fassung überein. Die Schriftrolle stammt aus dem Jahr 125 v. u. Z. und ist damit eine der ältesten Rollen, etwa 1000 Jahre älter als die ältesten Bibelmanuskripte, die vor der Entdeckung von Qumran bekannt waren.

Legende

Der Schrein des Buches beschirmt die berühmten Schriftrollen vom Toten Meer, darunter die älteste bekannte Version des Buchs Jesaja (unten rechts).

S. 448, Flügel für bildende Kunst

Die Sammlungen enthalten Werke israelischer und internationaler Künstler mit einem breiten Spektrum an unterschiedlichen Stilen und Epochen. Darunter finden sich auch Werke asiatischer und afrikanischer Kunst sowie Architektur, Fotografie, Drucke und Zeichnungen.

Der Flügel wurde kürzlich reorganisiert, um Verbindungen zwischen Werken der verschiedenen Sammlungen aufzuzeigen. Besonders hier begegnet der Besucher dem erzieherischen Auftrag des Museums: Die vielen Führungen für Schulklassen und Soldaten sprechen für sich.

Legende

Zwei Schülerinnen studieren ein Gemälde von Lionel Feininger (links).

S. 449, Jüdische Kunst und jüdisches Leben

Dieser Flügel ist um fünf Themenbereiche angeordnet und stellt Objekte der säkularen und religiösen Kultur jüdischer Gemeinschaften aus der ganzen Welt vom Mittelalter bis heute aus.

Hervorgegangen aus der Sammlung des Bezalel National Museum webt die Ausstellung einen farbenfrohen Teppich: Sie zeigt von Juden benutzte Objekte und erkundet ihre Geschichte, ihren sozialen Kontext, ihre ästhetische Qualität und ihre emotionale Bedeutung.

Legende

Zu den Sammlungen gehören vier restaurierte Synagogen aus der ganzen Welt. Diese hier (rechts) stammt aus Vittorio Veneto, Italien (1770).

S. 450–451, Archäologischer Flügel

Hier werden dem Besucher die verschiedenen Kulturen und Glaubensrichtungen, die über Tausende von Jahren in diesem Land gediehen, nahegebracht.

Die weltweit umfassendste Sammlung an Schätzen der biblischen Archäologie nimmt den Besucher mit auf eine Zeitreise durch ein Land, das der Geburtsort der Bibel und die Wiege der drei monotheistischen Religionen ist. Die Reise beginnt mit dem ersten Auftreten des Menschen vor etwa 1,5 Millionen Jahren und endet mit dem Beginn der osmanischen Zeit. Die archäologische Geschichte setzt historische Ereignisse und kulturelle und technologische Leistungen mit dem täglichen Leben der Völker in der Region in Beziehung. Begleitende Galerien werfen ein Licht auf benachbarte Kulturen mit starkem Einfluss auf das Land, z. B. die Kulturen Ägyptens, Mesopotamiens, Griechenlands und des islamischen Nahen Ostens.

Legende

Zwei Mädchen legen am Eingang zur Galerie vor den philistinischen Sarkophagen, die von Moshe Dayan ausgegraben worden sind (rechts), eine Pause ein.

S. 452–453, Billy-Rose-Skulpturengarten

Der Kunstgarten des Museums wurde von dem japanisch-amerikanischen Bildhauer Isamu Noguchi konzipiert und zählt zu den herausragendsten Freiluftanlagen des 20. Jahrhunderts.

Die halbmondförmigen Terrassen werden von hohen Wänden gestützt und erinnern an die terrassierte Landschaft der Jerusalemer Hügel. Das zwei Hektar große Gelände präsentiert die Entwicklung der modernen westlichen Bildhauerei seit dem späten 19. Jahrhundert. Hier findet man Werke von modernen klassischen Meistern wie Auguste Rodin, Aristide Maillol, Pablo Picasso, Henry Moore (unten), Jacques Lipchitz, Claes Oldenburg sowie speziell für diesen Ort erteilte Auftragsarbeiten von Richard Serra, Magdalena Abakanowicz und vielen anderen. Robert Indianas Skulptur «Love» (links) erfreut Liebende.

Legende

Die halbmondförmigen Terrassen im Skulpturengarten zeigen die Werke moderner Bildhauer, darunter Henry Moore (rechts) und Robert Indiana (links).

S. 454–455, Knesset

Das Ein-Kammer-Parlament ist die Legislative des Staates Israel. Die 120 Mitglieder erhalten ihr vierjähriges Mandat aus einem einzigen, landesweiten Wahlkreis.

Die Sitze in der Knesset werden den verschiedenen Parteien proportional zugeteilt, vorausgesetzt, sie passieren die Schwelle von 3,25 Prozent aller abgegebenen Stimmen. Da die Parteien die Kandidaten auswählen, können die Wähler nur für eine Partei und nicht für einen speziellen Kandidaten stimmen. Da ungefähr zehn Parteien im Parlament vertreten sind, ist die Bildung einer Koalitionsregierung beinahe immer zwingend.

Die erste Knesset trat 1947 zusammen und ersetzte die repräsentative Versammlung der Mandatszeit. 1966 bezog sie ihren heutigen Sitz im Regierungskomplex auf einem Hügel in Giv'at Ram. Nach einer langen und chaotischen Planungsphase und einer erbitterten öffentlichen Debatte verwirklichte der Architekt Josef Klarwein seine Idee einer modernen Version des klassischen Säulenbaus (rechts).

Marc Chagall schuf das Triptychon an den Wänden der Staatshalle (unten). Die einzelnen Teppiche zeigen von rechts nach links die Vision Jesajas, den Exodus und den Einzug in Jerusalem.

Legende

Israels Parlament versammelt sich in einem Säulenbau (oben), der größere Kontroversen entzündete. Ein Teppich-Triptychon von Marc Chagall schmückt die Wand der Staatshalle und zeigt von links nach rechts den Einzug in Jerusalem, den Exodus und die Vision Jesajas.

S. 456–457, Knesset

Im Plenarsaal (links) sitzen die Mitglieder der Knesset dem Sprecher, dem Rednerpult und einer Wand aus mächtigen Blöcken von Kalkstein aus Galiläa gegenüber.

Ein Porträt von Theodor Herzl, dem Visionär des Staates, hängt auf der linken Seite der Wand und die israelische Flagge ist in der Mitte platziert.

In der Staatshalle wird die Unabhängigkeitserklärung (rechts außen) ausgestellt. Es wäre wünschenswert, dass sie von Zeit zu Zeit von den Mitgliedern der Knesset gelesen würde.

Die Knesset-Menora (rechts) wurde von dem englischen Bildhauer Benno Elkan geschaffen. Die Bronzereliefs zeigen Episoden aus der Bibel und der jüdischen Geschichte. Der siebenarmige Leuchter steht als nationales Symbol gegenüber der Knesset im Rosengarten.

Legende

Der Plenarsaal der Knesset (unten) kombiniert eine weiße Kalksteinmauer mit dunklem Mobiliar. In der Staatshalle ist eine Kopie der Unabhängigkeitserklärung (rechts außen) ausgestellt. Direkt gegenüber dem Gebäude steht die Menora des Bildhauers Benno Elkan, ein Symbol für den Staat Israel (rechts).

S. 458–459, Hebräische Universität, Giv'at-Ram-Campus

Ein Hügel zwischen Knesset (S. 454) und Israel Museum (S. 444) wurde zum Sitz der Universität mit allen ihren Instituten bestimmt, nachdem ein Zugang zu den Einrichtungen auf dem Skopusberg nach dem Krieg von 1948 unmöglich geworden war.

Im Rahmen der Feiern zum zehnjährigen Jubiläum des Staates Israel wurde der Campus 1958 als eines der vielen funktionellen und repräsentativen Projekte des neuen Staates eingeweiht. Da er alle Institute der Universität, die vorübergehend über die ganze Stadt verteilt waren, an einem Ort vereinigte, entwickelte er sich bald zum Kristallisationspunkt des intellektuellen Lebens in Jerusalem.

Der allgemeine Plan des Campus wurde von den Architekten Richard Kaufmann, Josef Klarwein und Heinz Rau konzipiert. Seine Hauptachse verläuft entlang des Hügelkamms und ist in mehrere offene Räume unterteilt (rechts aussen). Der weite Hauptplatz wird im Westen von einer Reihe niedriger Bauten und im Süden von der Nationalbibliothek (oben) gesäumt, die als einziges Gebäude die offene Achse unterbricht. Mit ihren frei stehenden Säulen und Fensterstreifen, die klar von Le Corbusier beeinflusst sind, ist sie ein bemerkenswertes Beispiel des Internationalen Stils. Die traditionelle Kuppel, die für die Campus-Synagoge von Heinz Rau neu interpretiert worden ist, wurde in Zement gegossen.

Veränderte Bedürfnisse führten zu strukturellen Änderungen. Ein Ergänzungsbau des englischen Architekten Norman Forster beherbergt das Hirnforschungszentrum (rechts).

Legende

Die Achse des Universitätscampus (oben) wird durch die Nationalbibliothek (links außen) unterbrochen. Eine zeltartige Zementkuppel wölbt sich über die Synagoge (oben links) und die Glaswände des neurowissenschaftlichen Instituts verbergen sich hinter einer künstlerischen Interpretation des Kleinhirnkortex.

S. 460–461, Heichal Shlomo und Große Synagoge

Der frühere Sitz des Oberrabbinats von Israel liegt neben der Hauptsynagoge an der King-George-Straße.

Das überkuppelte Gebäude wurde zwischen 1953 und 1958 als weiteres Leuchtturmprojekt des jungen Staates erbaut. Das von dem in Deutschland geborenen Architekten Alexander Friedman entworfene Wahrzeichen wurde 1992 in ein Museum für jüdische Kunst mit einer bedeutenden Sammlung umgewandelt.

Ursprünglich gab es nur eine kleine Synagoge, die Teil des Heichal Shlomo war. Als die Räumlichkeiten die Menge der Gläubigen nicht mehr fassen konnten, wurde eine neue, größere Synagoge auf einem dem Oberrabbinat benachbarten Grundstück erbaut und 1982 eingeweiht, die heutige Hauptsynagoge Jerusalems. Sie wurde als Nachbildung des Tempels mit den beiden Gesetzestafeln konzipiert. Die Synagoge zeichnet sich durch eine hervorragende Akustik aus und wird von Glasfenstern der Zürcher Künstlerin Régine Heim-Freudenreich (oben links) geschmückt.

Legende

Am Südende der King-George-Straße stehen Heichal Shlomo, der frühere Sitz des Oberrabbinats, und die Große Synagoge (rechts außen).

In der Synagoge finden 1400 Besucher Platz; der Raum wird durch einmalige Leuchter erhellt (oben). Die Glasmalereien (rechts) wurden von Régine Heim-Freudenreich aus Zürich geschaffen und stellen die geistige und die physische Welt, getrennt durch einen Regenbogen, dar. Die fünf Fenster nehmen auf die fünf Bücher Mose Bezug.

S. 462–463, Sechs-Tage-Krieg / al-Naksa, 1967

«Har Habayt beyadenu» («Der Tempelberg ist in unserer Hand»), so lautete die legendäre? Meldung, die der Kommandant der Fallschirmjäger, Motta Gur, an Moshe Dayan sandte. In diesem Krieg bemächtigte sich Israel ganz Jerusalems.

Vom 5. bis zum 10. Juni 1967 wurde der dritte Arabisch-Israelische Krieg zwischen Israel und seinen Nachbarn Ägypten, Jordanien und Syrien ausgefochten. Nach der frühen Zerstörung der arabischen Luftwaffen eroberten die israelischen Verteidigungskräfte Zahal (engl. Israel Defense Force, IDF) Sinai, das Westjordanland und die Golanhöhen. Der israelische Erfolg war das Resultat außerordentlichen Mutes und großer Besonnenheit aufseiten der Truppe sowie ausgezeichneter militärischer Führung und einer gut vorbereiteten Strategie. Jeder Krieg hat jedoch einen Preis in Menschenleben. Die arabischen Verluste werden auf 17'000 bis 23'000 Opfer geschätzt, während Israel 800 Soldaten verlor. Der schnelle israelische Sieg veranlasste 300'000 Palästinenser zur Flucht aus dem Westjordanland; mehr als eine Million Menschen kamen unter israelische Herrschaft. Auf Arabisch wird der Krieg als al-Naksa (Rückschlag) bezeichnet.

Am 7. Juni befreiten oder besetzten die israelischen Fallschirmjäger die Altstadt. Die jordanische Armee, die unter ägyptischem Oberkommando stand, erhielt am 5. Juni den Befehl zum Angriff und nahm die Stadt unter Artilleriebeschuss. Obwohl die Israelis die Absicht hatten, sich auf dieser Front defensiv zu verhalten, löste die Einnahme des Government House in der demilitarisierten Zone durch ein jordanisches Bataillon einen erfolgreichen israelischen Gegenangriff aus. Während der Nacht wurde eine israelische Offensive mit gewaltigem Unterstützungsfeuer ausgelöst. Die Jerusalem-Brigade rückte südlich der Stadt vor und die 55. Fallschirmjägerbrigade umfasste sie von Norden. In diesem Sektor fanden die heftigsten Kämpfe am Ammunition Hill (S. 465) statt. Nach der Einnahme von jordanischen Stellungen im Gebiet der American Colony stellten die Fallschirmjäger eine Verbindung mit der Exklave auf dem Skopusberg her, während ein weiteres Bataillon das Quartier von Abu Tor im Süden einnahm. Damit war die Stadt von Norden und Süden abgeschnitten. Weitere Truppen besetzten das Rockefeller Museum (S. 401), Wadi Joz und das Gebiet von Shu'afat / French Hill. Nachdem die israelische Luftwaffe die jordanischen Verstärkungen auf der Straße von Jericho nach Jerusalem zerstört hatte, ordnete der israelische

Verteidigungsminister Moshe Dayan am Morgen des 7. Juni die Einnahme der Altstadt an. Zunächst griffen zwei Fallschirmjägerbataillone die Auguste Viktoria auf dem Ölberg an. Ein drittes Bataillon unter der persönlichen Führung des Brigadekommandanten Motta Gur brach durch das Löwentor in die Altstadt ein und säuberte diese mit eintreffender Verstärkung gegen wenig Widerstand. Aus Sorge, den heiligen Stätten Schaden zuzufügen, wurde in dieser Phase des Kampfes kein Panzer- oder Artilleriefeuer eingesetzt.

Israelis betrachteten Jerusalem anschließend als befreit und wiedervereinigt, Palästinenser hingegen als besetzte Stadt.

Legende

David Rubingers weltberühmtes Bild (© Government Press Office) der drei Fallschirmjäger an der Westmauer fasst die israelischen Gefühle zusammen: unbändige Freude über den wiedergewonnenen Zugang zum heiligsten Ort des Judentums und Euphorie angesichts des schnellen Sieges nach Monaten und Jahren der Furcht.

S. 464–465, Ammunition Hill

Der Hügel war ein befestigter jordanischer Stützpunkt auf dem westlichen Abhang des Skopusbergs und überblickte das israelische Quartier Sanhedria. Eine der heftigsten Schlachten des Sechs-Tage-Krieges fand hier statt.

Am 6. Juni 1967 um 02:30 Uhr griff die verstärkte dritte Kompanie des 66. Bataillons der 55. Fallschirmjägerbrigade die Stellung an, die von einer jordanischen Truppe gleicher Stärke gehalten wurde. Nach vier Stunden heftigen Kampfes und dem Verlust von 36 israelischen und 71 jordanischen Soldaten wurde der Hügel eingenommen. Diese außerordentliche Leistung öffnete den Weg zur Eroberung Jerusalems.

Heute ist Ammunition Hill eine nationale Gedenkstätte und ein Schulungszentrum für die IDF-Fallschirmjäger. Anwohner nutzen das Gelände als Park.

Legende

Ammunition Hill war ein befestigter jordanischer Stützpunkt (rechts), der von israelischen Fallschirmjägern nach erbittertem Nahkampf eingenommen wurde. Kinder untersuchen eine Panzerabwehrkanone in der heutigen nationalen Erinnerungsstätte (rechts außen).

S. 466–467, Nach dem Sechs-Tage-Krieg, 1967 bis heute (Titelseite)

Legende

Das Oberste Gericht Israels (S. 496) residiert seit 1992 in einem der schönsten Gebäude Jerusalems. Dem Bau, ein Geschenk von Dorothy de Rothschild und entworfen von den Geschwistern Ram Karmi und Ada Karmi-Melamede, gelingt es, die reiche lokale Bautradition mit den täglichen Bedürfnissen eines Gerichtshofs zu vereinbaren.

S. 468–469, Nach dem Sechs-Tage Krieg, 1967 bis heute

Unmittelbar nach dem Krieg, hatte der charismatische Bürgermeister Teddy Kollek eine viel größere Stadt zu verwalten: Zu den 200'000 Juden in Westjerusalem kamen nun plötzlich 67'000 Palästinenser hinzu. Während die Israelis die «Wiedervereinigung» Jerusalems feierten, betrauerten die arabischen Einwohner die «Okkupation».

Kollek bediente sich eines pragmatischen Zugangs zu den arabischen Einwohnern und befürwortete religiöse Toleranz. Während seiner Amtszeit entwickelte sich Jerusalem zu einer modernen Stadt: Seine politische und symbolische Bedeutung wuchs enorm, es wurde zu einem regionalen Zentrum und zu einer ökonomischen Drehscheibe. Israels nationale Euphorie, bei der die erstmals seit 2000 Jahren wiederhergestellte jüdische Kontrolle über die gesamte Stad eine nicht geringe Rolle spielte, führte zu einseitigen politischen Entscheidungen. Die Grenzen der Stadt wurden unmittelbar nach dem Krieg erweitert, sodass Ostjerusalem und ein großer Teil des Westjordanlands mit 28 palästinensischen Dörfern nun zum Stadtgebiet gehörten. 1980 verabschiedete die Knesset das umstrittene Jerusalem-Gesetz, das die Stadt in ihren neuen Grenzen zur unteilbaren Hauptstadt Israels erklärte.

Auf nationaler Ebene hatten Israels Sicherheitsinteressen stets Vorrang vor allen anderen nationalen Aufgaben, einschließlich des Friedens. Obwohl israelische und arabische Führer in den 1990er- und 2000er-Jahren eine Reihe von Friedensinitiativen verhandelten und obwohl – aus der Sicht eines Außenstehenden – alle Elemente einer palästinensisch/arabisch-israelischen Einigung auf dem Tisch lagen, scheiterten alle Anstrengungen. Als der Friedensprozess versandete, verlagerte sich Israels Ziel weg von einer Konfliktlösung hin zu einer Konfliktverwaltung und zu einer Bewahrung des gegenwärtigen Zustands. Diese Strategie scheiterte vollständig mit dem grauenhaften Angriff der Hamas vom 7. Oktober 2023 und dem darauffolgenden Krieg Israels gegen die Organisationen der Terroristen in Gaza.

Gleich zu Beginn war es das Ziel der israelischen Politik in Jerusalem, die Kontrolle über die ganze Stadt zu verstärken und eine starke jüdische Mehrheit vor Ort zu sichern. Zwischen 1970 und 1995 wurde dieses Ziel mit dem Bau eines eines Ringes von Vorstädten verfolgt, und zwar vorwiegend auf Land, das von Palästinensern enteignet worden war. Die Einwohnerzahl dieser Außenquartiere bewegte sich zwischen 7000 und 50'000 Einwohnern, was einer kleinen bis mittleren israelischen Stadt entspricht. Zu Beginn konzentrierte sich die Planung auf das Schaffen einer Verbindung zwischen Jerusalem und dem Skopusberg (Ramat Eshkol, 1; Giv'at HaMivtar, 2; French Hill, 3). In einer zweiten Phase wurden Vorstädte gebaut, die Lücken im Umkreis der Stadt schlossen und vor allem die Einfallsstraßen beherrschten (Ramot, 4; Ramat Shlomo, 5; Pisgat Ze'ev, 6; Neve Ya'akov, 7; East Talpiot, 8; Gilo, 9; Har Homa, 10). Heute wohnen in den Satellitenstädten, die die Landschaft Jerusalems dominieren (links, S. 483), 250'000 Einwohner.

Legende

Ausdehnung der Stadt nach 1967: ▪ Altstadt, — Waffenstillstandslinie, ▪ Westerusalem 1967 und ▪ 2022, ▪ Ostjerusalem 1967 und ▪ 2022, ▪ israelische Satellitenstädte, — Stadtgrenze während des britischen Mandats, — Stadtgrenze seit 1993, — Trennungsmauer und • Kontrollpunkte.

Daten aus: United Nations OCHA oPT, West Bank 2023, Israel Survey 1:50'000.

1 Ramat Eshkol
2 Giv'at HaMivtar
3 French Hill
4 Ramot
5 Ramat Shlomo
6 Pisgat Ze'ev
7 Neve Ya'akov
8 East Talpiot
9 Gilo
10 Har Homa
11 Shu'afat
12 Shu'afat-Lager
13 Beit Hanina
14 Beit Jarrah
15 Wadi al-Joz
16 At-Tur
17 Silwan
18 Ras al-Amud
19 Abu Tor
20 Jabel Mukaber
21 Sur Baher

1 Teddy Park, S. 473
2 Islamisches Museum, S. 474
3 Bloomfield- und Liberty-Bell-Garten, S. 476
4 Jüdisches Viertel, S. 478
5 Das Monster, S. 480
6 Yad Lebanim, S. 481
7 Wald des Friedens, S. 483
8 Hebräische Universität, Skopusberg, S. 484
9 Calatrava-Brücke, S. 486
10 Italienische Synagoge, S. s489
11 Mormonen-Universität, S. 490
12 Hebrew Union College, Beit Shmu'el, S. 493
13 Mamilla-Einkaufszentrum, S. 495
14 Oberstes Gericht, S. 467, 496
15 Jerusalemer Rathaus, S. 500
16 Yitzhak-Navon-Bahnhof, S. 503
17 Museum der Toleranz, S. 504
18 Tal der Gazellen, S. 505

S. 470–471

Parallel zu diesen Bauunternehmungen haben restriktive Planung und Mittelzuweisung sowie bürokratische Hürden die palästinensische Gemeinschaft Jerusalems stark geschwächt. Durch die Trennmauer und die neuen Satellitenstädte, die ihre Verbindungen ins Westjordanland kappten, waren sie buchstäblich zu Gefangenen geworden.

In den ersten Jahrzehnten nach dem Krieg entwickelte sich ein relativ stabiles Gleichgewicht zwischen den widersprüchlichen Interessen. Diese Koexistenz änderte sich dramatisch mit der Ersten (1987–1993) und besonders mit der Zweiten Intifada (2000–2005, Al-Aksa-Intifada), in der terroristische Anschläge begangen wurden, die den Glauben an eine friedliche Lösung in der israelischen Bevölkerung stark und nachhaltig erschütterten. Die so entstandenen Narben und der Bau der Trennmauer (S. 498) führten zu einer tragischen Verschlechterung der Situation. Die Unterstützung von jüdischen Siedlungen in palästinensischen Quartieren in und um die Altstadt durch die Regierung als auch die andauernden Auseinandersetzungen um den Tempelberg haben die Befürchtungen vor einem jüdischen «Groß-Jerusalem» verstärkt. Was früher ein säkularer Konflikt um Land und Territorium gewesen war, verwandelte sich schrittweise in einen ideologischen und religiösen Krieg.

Nach 1967 wuchs Jerusalem exponentiell. Seine Bevölkerung von 270'000 Einwohnern verdoppelte sich bis in die 1990er-Jahre beinahe, verdreifachte sich bis 2015 und nähert sich heute einer Million. Davon identifizierten sich im Jahr 2017 1,5 Prozent als Christen, Muslime machten 38 Prozent aus und 60 Prozent waren Juden mit einer großen orthodoxen Mehrheit. Stadtplanung und Bautätigkeit hatten in dieser Zeit die Spannung zwischen der mythologisch aufgeladenen Vorstellung von Jerusalem als heiliger Stadt einerseits und dem dringenden Bedürfnis seiner Einwohner nach einem dynamischen und blühenden Ort zum Leben andererseits auszugleichen. Der Internationale Stil der 1950er- und 1960er-Jahre wurde durch einen unverwechselbaren «Jerusalem-Stil» ersetzt, der das orientalische Formeninventar mit der modernen brutalistischen Architektur mit ihren sichtbaren Strukturelementen und unverdeckten Baumaterialien kombiniert. Dies führte manchmal zu sehr speziellen Lösungen (links, rechts) und veränderte das Stadtbild Jerusalems nachhaltig. David Kroyanker, der Chronist des architektonischen Erbes von Jerusalem, kommentierte die neuere Stadtplanung mit den Worten, «dass es drei heilige Kühe gab, nämlich die Anforderung, ausschließlich mit Stein zu bauen, das Verbot von Hochhäusern mit mehr als zwei bis fünf Stockwerken und die Einschränkung, nur auf den Höhen zu bauen und die Täler als offene Grünflächen freizuhalten. Alle diese drei heiligen Kühe sind geschlachtet worden, und nicht immer auf koschere Weise».

Legende

Im Ring der Satellitenstädte, die nach dem Krieg von 1967 gebaut wurden, gab es auch einige sehr spezielle architektonische Lösungen, wie z. B. in Ramot durch Zvi Hecker (links). Ein auf einem Hügel sitzender ästhetischer Schandfleck mit Blick über das südliche Jerusalem ist der Holyland-Komplex (rechts), der an ein Manhattan im Heiligen Land denken lässt.

S. 472–473, Jerusalems Kulturmeile

Der grüne Landstreifen, der sich von der Zitadelle südwärts durchs Hinnomtal erstreckt und dann Richtung Westen nach Talbiyeh abbiegt, verdankt seinen Namen den vielen kulturellen Institutionen, die ihm entlang aufgereiht sind.

Die Waffenstillstandslinie von 1948 ist verschwunden. Nur leichte Andeutungen wie die Farbe der Wassererhitzer auf den Dächern (unten links) zeichnen ihren Verlauf nach. Im Zentrum Jerusalems ist das Niemandsland in ein grünes Band verwandelt worden, das Parks und kulturelle Einrichtungen miteinander verbindet. Es beginnt am Teddy Park am Fuß der Zitadelle (rechts), benannt nach dem früheren Bürgermeister Teddy Kollek, der das ganze Projekt verwirklicht hat. Danach folgen die Künstlerkolonie Hutzot Hayotzer, der Sultan-Teich, eine alte Zisterne, die heute als Ort für Konzerte und andere Anlässe dient, die Cinemathek (unten rechts), eines der erfolgreichsten kulturellen Unternehmen im Land, das Musikzentrum bei Mishkenot Sha'ananim (S. 296), der Liberty-Bell- und der Bloomfield-Garten (S. 476), die First Station, der alte Bahnhof, heute ein Veranstaltungsort für Kultur und Unterhaltung (S. 334) mit dem benachbarten Khan-Theater, der wunderbare kleine Rosengarten in Talbiyeh, Hansen House, ein früheres Lepra-Krankenhaus und heute ein Zentrum für Design, Medien und Technologie (S. 326), und schließlich das Zentrum für darstellende Künste.

Die Kulturmeile ist Teil eines umfassenderen Plans, einen Nationalpark im heiligen Becken, der die Altstadt umgibt, zu etablieren. Weil viele Stätten unter die Kontrolle von Siedlerorganisationen gestellt wurden und weil viele Siedler Gelder, die für dieses Projekt vorgesehen waren, geschickt zugunsten ihrer eigenen Agenda umleiten konnten, lehnen die Bürger von Ostjerusalem den Plan entschieden ab.

Legende

Das frühere Niemandsland im oberen Hinnomtal (unten links) ist heute ein grüner Streifen, der sich vom Jaffator bis nach Talbiyeh erstreckt. Direkt unter der Zitadelle spielen Kinder an den Springbrunnen im Teddy Park (rechts), der nach dem früheren Bürgermeister Teddy Kollek benannt ist. Weiße Wassererhitzer auf den Dächern des neuen Quartiers East Talpiot zeigen die israelische Seite der früheren Waffenstillstandslinie an, wohingegen die Erhitzer in Sur Baher im Hintergrund, einst jordanisches Territorium, schwarz sind (links außen).

S. 474–475, Museum für islamische Kunst

Dieses 1974 eröffnete Museum konzentriert sich auf das Sammeln, Erhalten und Ausstellen islamischer Kunst vom 7. bis zum 19. Jahrhundert.

Das Museum setzt sich für das Verständnis der islamischen Kultur ein und versucht, die Haltung gegenüber dem Islam in Israel positiv zu beeinflussen. Die temporären Ausstellungen und kulturellen Veranstaltungen sollen das Gespräch zwischen der arabischen und der jüdischen Kultur sowie Toleranz und gegenseitige Achtung fördern.

Die Dauerausstellung zeigt Gegenstände des alltäglichen Gebrauchs sowie Luxusgüter (links Mitte und unten). Ein Juwel ist der Harari-Schatz, der im nördlichen Iran gefunden wurde und aus etwa 20 prächtigen Silbergefäßen aus dem 11. und 12. Jahrhundert besteht (rechts außen).

Eine der letzten temporären Ausstellungen zeigte 555 verschiedene Hamsas (links oben). Dieses traditionelle Amulett in der Form einer Hand, das im jüdischen und islamischen Kulturkreis als magisches Objekt weitverbreitet ist, hat auch in der modernen Pop-Art den Status eines Kultobjekts erlangt.

Legende

Mit einer Reihe von kulturellen Veranstaltungen zusätzlich zu seinen Dauer- und Sonderausstellungen verfolgt das Museum für islamische Kunst sein Ziel, das Verständnis für den Islam in Israel zu fördern.

S. 476–477, Bloomfield- und Liberty-Bell-Garten

Kurz nach dem Krieg von 1967 entwickelte der charismatische Bürgermeister Teddy Kollek einen Plan, wie archäologische Stätten und Parks, sowohl bestehende als auch neu zu schaffende, zu einem die Altstadt umgebenden grünen Gürtel vernetzt werden können.

Der Bloomfield- und der Liberty-Bell-Garten, die beidseits der südlichen King-David-Straße liegen, sind wunderschöne Bestandteile dieses Gürtels. Beide wurden von dem dänischen Architekten Ulrik Plesner entworfen, 1976/77 eingeweiht und seither ständig weiterentwickelt.

Im Bloomfield-Garten befinden sich das Familiengrab des Herodes (S. 70) und der Löwenbrunnen (links, rechts), ein Geschenk Deutschlands an Jerusalem. Dies ist einer der wenigen Orte, an dem sich Juden und Araber treffen. Obwohl die Kinder kaum miteinander sprechen, spielen sie doch nebeneinander. Natürlich gibt es viele Klagen über schlechtes Benehmen der jeweils anderen Seite. Im Liberty-Bell-Garten (Gan HaPa'amon; oben rechts) steht eine Nachbildung der Freiheitsglocke von Philadelphia; der Garten wurde zum 200. Gründungstag der USA eröffnet. An Feiertagen ist der Park sehr beliebt und entsprechend überfüllt. Man findet darin eine große Picknickfläche, Sportgeräte und ein Amphitheater mit 1000 Plätzen.

Legende

Der Bloomfield- und der Liberty-Bell-Garten sind schöne Bestandteile eines grünen Gürtels, der die Altstadt umgibt und vom damaligen Bürgermeister Teddy Kollek geplant worden ist. Beide sind beliebt bei Juden und Arabern.

S. 478–479, Jüdisches Viertel

Die Erneuerung des 1948 zerstörten und danach vernachlässigten jüdischen Viertels in der Altstadt war eine von Israels Prioritäten nach dem Krieg von 1967.

Das in der Südwestecke der Altstadt zwischen dem armenischen Quartier und der Westmauer eingezwängte Viertel war seit der Zeit der Mamluken jüdisch. Erst im 19. Jahrhundert wurden zwei hervorstechende jüdische Bauten, die Hurva (S. 272) und Tiferet Israel (S. 324) Synagogen, errichtet. Sie dienten den 15'000 extrem armen sephardischen und aschkenasischen Einwohnern des Viertels, die ihr Leben dem Gebet und Studium widmeten und für ihren Lebensunterhalt von ausländischen Spenden abhängig waren. Diese Population wurde 1948 vertrieben und die Jordanier zerstörten systematisch ihre öffentlichen Gebäude.

Als das Viertel 1967 unter israelische Kontrolle kam, waren die mit der Erneuerung betrauten Planer mit der Aufgabe konfrontiert, Wohn-, öffentliche und religiöse Räume zu schaffen. Sie bewahrten das architektonische Erbe der osmanischen Periode (S. 268–273) und archäologische Stätten aus judäischer, herodianischer und byzantinischer Zeit (S. 37, 68, 95).

Die Rekonstruktion wurde zwischen 1967 und 1987 ausgeführt und entwickelte einen architektonischen Stil, der zeitgenössische Konzepte mit traditionellen Formen kombinierte. Diese Mischung fügte der Abfolge von epochenspezifischen Stilen in der Altstadt eine neue Schicht hinzu. Keine geringe Folge davon ist eine ausgeprägte Gentrifizierung des Viertels, in dessen Gassen Brooklyn-Englisch die häufigste Sprache ist.

Einige orthodoxe Organisationen, klein an der Zahl, aber laut und einflussreich im Auftreten, möchten auf dem Haram al-Sharif den Dritten Tempel errichten. Eine unter ihnen, das Tempel-Institut, hat eine Menora (rechts) für den neuen Tempel nachgebildet. Diese Aktivitäten werden von Muslimen heftig abgelehnt und stellen ein Schlüsselthema im israelisch-palästinensischen Konflikt dar.

Legende

Eine Front von massiven religiösen Gebäuden (oben) steht der Westmauer gegenüber. Eine Gasse (oben rechts) zeigt die Mischung moderner Stile und Techniken mit traditionellen Elementen, die typisch für das jüdische Viertel nach 1967 ist. Die Anstrengungen extremistischer orthodoxer Gruppierungen, den zerstörten Tempel wieder aufzubauen, zeigen sich deutlich in der Menora auf dem Hurva-Platz (rechts), die für den Einsatz im geplanten Dritten Tempel vorgesehen ist.

S. 480, Das Monster

Jerusalem verdankt der Künstlerin Niki de Saint Phalle einige seiner buntesten Flecken.

Der «Golem», auch liebevoll «HaMifletzet» («das Monster») genannt, ist eine Skulptur auf einem Spielplatz in Kiryat HaYovel. In der jüdischen Folklore ist der Golem ein belebtes Wesen aus Lehm oder Schlamm. Die Künstlerin de Saint Phalle ist die erste Frau, die Kunst für öffentliche Räume geschaffen hat, und sie verfolgte damit die Absicht, «Freude in Herzen und Augen» zu bringen. Ihre umstrittene Arbeit wurde von Bürgermeister Teddy Kollek unterstützt und 1972 der Öffentlichkeit übergeben. Im Zoo von Jerusalem hinterließ sie 22 spektakuläre Tierskulpturen, die von einem Mosaik aus Flusssteinen, glasierter Keramik und Ornamenten überzogen sind.

Legende

Das Denkmal für die Söhne (rechts) ehrt die in Israels Kriegen Gefallenen. Die Holterdiepolter-Golem-Rutschbahn (oben) ist das Werk der amerikanisch-französischen Künstlerin Niki de Saint Phalle.

S. 481, Denkmal für die Söhne, Yad LeBanim

Die gespaltene Pyramide des Jerusalemer Soldatendenkmals symbolisiert die auffahrende Seele der Gefallenen. Sie steht an prominenter Stelle neben dem Sacher-Park.

Der Architekt David Reznik entwarf das 1977 eingeweihte Denkmal auf Betreiben von Yad LeBanim, einer Nichtregierungsorganisation von hinterbliebenen

Eltern, und der Vereinigung der Haganah-Veteranen. Es ehrt die in Israels Kriegen Gefallenen und bietet hinterbliebenen Eltern und Veteranen der Haganah einen Treffpunkt.

S. 482–483, Wald des Friedens

Einer von Jerusalems schönsten Parks erstreckt sich entlang der Hänge des Nahal Azal zwischen Abu Tor und dem Berg des üblen Rates. Seine Sherover- und Goldman-Promenaden bieten einige der schönsten Blicke auf die Altstadt.

Eines der erfolgreichsten Projekte des früheren Bürgermeisters Teddy Kollek und der Jerusalem Foundation ist die Promenade im Wald des Friedens. Mit einer Länge von etwa 1,5 Kilometern bietet sie großartige Ausblicke nach Norden (oben) mit dem neuen, jüdischen Jerusalem zur Linken, Berg Zion und der Altstadt geradeaus und den drei das alte Jerusalem definierenden Tälern (Hinnom-, Zentral- und Kidrontal) zur Rechten. Hinter der Altstadt, im Norden, erkennt man den French Hill und den Skopusberg und im Osten, zur Rechten, den Ölberg mit seinen drei Türmen. Der Park ist bei Touristen und Einheimischen, einschließlich der Bevölkerung der benachbarten Viertel Djebel Mukaber und Abu Tor, sehr beliebt (links).

Nach jüdischer Überlieferung ist dies der Platz, von dem aus Abraham und Isaak erstmals den Berg Moriah erblickten, den Ort, an dem Abraham um Haaresbreite seinen Sohn geopfert hätte. Eine christliche Legende berichtet, dass Kaiphas hier mit den Juden über Jesu Tod beratschlagte. Muslime glauben, dass der Kalif Omar hier rastete, bevor ihm die Schlüssel Jerusalems übergeben wurden. Der Park liegt neben Government House (S. 396), Arnona, einem der ersten Gartenquartiere von Jerusalem aus den 1920er-Jahren, und East Talpiot, einem Quartier, das im früheren Niemandsland errichtet worden ist.

Legende

Einen der besten Blicke auf Jerusalem hat man von den drei Promenaden im Wald des Friedens, der etwa zwei Kilometer südlich der Altstadt liegt (oben). Der Park ist bei Touristen und Einheimischen, Israelis wie Arabern, sehr beliebt (unten links). Arabische Burschen zeigen hier gerne ihr akrobatisches Können (links Mitte).

S. 484–485, Hebräische Universität, Skopusberg-Campus

Die Universität bereitete sich unmittelbar nach dem Krieg von 1967, der ihren früheren Standort wieder zugänglich gemacht hatte, darauf vor, auf den Skopusberg zurückzukehren.

Allerding dauerte die Restauration des Campus viele Jahre, sodass der neue Campus erst 1981 eingeweiht werden konnte. Die Universität entschied sich, die Naturwissenschaften auf Giv'at Ram (S. 458) zu konzentrieren und die Geisteswissenschaften auf den Skopusberg zu verlagern. Heute ist die Hebräische Universität mit 23'500 Studenten, sieben Fakultäten und 14 Schulen das führende Zentrum für höhere Bildung in der jüdischen Welt.

Der Campus auf dem Skopusberg ist das beste Beispiel des brutalistischen Stils in Jerusalem. Als festungsähnlicher Komplex über der Altstadt (oben) sendet er zwei Botschaften aus: die zionistische Vision, im alten Heimatland des jüdischen Volkes erneut Wurzeln zu schlagen, und die politische Vision, eine erneute Teilung der Stadt zu verhindern. Der Überbauungsplan sieht eine ununterbrochene, kompakte Reihe von Einzelbauten vor, der eine offene Garten-Plaza wie eine Mauer umschließt. Gebäude aus dem Campus der 1920er-Jahre wurden sorgfältig integriert (rechts).

Legende

Wie eine Festung dominiert die Hebräische Universität die Altstadt (oben). Der Studentenclub von 1941 ist heute Teil des Instituts für Archäologie und wurde sorgfältig in den Rahmen der modernen Gebäude eingegliedert (rechts). Der Wasserturm mit dem Emblem der Universität (links) ist ein Wahrzeichen des Jerusalemer Stadtbildes.

S. 486–487, Calatrava-Brücke

Die Brücke für das Jerusalemer Tram wurde vom spanischen Ingenieur Santiago Calatrava entworfen und 2008 eingeweiht. Das Wahrzeichen am westlichen Stadtrand von Jerusalem trägt die Tramlinie und einen Fußgängerübergang.

Um der schwierigen Stelle gerecht zu werden, konstruierte Calatrava eine Schrägseilbrücke, die von einem einzigen, 118 Meter hohen Pylon gestützt wird. Die Brücke überspannt eine belebte Kreuzung in der Nähe der zentralen Busstation und verbindet die Jaffa Road mit dem Herzl-Boulevard durch einen S-förmig geschlungenen Verlauf. Der Pylon besteht aus einem schlanken dreieckigen Stahlkasten und ist rückwärts geneigt. Er gibt 66 Stahlkabeln in parabolischer Anordnung Widerhalt, sodass die Konstruktion wie eine riesige Harfe aussieht – die Harfe König Davids als Symbol der Heiligen Stadt. Trotz ihrer unbestrittenen

Schönheit wurde die Brücke erst nach einer großen Kontroverse von der Stadt akzeptiert: Die Endkosten überschritten mit 245 Millionen NIS (70 Millionen Euro) das ursprüngliche Budget um mehr als das Doppelte.

Legende

Wie ein auffliegender Kranich (oben) beschützt die Calatrava-Brücke den westlichen Zugang zu Jerusalem (rechts).

S. 488–489, Museum für italienische jüdische Kunst

Im Gebäude der früheren Schmidt-Schule an der Hillel-Straße informiert das Museum über jüdisches Leben in Italien von der Renaissance bis heute.

Eine Barocksynagoge aus dem frühen 18. Jahrhundert aus Conegliano Veneto, einem Dorf zwischen Venedig und Padua, ist der Stolz des Museums. Sie wurde aus Italien nach Israel verbracht und wird von Jerusalems italienischer Gemeinde, die vor einem Thoraschrein mit schönen vergoldeten Holzdekorationen betet, noch heute benutzt. Die ständige Ausstellung konzentriert sich auf die materielle Seite spiritueller Objekte (links) wie z. B. Thoraschreine und -Vorhänge (Parochot; links aussen). Sie ist nach Materialien und Techniken angeordnet. Das einzige Museum, das nur Objekte aus einem einzigen Land sammelt, wurde 1983 gegründet und nach Umberto Nahon, einem Zionisten und Sammler, benannt.

Legende

Das Museum im Gebäude der früheren Schmidt-Schule (oben rechts) enthält eine italienische Synagoge aus dem 18. Jahrhundert (rechts außen) mit schön geschnitzten Bänken (unten, ganz rechts). Die Sammlung von Kultobjekten enthält einen Vorhang für einen Thoraschrein (Parochet, oben), der von Rachel Olivetti 1620 gestickt worden ist, und eine Chanukkia aus dem 15. Jahrhundert, die als Modell für die Menora bei der Knesset (S. 457) gedient haben mag.

S. 490–491, Mormonen-Universität

Die Mormonen-Universität in Jerusalem ist ein Satellitencampus der Brigham Young University in Provo, Utah, einer privaten Universität, die von der Kirche der Heiligen der Letzten Tage (Mormonen) betrieben wird.

Das Zentrum lehrt ein Curriculum, das sich auf die Bibel, Nahoststudien und die hebräische und arabische Sprache fokussiert. Seine terrassierte Anlage wurde von den Architekten David Reznik und Franklin Ferguson konzipiert und 1989 in Betrieb genommen. Es liegt auf dem Hang zwischen Ölberg und Skopusberg und bietet einen prächtigen Blick auf die Altstadt und das Kidrontal. Im Jerusalem-Stil gebaut, kombiniert es Spritzbeton mit lokalem Kalkstein, Bogen und Kuppeln. Das Auditorium (unten) macht die spektakuläre Sicht auf die Stadt zu einem Teil der Architektur.

Das Bauprojekt erregte schnell den Widerspruch der ultraorthodoxen Haredi-Parteien im Stadtrat, die die bekannte Missionstätigkeit der Mormonen befürchteten. Unter seinen Befürwortern war der damalige Bürgermeister Teddy Kollek, der darin «eine Brücke des Verständnisses zwischen Arabern und Juden» erkannte, da die Mormonen zu beiden Gruppen gute Beziehungen pflegten.

Legende

Das Auditorium der Mormonen-Universität auf dem Hang des Skopusbergs bietet einen unvergleichlichen Blick auf die Altstadt (links). Der terrassierte Komplex (oben links) kombiniert Elemente aus Beton und Holz (rechts).

S. 492–493, Hebrew Union College und Beit Shmuel

Im Mamilla-Viertel vis-à-vis der Zitadelle bildet der Jerusalem Campus des Hebrew Union College mit Beit Shmuel, Kfar David und dem Mamilla-Einkaufszentrum einen Komplex, der Teil eines umfassenderen Plans für das Mamilla-Zentrum ist.

Das College wird vom ältesten amerikanischen Reformseminar betrieben und bildet Rabbiner, Kantoren und Lehrer für Reformjudaismus aus. Es ist um drei Höfe herum angelegt, die von zweistöckigen Arkaden gesäumt werden (rechts). Stein, Glas, Aluminium und Wasser reflektieren die Farben der Stadt.

Beit Shmuel ist dem College angeschlossen und bietet eine Reihe von kulturellen Aktivitäten an. Es bildet mit dem Glasdach seiner Mehrzweckhalle ein Wahrzeichen gegenüber dem Jaffator (links). Die terrassierten Apartments von Kfar David, einem Luxus-Wohnkomplex, wurden im neoorientalischen Stil gebaut, der typisch für die Architektur Jerusalems nach 1967 ist. Die gesamte Überbauung wurde von Moshe Safdie 1986 konzipiert und phasenweise ausgeführt. Sie folgt der Topografie des oberen Hinnomtals und kontrastiert mit den Mauern der Altstadt.

Legende

Der Entwicklungsplan für das Mamilla-Quartier enthält das reformjüdische Seminar des Hebrew Union College (rechts außen), die große Veranstaltungshalle von Beit Shmuel (oben), den Wohnkomplex von Kfar David (rechts) und das Mamilla-Einkaufszentrum (S. 495).

S. 494–495, Mamilla-Einkaufszentrum

Zwischen Jaffator und der Kreuzung der King-Solomon-, King-David- und Agron-Straße erstreckt sich eine Fußgängerzone, die von etwa 140 Läden, Geschäften, Restaurants und Cafés gesäumt wird.

Im späten 19. Jahrhundert und während des britischen Mandats war die ursprüngliche Mamillastraße ein Geschäfts- und Gewerbezentrum mit arabischen und jüdischen Läden, Werkstätten, Büros und Wohnungen. Die Straße wurde 1948 zu einem Teil des Niemandslandes und ihr israelischer Teil verkam zu einem Elendsviertel mit einigen Werkstätten in den verlassenen Gebäuden. 1970 bat Teddy Kollek, der damalige Bürgermeister, die Architekten Moshe Safdie und Gilbert Weil um einen Entwicklungsplan für das gesamte Viertel (S. 493), der nach vielen Auseinandersetzungen und Modifikationen schrittweise bis 2009 verwirklicht wurde. Das Zentrum mischt neue Elemente mit alten Fassaden, die abgetragen und wieder aufgebaut wurden. Die Zahlen auf den Steinen (unten links außen) wurden absichtlich belassen und zeigen die konservatorische Natur der Bauten. Das Einkaufszentrum zieht einen Querschnitt der Stadtbevölkerung wie auch Touristen an.

Legende

Die alte Mamillastraße, die vom Jaffator nach Westen führt, wurde in eine moderne Einkaufszone, die die gesamte Bevölkerung und Touristen anzieht, umgewandelt.

S. 496–497, Oberstes Gericht

Als höchste gerichtliche Instanz hat das Oberste Gericht die letzte richterliche Autorität über alle anderen Gerichte. Es hört auch Petitionen einer jeder Person gegen Regierungsbehörden an, einschließlich gegen Urteile der religiösen Gerichte.

Eines der schönsten modernen Gebäude Jerusalems liegt im Regierungsdistrikt und wurde 1992 in Betrieb genommen. Es wurde von Ram Karmi und seiner Schwester Ada Karmi-Melamede entworfen und spielt mit kontrastierenden Kreisen und Linien (oben links), die Recht und Gesetz darstellen. Nach dem Überschreiten einer Brücke (S. 467) steigt der Besucher eine Treppe hinauf (unten links), die zu einem großen Panoramafenster führt, und gelangt schließlich in eine Vorhalle (rechts) vor den Gerichtsräumen.

In den letzten Jahrzehnten hat das Oberste Gericht seine Rolle als Wächter der Menschenrechte fest begründet. Es ist mehrfach eingeschritten, um die Redefreiheit sicherzustellen und um die Gleichheit verschiedener Bevölkerungsgruppen zu fördern. Kritiker arbeiten zurzeit daran, seine Autorität einzuschränken, und stellen den Schutz von Rechten der Palästinenser sowie seine Beschränkungen der exekutiven und legislativen Tätigkeit infrage.

Legende

Das Oberste Gericht Israels spricht Recht in einem der schönsten modernen Gebäude (S. 466). Eine Treppe (links) führt zur Vorhalle (rechts) vor den Gerichtsräumen. Kreise und Linien symbolisieren Recht und Gesetz (oben links, die Pyramide über der Bibliothek).

S. 498–499, Trennmauer

Eine hässliche Mauer – oder streckenweise ein Zaun – verläuft über 708 Kilometer entlang der Waffenstillstandslinie und innerhalb des Westjordanlands. Israelis nennen sie den Sicherheitszaun, Palästinenser sprechen von der Apartheidmauer.

Der Bau der Barriere begann mitten in der Al-Aksa-Intifada (Zweite Intifada, 2000–2005), die auf das Scheitern der Camp-David-Gespräche folgte. Nach vielen Terrorattacken, die einen hohen Preis von ganz Israel, aber speziell Jerusalem forderten, wurde damit eine Idee, die seit der Ersten Intifada diskutiert wurde, umgesetzt.

Obwohl es der offizielle Zweck der Mauer war, palästinensischen Terrorismus zu verhindern, waren sich die Planer der politischen Auswirkungen voll bewusst und behielten Israels Interessen im Auge. Überlegungen für den Jerusalem-Sektor betrafen sowohl territoriale und demografische Aspekte als auch die Konsolidierung der neuen Stadtgrenzen. Deshalb trennt die Mauer palästinensische Quartiere in Ostjerusalem von ihren Vorstädten im Westjordanland. Zusätzlich umschließt sie nach 1967 gegründete Siedlungen um Jerusalem und macht aus der Stadt eine Metropole, die weit über ihre offiziellen Grenzen hinausreicht. Dadurch schneidet sie Ostjerusalem vom Westjordanland ab, dringt tief in die von der Palästinensischen Autonomiebehörde verwalteten Gebiete ein und verhindert den freien palästinensischen Verkehr. Die territorialen Gesichtspunkte verfolgen demografisch eine klare jüdische Mehrheit als offizielles Ziel. Die Kontrollpunkte in der Mauer (links außen) sind eine Erschwernis für die arabischen Bewohner Jerusalems und seiner Vorstädte, die sozial und ökonomisch von ihrem Hinterland sowie von den zentralen Funktionen der Stadt abhängig sind.

Es besteht kein Zweifel, dass die Mauer ein Hauptgrund für die Abnahme des Terrorismus ist und dass sie eine De-facto-Teilung des Landes darstellt. Es gibt aber ebenso wenig Zweifel daran, dass sie ein normales Leben für die Bewohner Ostjerusalems und seiner Vorstädte verhindert und dass sie die Möglichkeit einer Einigung zwischen Israel und den Palästinensern stark beeinträchtigt.

Auf der israelischen Seite zeigen die acht Meter hohen Betonplatten unverändert ihr hässliches Gesicht. Graffiti – zum Teil von künstlerischem Wert – schmücken sie hingegen auf der palästinensischen Seite (oben). Ein Tourist, der auf der Straße 443 von Norden nach Jerusalem fährt, fühlt sich wie ein Gefangener, der auf beiden Seiten von Mauern eingeschlossen ist, und nimmt verblüfft das Schild zur Kenntnis, das ihn in der Stadt willkommen heißt (oben).

Legende

Die Trennmauer, eine De-facto-Teilung des Landes, bewirkte eine drastische Abnahme palästinensischer Terrorattacken. Sie macht das tägliche Leben für Palästinenser aber äußerst schwierig und kompliziert.

S. 500–501, Jerusalemer Rathaus

Zwischen den Mauern der Altstadt und dem Russenplatz liegt die Jerusalemer Stadtverwaltung, die aus alten und neuen Gebäuden besteht.

Jerusalems erstes Rathaus wurde 1930 unter dem britischen Mandat an der Jaffa Road gegenüber den Mauern der Altstadt erbaut. Finanziert wurde es von der Barclay Bank, die im runden Teil des Gebäudes am Zahal-Platz ihre Geschäftsräume einrichtete (S. 370). Mit der Zunahme der Bevölkerung um das Zehnfache wuchs auch die Stadtverwaltung, die ihre Büros in der ganzen Stadt verteilt unterbrachte. 1998 wurden fast alle in einem neuen Komplex am Safra-Platz, der aus zwei neuen Blocks und einigen Gebäuden aus dem 19. Jahrhundert besteht (unten), untergebracht.

Legende

Die Jerusalemer Stadtverwaltung ist in einem Komplex, der rund um den weiten Safra-Platz (oben) angeordnet ist, untergebracht. Er besteht aus modernen Blocks (unten) und alten Gebäuden (links). Jerusalems Wappen zeigt einen steigenden Löwen (oben rechts).

S. 502–503, Yitzhak-Navon-Bahnhof

80 Meter unter dem Straßenniveau, hineingebohrt in festen Felsen, befindet sich die Endstation der Schnellbahn von Tel Aviv nach Jerusalem. Sie ist Teil eines Verkehrsverbunds und hat Anschluss an die nahe gelegene zentrale Busstation und an das Tram.

Sie wurde von dem Architekturunternehmen Barchama entworfen und von 2007 bis 2018 mit einer massiven Kreditüberschreitung gebaut. Der Bahnhof ist nach Israels fünftem Präsidenten benannt und liegt am westlichen Zugang zur Stadt. Eine Reihe von Rolltreppen (oben) bringt die Reisenden zu den Zügen (links), die sie in 30 Minuten nach Tel Aviv befördern. Die unterirdischen Teile des Bahnhofs haben eine Doppelfunktion und bieten im Falle eines ABC-Ereignisses 5000 Personen Schutz.

Legende

Passagiere von Tel Aviv kommen nach einer 30-minütigen Zugfahrt hier an. Der Bahnhof ist 80 Meter tief in den Jerusalemer Felsen hineingebohrt und hat eine Doppelfunktion als Zugstation und öffentlicher Schutzraum.

S. 504, Museum der Toleranz

Der Bau des hoch umstrittenen Museums der Toleranz durch das Simon-Wiesenthal-Zentrum am Nordende des Mamilla-Friedhofs (Unabhängigkeitspark) hat seit 2004 heftige Diskussionen ausgelöst.

Von Beginn an erregte die Wahl des Grundstücks im Herzen der Neustadt und auf einem Teil des alten muslimischen Mamilla-Friedhofs (S. 202) großen Ärger bei Muslimen und Juden gleichermaßen. 1948 hatte der Staat Israel erklärt, dass er immer «wissen wird, wie der Bereich geschützt und respektiert» werden könne». Trotzdem wurde der Platz seit 1960 als Parkplatz genutzt.

Die Arbeiten am Museum wurden immer wieder aus verschiedenen Gründen unterbrochen: wegen der Freilegung Hunderter von Skeletten, die starken arabischen Widerstand auslösten; wegen der Unverträglichkeit des riesigen Baus mit den Gebäuden aus dem 19. Jahrhundert in der Nähe, was Einsprachen verschiedener Denkmalschutzvereine provozierte; wegen des Rückzugs zweier bedeutender Architekten; wegen Meinungsverschiedenheiten über die pädagogische Ausrichtung des Museums und wegen einer Reihe von durch die Gerichte angeordneten Baustopps. Dies ist wahrscheinlich die komplizierteste Baugeschichte in Jerusalem, dem es nicht an dornigen Bauprojekten mangelt.

S. 505, Tal der Gazellen

Als Juwel eines städtischen Naturparks verschafft das Tal der Gazellen einer Herde von Berggazellen einen Lebensraum in ihrem natürlichen Habitat.

Eingeklemmt zwischen den Quartieren Giv'at Mordechai, Gonen Hei und Malha lebt hier eine Herde von etwa 60 Gazellen in einer beinahe natürlichen Umgebung, wo sie ihr Futter finden, um Territorium streiten und ihre Jungen aufziehen können. Nachdem in den 1990er-Jahren eine Schnellstraße gebaut worden war, waren die wilden Gazellen in einem Tal gefangen. Ihre menschlichen Nachbarn retteten sie in einem jahrelangen, aber schließlich erfolgreichen Kampf gegen die Bürokratie.

Legende

Das umstrittene Museum der Toleranz (links) steht auf der Nordseite des alten muslimischen Mamilla-Friedhofs.

Eine erfolgreiche Bürgerinitiative rettete eine Herde von Berggazellen (rechts), die zwischen dicht besiedelten Gebieten lebte.

S. 506–507, Wechselnde Sichten auf heilige Stätten (Titelseite)

Legende

Die Altstadt von Jerusalem, vom Ölberg aus gesehen.

S. 508–509, Wechselnde Sichten auf heilige Stätten

Nach:

Kedar, Benjamin Z.: «Rival Conceptualizations of a Single Space: Jerusalem's Sacred Esplanade», in: NMML Occasional Paper, History and Society, New Series 62, New Delhi 2014, 1–27.

Bieberstein, Klaus: «Ein Gott, ein Ort. Ein Palimpsest. Jerusalems Heiligtum aus drei Perspektiven», in: Bruckmann, Florian / Dausner, René (Hg.): «Im Angesicht der Anderen». Gespräche zwischen christlicher Theologie und jüdischem Denken. Festschrift für Josef Wohlmuth zum 75. Geburtstag (Studien zu Judentum und Christentum 25), Paderborn und München 2013, 257–280.

Es überrascht nicht, dass eine Stadt, die drei Weltreligionen heilig ist, einen großen Reichtum an über die ganze Stadt verstreuten heiligen Stätten aufweist.

Dies ist kein Buch über Religion. Aber in Jerusalem finden sich so viele heilige Stätten, die mit Glaube, Mythen und Legenden assoziiert sind, dass sich ein kursorischer Blick darauf aufdrängt. Um sich mit der Stadt vertraut zu machen, gibt es keinen besseren Ort als die Aussichtsplattform auf dem Ölberg. Von hier aus hat man einen prächtigen Blick auf den Berg Moriah (Tempelberg, Haram al-Sharif) und auf die Altstadt bis zur Wasserscheide im Westen (vorige Seite) wie auf die judäische Wüste im Osten.

Wir stehen auf dem Aussichtspunkt unter dem Seven Arches Hotel und über dem jüdischen Friedhof (unten links), wo Juden seit 3000 Jahren ihre Toten beerdigen. Hier gibt es 70'000 bis 200'000 Gräber (die genaue Anzahl ist nicht bekannt) aus der Zeit des alten Israels bis heute. Auf dem gegenüberliegenden Hang des Kidrontals, direkt unterhalb der heiligen Esplanade, erstreckt sich ein riesiger muslimischer Friedhof (rechts). Seine Lage ist ganz bewusst gewählt worden, um den Einzug des Messias durch das Goldene Tor zu verhindern. Denn als Kohen (Priester) wäre es ihm aus Gründen der rituellen Reinheit nicht erlaubt, einen Fuß auf einen Friedhof zu setzen. Dieser Teil des Kidrontals wird auch «Tal von Josafat» genannt («Gott hat gerichtet»): der Ort, von dem Juden und Muslime glauben, dass hier das Jüngste Gericht stattfinden wird. Auch die Christen begannen später, ihre Toten auf dem Berg Zion zu begraben (Mitte). Alle drei Friedhöfe bezeugen, dass die Stadt mit ihrer Geschichte und allen damit verbundenen Erinnerungen eine schwere Bürde trägt.

Direkt vor uns, jenseits des Kidrontals und den ganzen Berg Moriah einnehmend, erstreckt sich die heilige Esplanade (von Muslimen Haram al-Sharif = das edle Heiligtum, von Juden Har HaBayt = Tempelberg genannt). In seinem Zentrum glitzert die goldene Kuppel des Felsendoms (S. 121): das schönste Gebäude der Stadt. Zu seiner Linken (südlich) erkennen wir die graue Kuppel der Al-Aksa-Moschee (der Name bedeutet «die Entfernte»; S. 136), die den drittheiligsten Ort des Islams repräsentiert. Direkt hinter der Al-Aksa-Moschee und vor unserem Blick verborgen befindet sich die Westmauer der Esplanade, der heiligste Ort der Juden (S. 55). Und direkt hinter dem Felsendom, etwas links davon, erkennen wir zwei graue Kuppeln, die Kirche des Heiligen Grabes (S. 96, 159), die heiligste Stätte des Christentums, wo Christus gekreuzigt, begraben und auferstanden ist.

Über viele Jahrhunderte wurde von jeder der drei Religionen viel Blut um den Besitz dieser Heiligtümer vergossen. Ihre spirituelle Bedeutung, die einen wesentlichen Teil des historischen Verständnisses eines jeden Glaubens bildet, scheint ebenso ewig zu sein wie die Steine, aus denen sie gebaut sind. Bei näherer Betrachtung der verschiedenen Überlieferungen entdecken wir jedoch eine erstaunliche mythische und topografische Flexibilität bei allen drei Religionen: In einer Abfolge konkurrierender Auffassungen wurde Jerusalems heilige Esplanade während der letzten beiden Jahrtausende von den drei Glaubensrichtungen immer wieder anders gedeutet. Noch ein Jahrtausend davor war der Ort hingegen nur auf eine einzige Art wahrgenommen worden, nämlich als Ort des Ersten und Zweiten Tempels.

Die jüdische Perspektive: das Haus des Herrn, Beit YHWH. Wir dürfen mit hoher Wahrscheinlichkeit annehmen, dass hier fast 1000 Jahre lang ein kaananitisches Höhenheiligtum existierte, als

Legende

Friedhöfe sind Zeugen der historischen Bürde, die Jerusalem mit seiner Vergangenheit und den damit verbundenen Erinnerungen trägt. Jüdische Gräber (links) bedecken den Osthang des Kidrontals am Ölberg. Muslimische Friedhöfe (rechts) erstrecken sich entlang der östlichen Stadtmauer und christliche Gräber (Mitte) konzentrieren sich auf den Berg Zion.

S. 510–511

König David dem Jebusiter Araunah die Dreschtenne auf dem Berg Moriah abkaufte und hier einen Altar errichtete. Nach der jüdischen Tradition wurde hier im 10. Jahrhundert v. u. Z. der Erste Tempel von Salomon erbaut und 586 v. u. Z. vom babylonischen König Nebukadnezar zerstört. Anders als heutige Synagogen, Kirchen oder Moscheen, die alle Orte des gemeinsamen Gebets sind, waren Tempel zu jener Zeit ein Ort, an dem das Göttliche wohnte und die Begegnung zwischen Mensch und Gott stattfinden konnte. Salomons Tempel soll, ähnlich den Tempeln benachbarter Kulturen, in Teile? mit zunehmender Heiligkeit gegliedert gewesen sein. Der innerste Teil mit dem Allerheiligsten war der Ort, an dem Gott wohnte. Folglich war das Gebäude das Haus des Herrn. Da auf der heiligen Esplanade nie Ausgrabungen vorgenommen worden sind, wissen wir nicht, ob überhaupt Reste des Ersten Tempels erhalten sind. Aus dieser Zeit gibt es nur einige Keramikscherben und Bullae (Lehmsiegel) sowie Teile der östlichen Stadtmauer, die ins 8. bis 6. Jahrhundert v. u. Z. datiert werden können, was natürlich die Existenz eines Tempels nicht beweist. Theologische, philologische, historische und architektonische Hinweise deuten darauf hin, dass der biblische Tempel erst im 9. Jahrhundert v. u. Z. errichtet, im 8. Jahrhundert fertig gestellt und im 7. Jahrhundert Salomon zugeschrieben worden sein könnte.

Der Zweite Tempel: Beit HaMikdash. Der Zweite Tempel wurde an der gleichen Stelle errichtet, nachdem der persische König Kyros 538 v. u. Z. den Juden die Rückkehr aus dem babylonischen Exil und den Wiederaufbau ihres Heiligtums erlaubt hatte. Im Lauf der folgenden sechs Jahrhunderte wurde dieser Tempel mehrmals ausgebessert und vergrößert, vor allem von König Herodes (37–4 v. u. Z.). Die Mauern und Grenzen der heutigen Esplanade gehen auf Herodes' Ingenieure zurück, die einen der größten Bezirke der antiken Welt schufen (144'000 m^2 = 20 Fußballfelder). Es gibt eine ganze Reihe von zeitgenössischen und nur wenig später entstandenen Beschreibungen des Tempels, die zu zahlreichen Rekonstruktionen (S. 52, 53) inspirierten. Es war ebendieser Herodianische Tempel, den Jesus besuchte und dessen Zerstörung er voraussah. Er wurde im Jahr 70 u. Z. von den Römern unter Vespasian und Titus im Zuge ihrer Unterdrückung der jüdischen Revolte bis auf die Grundmauern zerstört. Heute sind mit Ausnahme einiger Bodenplatten auf der Esplanade selbst keine Spuren des Tempels mehr zu sehen, aber die unteren Lagen der Stützmauern, z. B. in der Westmauer (rechts, S. 54), einige Tore und einige Treppen, die zu ihm hinaufführten, sind immer noch sichtbar (S. 60, 63).

Heilige Stätten haben eine Tendenz, weitere Mythen anzuziehen, und das Hauptheiligtum der Israeliten bildet von dieser Regel keine Ausnahme. Verschiedene Elemente von Gottes Erscheinung vor Moses auf dem Berg Sinai, besonders die göttliche Herrlichkeit, die Wolke und das Feuer, wurden auf die Bundeslade übertragen und mit ihr in den Tempel Salomons verlegt. Nach dem Bau des Tempels wurde der Mythos von Isaaks Opferung durch Abraham auf den Berg Moriah projiziert, um dem Ort zusätzliche Heiligkeit zu verleihen.

Legende

Die Westmauer der herodianischen Tempelesplanade ist der heiligste Ort des Judentums.

S. 512–513

Nach der Zerstörung des Tempels wurde der Felsen auf der Bergspitze zum Gründungsstein (Even HaSh'tiyah, al-Sakhrah al-Musharraf) erklärt. Auf diesem Fels stehend soll Gott die Welt erschaffen haben. Damit repräsentiert er den ersten existierenden Teil der Erde: die Achse der Welt, den Ort, an dem Himmel und Erde sich treffen.

Der tempellose Berg: Kaiser Hadrian gründete die Kolonie Aelia Capitolina an der Stelle des Legionslagers in den Ruinen Jerusalems. Als römische Kolonie muss die Siedlung einen Tempel der kapitolinischen Trias Jupiter, Juno und Minerva gehabt haben, der wahrscheinlich auf der Esplanade stand. Diese Entheiligung war der Hauptgrund für die zweite, von Simon bar Kochba angeführte jüdische Revolte. Die Römer unterdrückten auch diese Revolte in einem brutalen Krieg (132–135 u. Z.), der in einer umfassenden Entvölkerung der jüdischen Gemeinden resultierte. Danach war es den Juden nicht mehr erlaubt, sich in der

Stadt niederzulassen, ja nicht einmal, sie zu besuchen. Erst in der Mitte des 3. Jahrhunderts u. Z. wurde ihnen gestattet, Jerusalem einmal jährlich am neunten Av zu besuchen, um die Zerstörung des Tempels zu beklagen.

Zum ersten Mal gab es damit gleichzeitig existierende divergierende Konzepte für die Esplanade: Für die Römer war der kapitolinische Tempel das geistige Zentrum der Kolonie und stand für ihren Sieg über die Juden und deren Gott. Für die Juden war es der Ort ihres zerstörten Tempels, für dessen Wiederaufbau sie jeden Tag beteten und dessen Kandelaber (die Menora), wie sie auf Titus' Triumphbogen in Rom abgebildet war, zu ihrem wichtigsten Symbol wurde. Während dieser Zeit verschob das Judentum seinen Fokus vom Tempel auf die Synagoge und ersetzte den Tempelkult durch Gebet, Fasten und das Studium der Thora. Die Ersetzung des Tempelkults durch die Synagoge begann schrittweise und bereits kurz vor der Katastrophe von 70 u. Z. – eine Entwicklung, die das Überleben des Judentums sicherstellte.

Im 4. Jahrhundert wurde das römische Imperium christlich und die Grabeskirche (S. 96), geweiht 326 unter Kaiser Konstantin, war nun das wichtigste Heiligtum in der Stadt. Diese Periode war die erste und einzige in der Geschichte Jerusalems, in der sich der wichtigste heilige Ort nicht auf der Esplanade befand. Der Triumph des Christentums äußerte sich in der Vernachlässigung des Berges Moriah, der in Trümmern liegen gelassen wurde.

Ab dem 5. Jahrhundert taucht in den talmudischen Texten die Idee der Gegenwart Gottes (Schechina) am Ort des zerstörten Tempels auf. Die Texte nahmen damit die alte Vorstellung eines göttlichen Wesens, das an einem bestimmten Ort wohnt, auf. Die rabbinische Literatur, die Jerusalem nach der Zerstörung des Tempels idealisierte, projizierte zusätzliche biblische Ereignisse auf den Felsen: Neben seiner Identifizierung als Gründungsstein, aus dem die vier Ströme des Paradieses entsprungen sind, wurde er mit der Erschaffung und dem Begräbnis Adams assoziiert. Während der Sintflut war der Fels der einzige trockene Fleck auf Erden, auf dem Noah später

Legende

Sowohl öffentliche (links) als auch private Gebete (rechts) werden an der Westmauer verrichtet.

S. 514–515

sein erstes Opfer darbrachte. Abraham erhob den Stein zur Gebetsrichtung und Jakob träumte hier von den auf der Himmelsleiter auf- und absteigenden Engeln.

Zweimal während der byzantinischen Zeit ergab sich ein kurzer Moment, in dem für die Juden die Möglichkeit einer Rückkehr nach Jerusalem in greifbare Nähe rückte. 362 versuchte Kaiser Julian die althergebrachten religiösen Praktiken wiederzubeleben und erlaubte den Juden den Wiederaufbau des Tempels. Er wollte damit wahrscheinlich weniger den Juden gefallen als vielmehr den Christen schaden. Für eine kurze Zeit begann die Bautätigkeit; sie musste aber nach dem frühen Tod des Kaisers in einer Schlacht gegen die Sassaniden rasch wieder eingestellt werden. 614 eroberte Shah Chosrau II die römisch-levantinischen Provinzen und massakrierte die Christen in Jerusalem. Jüdische Hoffnungen auf eine Rückkehr wurden durch Kaiser Heraklius' Gegenangriff, der in der triumphalen Rückführung des wahren Kreuzes in die Stadt kulminierte, enttäuscht.

Unter muslimischer Herrschaft: Die jüdischen Hoffnungen auf einen Wiederaufbau des Tempels nach der Eroberung von 638 zerschlugen sich erneut, als Kalif Umar den Berg Moriah in Besitz nahm und auf der Esplanade die erste Al-Aksa-Moschee errichtete. Der Bau des Felsendoms (S. 121) an der Stelle, an der wahrscheinlich der Tempel gestanden hatte, stärkte die islamische Verbindung mit dem Ort. Interessanterweise wurde der Bau in einigen jüdischen Quellen als wiederaufgebauter Tempel wahrgenommen. In dieser Periode ließen sich Juden wiederum als Dhimmis (nicht muslimische Völker des Buches, die in einem islamischen Staat unter gesetzlichem Schutz leben) in Jerusalem nieder. Es war ihnen erlaubt, die Esplanade zu umkreisen und an ihren Toren zu beten, nicht aber, sie zu betreten. Seit 976 wird eine Synagoge an oder in der Westmauer erwähnt; neuere Forschungen identifizieren diese Stelle mit dem Warren-Tor, das im Westmauertunnel sichtbar ist. Eine große Zeremonie fand jedes Jahr an Tisch'a b'Av, dem Tag der Zerstörung des Ersten und Zweiten Tempels, auf dem Ölberg statt.

Während der 88 Jahre unter fränkischer Kreuzfahrerherrschaft wurde den Juden der Zugang zu ihrer Synagoge am Warren-Tor verwehrt. In der Mitte des 12. Jahrhunderts begannen sie, ihr Gebet an der Westmauer zu verrichten. Nach der muslimischen Rückeroberung von 1187 wurde der frühere Zustand wiederhergestellt. Obwohl der Felsendom immer noch als eine Art wiederaufgebauter Tempel angesehen wurde, betrachteten die Juden die Esplanade als Ort des zerstörten Tempels und beteten für seine Wiedererrichtung durch den Messias.

Erst unter osmanischer Herrschaft wurde die Westmauer (S. 55, 512–513) zum wichtigsten jüdischen Heiligtum. Individuelle Gebete sind hier seit den 1520er-Jahren bezeugt, gemeinsame Gebete seit dem frühen 17. Jahrhundert, aber der allgemeine Glaube an die oberste Heiligkeit des Ortes setzte sich erst im frühen 19. Jahrhundert durch. Zur gleichen Zeit entschieden Rabbiner, dass es Juden verwehrt sein sollte, die Esplanade zu betreten, weil der genaue Ort des Allerheiligsten nicht bekannt war.

Die christliche Perspektive: Ecclesia Sancti Sepulchri. Obwohl es sehr wahrscheinlich ist, dass das frühe Christentum als jüdische Sekte die Erinnerung an die Stätte von Christi Kreuzigung, Begräbnis und Auferstehung bewahrt hatte (S. 96),

Legende

Die Doppelkuppel der Grabeskirche mit ihrem «enthaupteten» Glockenturm, vom Ölberg aus gesehen.

S. 516–517

läuteten die offizielle Anerkennung durch Kaiser Konstantin und die Einweihung der Kirche des Heiligen Grabes von 332 eine dramatische entscheidende Wende ein: Das geistige Zentrum Jerusalems wurde von der Esplanade auf das nordwestliche Quartier der Stadt verlegt. Für Christen bedeutete der Berg Moriah die Realisierung von Jesu Prophezeiung, dass kein Stein des Tempels auf dem anderen bleiben werde. Sie verehrten auch eine Stelle in der Südostecke der Esplanade, an der Jakobus der Jüngere, Jerusalems erster Bischof, von den Juden gemartert wurde, sowie den Ort, an dem Zacharias, der Vater von Johannes dem Täufer, ermordet wurde. Und doch war die spirituelle Macht der neuen Kirche so groß, dass verschiedene Mythen, die ursprünglich mit dem jüdischen Tempel assoziiert waren, hierher verlegt wurden: So wurden beispielsweise sowohl Adams Grab und der Ort von Abrahams Opferung als auch Blutspuren des gemarterten Zacharias in der neuen christlichen Kirche ausgestellt. Zusätzlich kodifizierte das Christentum einen Glauben, der gelegentlich bereits im Judentum aufgetaucht war: die Vorstellung vom Ende der Zeiten und der Rückkehr Jesu zum Letzten Gericht auf dem Ölberg.

Weil der Berg Moriah bestenfalls eine Nebenrolle spielte, bereitete seine Vereinnahmung durch die Muslime den Christen keine größeren Sorgen. Als Dhimmis war ihre Anwesenheit am Heiligen Grab und an anderen Heiligtümern toleriert und sie konnten ihre Pilgerreisen, wenn auch in geringerem Ausmaß, fortsetzen. Diese Situation wurde gelegentlich durch muslimischen religiösen Eifer gestört und änderte sich mit der Ankunft der Kreuzfahrer 1099 drastisch.

Templum Domini und Salomonis: Zwischen 1099 und 1187, während der fränkischen Kreuzfahrerherrschaft, wurden die islamischen Heiligtümer auf der Esplanade in christliche Kirchen umgewandelt. Aus dem Felsendom wurde eine Augustinerabtei mit dem Namen Tempel des Herrn (Templum Domini) und die Al-Aksa-Moschee diente unter dem Namen Salomons Palast (Templum Salomonis) zunächst dem christlichen König als Residenz und später dem Militärorden der Templer als Hauptquartier. Zum ersten Mal in seiner Geschichte hatte Jerusalem zwei heilige Zentren derselben Religion, was natürlich zu Rivalitäten zwischen den Klerikern beider Orte führte. Während das Heilige Grab aus der vollen christlichen Tradition schöpfen konnte, musste der Tempel des Herrn seine Bedeutung als Heiligtum erst begründen. Sein Prior schrieb ein Gedicht, in dem er die Geschichte des Tempels von seiner Entstehung bis zu seiner Zerstörung –

von Salomon bis Titus – schilderte und mit dem gegenwärtigen Bau fortfuhr, den er einem byzantinischen Kaiser zuschrieb. Obwohl dessen Erbauung durch den Kalifen Abd al-Malik gelehrten Christen der Zeit bekannt war – und der Prior war sicher ein gelehrter Mann –, verbarg er diese Tatsache und beschloss sein Gedicht mit einem Lob Gottes für die Befreiung «seines Tempels» von den Ungläubigen. Somit wurde dem Felsendom eine christliche Vergangenheit und Bedeutung angedichtet. Zahlreiche Legenden, mache darunter aus der islamischen Überlieferung, wurden nun dem neuen Heiligtum zugeschrieben: Jakobs Traum

Legende

Das visuelle Zentrum der Grabeskirche wird durch die überkuppelte Vierung erhöht. Das Mosaik zeigt einen Christus Pantokrator.

S. 518–519

von der himmlischen Leiter, der Abdruck von Jesu Fuß auf dem Felsen, als er die Geldwechsler aus dem Tempel vertrieb, die Gleichsetzung des Felsen mit dem Allerheiligsten, Abrahams Opferung Isaaks und die Ermordung des Zacharias. Viele dieser Assoziationen, die zuvor auf das Heilige Grab übertragen worden waren, wurden nun an den ursprünglichen Ort zurückverlegt. Nach der Re-Islamisierung der Stadt und der Esplanade auf dem Berg Moriah durch Saladin erlangte die Grabeskirche ihre Rolle als wichtigstes christliches Zentrum zurück und das Interesse an der Esplanade nahm bis zum heutigen Tage allmählich ab.

Die muslimische Perspektive: die Moschee von Jerusalem, Masdschid Bayt al-Maqdis. Die Eroberung Jerusalems durch die Araber (638) eröffnete eine neue Phase und eine Renaissance in der Geschichte der von den Byzantinern vernachlässigten heiligen Esplanade. Der jüdische Tempel und das römische Kapitol wurden vom drittheiligsten Ort des Islams überlagert. Die Stätte bezeichnete für Muslime das Ziel der mystischen Nachtreise (al-Isra) des Propheten Mohammed und die Stelle, von der er zum Himmel (al-Misraj) aufgestiegen war. Der Koran beschreibt die nächtliche Reise von Mekka zur Masdchid al-Aqsa und den Aufstieg in den Himmel als zwei getrennte Ereignisse. Demgegenüber erscheinen literarische Zeugnisse, die beide Elemente zu einem einzigen Ereignis verschmelzen und damit Jerusalem zum Ort der Himmelfahrt des Propheten machen, erst um die Mitte des 8. Jahrhunderts. Zusätzlich war die Esplanade die ursprüngliche Gebetsrichtung, die erst später vom Propheten nach Mekka verlagert wurde. Der Eroberer, Kalif Umar, entfernte die Trümmer und errichtete einen Holzbau für das Gebet, den Vorläufer der heutigen Al-Aksa-Moschee (al-Masdschid al-Aqsa, S. 520). 691 baute der Umayyadenkalif Abd al-Malik den herrlichen achteckigen

Felsendom (Qubbat al-Sakhra, links), der nicht als Moschee für das gemeinsame Gebet bestimmt war, sondern als Schrein an das Letzte Gericht erinnern sollte. Das Gebäude drückt als Gegengewicht zur christlichen Grabeskirche die Macht und Überlegenheit des Islams aus. Diese Interpretation wird durch den Durchmesser der Kuppel, die genau gleich groß wie die der Grabeskirche ist, unterstützt. Darüber hinaus zitiert die Inschrift um die Trommel antichristliche Passagen aus dem Koran,

Legende

Der großartige Felsendom, der 691 von dem Umayyadenkalifen Abd al-Malik erbaut wurde, ist ein Schrein, der an verschiedene und wechselnde islamische Überlieferungen erinnert.

S. 520–521

die die Dreieinigkeit zurückweisen und Mohammed als Gottes letzten und endgültigen Boten und als Vermittler beim Jüngsten Gericht preisen. Eine sekundäre Botschaft mag die Invokation des Paradieses durch die ursprüngliche Dekoration sein, die hauptsächlich entsprechende Motive benutzt und als islamische Interpretation der Motive des biblischen Tempels gedeutet werden kann. Folglich wurde das Gebäude nicht nur von Muslimen, sondern auch von Juden und Christen als wiederaufgebauter Tempel Salomons wahrgenommen. Bis zum 9. Jahrhundert ist aber die Idee des Letzten Gerichts und des wiederhergestellten Tempels von der himmlischen Reise des Propheten überlagert worden. Weil sich der Prophet hier mit Gott verbunden hatte, entwickelte sich der Ort zur wichtigsten spirituellen Stätte des Islams. Die gesamte Esplanade wurde somit zu Jerusalems Hauptmoschee, also zu jenem Ort, an dem sich die Muslime am Freitag zum gemeinsamen Gebet versammeln. Innerhalb eines Platzes von allgemeiner Heiligkeit gibt es einzelne spezielle Bereiche, die wiederum als Moscheen bezeichnet werden. Neben alten jüdischen und christlichen Mythen wurden auch viele muslimische Legenden mit dem Ort assoziiert. Dadurch erhielten immer mehr Bereiche innerhalb der Esplanade einen speziellen spirituellen Status.

Mit der Aneignung der Esplanade durch den Islam wurde der Berg Moriah für zwei Religionen zur heiligen Stätte und die gesamte Stadt Jerusalem wurde von drei Glaubensrichtungen verehrt.

Das edle Heiligtum, al-Haram al-Sharif: Nach Saladins entscheidendem Sieg in der Schlacht von Hattin und seiner Eroberung Jerusalems (1187) wurden der Felsendom und die Al-Aksa-Moschee (links, S. 136) gereinigt und erneut dem Islam geweiht. Die Esplanade blieb unwidersprochen ein muslimisches Heiligtum, sogar während eines kurzen Zwischenspiels (1229–1244), das zwischen dem römisch-deutschen Kaiser Friedrich II. und dem Ayyubidensultan al-Kamil ausgehandelt wurde und pragmatisch das gleichzeitige Ausleben muslimischen und christlichen Glaubens in der Stadt ermöglichte. Unter Saladins Nachfolgern und unter der Herrschaft der Mamluken (1260–1516) fand auf der Esplanade eine umfangreiche Bautätigkeit statt. Viele der neuen Bauten verwendeten Spolien aus früheren fränkischen Bauwerken, ohne deren figürliche Darstellungen zu entfernen. Unter den Neubauten fanden sich kleinere Kuppeln, religiöse Schulen und Brunnen.

Legende

Die Al-Aksa-Moschee, hier von Osten gesehen, ist der gemeinsame Gebetsraum für die Muslime von Jerusalem. Beachtenswert ist die Kreuzfahrerrosette im Querschiff direkt rechts der Kuppel.

S. 522–523

In dieser Zeit wurde damit begonnen, den Ort als «das edle Heiligtum» (al-Haram al-Sharif) zu bezeichnen, und den Nichtmuslimen wurde der Zutritt verwehrt.

Bis spätestens Anfang des 19. Jahrhunderts verblasste die gemeinsame, manchmal unbewusste Wahrnehmung des Felsendoms als Nachfolger des Salomonischen Tempels, die über mehr als 1000 Jahre bestanden hatte. Die reichen und vielfältigen mit dem Schrein verbundenen Überlieferungen beschränkten sich nun auf die muslimische Tradition.

19. und 20. Jahrhundert: imperialer christlicher Kirchenbau. Um 1850 begannen die europäischen imperialistischen Mächte mit einer umfassenden Kirchenbautätigkeit in oder nahe der Altstadt, die sich bis in die Periode des britischen Mandats fortsetzte und erst um 1950 ein Ende fand. Die meisten dieser Kirchen erinnern an in den Evangelien erwähnte Orte, wurden auf den Ruinen von byzantinischen Vorgängerbauten errichtet und änderten das Stadtbild nachhaltig. Vom Ölberg aus (S. 506) erkennen wir im Norden beginnend die tränenförmige Dominus-Flevit-Kapelle (römisch-katholisch, S. 438), die russisch-orthodoxe Kirche der Maria Magdalena (rechts, S. 332) mit ihren zwiebelförmigen goldenen Kuppeln und im Grund des Kidrontals die römisch-katholische Kirche aller Nationen (Todesangstbasilika, S. 388). Wenn wir innerhalb der Altstadt fortfahren, springen zwei auffällige Glockentürme ins Auge: direkt oberhalb der Grabeskirche derjenige der St.-Saviour-Kirche (römisch-katholische Erlöserkirche) und zu seiner Linken der Turm der lutheranischen Erlöserkirche (S. 343). Südlich vom Ziontor steht die Dormitio-Abtei (römisch-katholisch, S. 392) und dann folgt St. Peter in Gallicantu (römisch-katholisch, S. 392). Direkt hinter uns befinden sich die Himmelfahrtkirchen: der russisch-orthodoxe Konvent und weiter nördlich der Auguste-Viktoria-Komplex (S. 352). In dieser Zeit zeigten neue Synagogen wie die Hurva (S. 272) und Tiferet Israel (S. 324) die zunehmende jüdische Präsenz in der Stadt an.

Britisches Mandat: Zwischen 1917 und 1948 wurde der arabisch-zionistische Konflikt zum vorherrschenden politischen Kampf rings um die Esplanade. Das jüdische Gebet an der Westmauer war ein hauptsächlicher Auslöser für die Unruhen in den 1920er-Jahren. In dieser Zeit gewann die muslimische Vorstellung der Buraq-Mauer, d. h. der Stelle, an der Mohammed sein mythisches Reittier, auf dem er während seiner Nachtreise geritten war, festband, weitgehende Akzeptanz. Literarische Quellen deuten an, dass diese Vorstellung bereits im 10. Jahrhundert vorhanden war.

Nach dem Krieg von 1967: In diesem Krieg eroberte Israel die Altstadt und schuf einen neuen Status quo auf der Esplanade. Das 1948 verlorene jüdische Viertel durchlief eine kostspielige Renovierung und eine Reihe von zerstörten Synagogen, darunter die Hurva (S. 272), wurden wieder aufgebaut.

Legende

Die sieben vergoldeten Zwiebeltürme auf dem Hang des Ölbergs sind ein Wahrzeichen der russisch-orthodoxen St.-Magdalenen-Kirche und ein typisches Beispiel für den imperialistischen Kirchenbau.

S. 524–525

Das arabisch-marokkanische Quartier westlich der Westmauer wurde vollständig zerstört und an seiner Stelle eine weite Plaza gebaut.

In den letzten Jahrzehnten ist diese Plaza ein wichtiger Ort für jüdische/israelische religiöse und nationalistische Anlässe geworden. Neben privaten religiösen Zeremonien finden hier nationale Anlässe wir z. B. der Erinnerungstag für Israels gefallene Soldaten oder die Einschwörung von Rekruten statt. Gleichzeitig und parallel dazu wurde aus dem Haram al-Sharif ein wichtiges Symbol des palästinensischen Nationalismus mit mindestens drei Gräbern palästinensischer Führungspersönlichkeiten und einem Denkmal für die Sabra- und Shatila-Massaker von 1982.

In den letzten Dekaden haben sich beide Seiten radikalisiert. Die Esplanade wurde wiederholt Zeuge von gewalttätigen Ausbrüchen. 1969 setzte ein christlicher Fundamentalist die Al-Aksa-Moschee in Brand und zerstörte die von Saladin installierte Kanzel. 1996 öffnete die israelische Regierung den Westmauertunnel, von dem die Araber glaubten, er würde die Fundamente des Haram destabilisieren. 1999 gruben die muslimischen Behörden ohne vorherige archäologische Untersuchung mit Bulldozern ein gewaltiges Loch in die Esplanade als Zugang zur neuen Marwani-Moschee. 2000 löste der Besuch von Ariel Sharon, Chef der oppositionellen Likud-Partei und Verteidigungsminister zur Zeit der Sabra- und Shatila-Massaker, die Al-Aksa-Intifada aus.

Einige jüdische Extremisten, die heute in der Regierung sitzen und an Macht gewinnen, beten für die Zerstörung der muslimischen Heiligtümer und bereiten die Wiedererrichtung des jüdischen Tempels vor. Auf der anderen Seite wird die Existenz des Tempels auf der Esplanade entgegen dem wissenschaftlichen Konsens von einer wachsenden Zahl von Arabern abgestritten. Jassir Arafat behauptete im Jahr 2000 während der Camp-David-Gespräche, dass Salomons Tempel nicht in Jerusalem, sondern in Nablus, vielleicht sogar in Jemen, gestanden haben soll. Auf beiden Seiten vermischen sich religiöser Glaube, mythische Leidenschaft, messianischer Eifer und nationalistische Emotionen zu einem explosiven Gemisch, das über dem Ort schwebt, der sich im Mittelpunt des israelisch-palästinensischen Konflikts befindet: über der heiligen Esplanade auf dem Berg Moriah, die von Millionen Menschen überall auf der Welt verehrt wird. Nur die warme Abendsonne verbindet die drei Kuppeln der drei verschiedenen Glaubensrichtungen in friedlicher Harmonie.

Legende

Der muslimische Felsendom vor der jüdischen Hurva-Synagoge (rechts) und der christlichen Dormitio-Abtei (links).

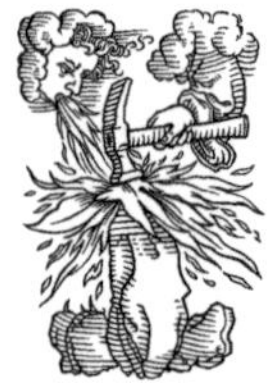

Das Signet des Schwabe Verlags
ist die Druckermarke der 1488 in
Basel gegründeten Offizin Petri,
des Ursprungs des heutigen Verlags-
hauses. Das Signet verweist auf
die Anfänge des Buchdrucks und
stammt aus dem Umkreis von
Hans Holbein. Es illustriert die
Bibelstelle Jeremia 23,29:
«Ist mein Wort nicht wie Feuer,
spricht der Herr, und wie ein
Hammer, der Felsen zerschmeisst?»